Yigael Yadin

HAZOR

Die Wiederentdeckung der Zitadelle
König Salomos

Aus dem Englischen von Maria Poelchau

Hoffmann und Campe

Titel der Originalausgabe
Hazor – The Rediscovery of a great citadel of the Bible
erschienen bei
Weidenfeld and Nicolson Ltd., London
© Yigael Yadin 1975

Vorsatzblätter: Der Stelentempel in Abschnitt C
Frontispiz: Luftaufnahme von Abschnitt B

1. bis 15. Tausend 1976
© Hoffmann und Campe, Hamburg 1976
Gesetzt aus der Korpus Janson-Antiqua
Satz: Alfred Utesch, Hamburg
Gesamtherstellung: Salzer-Ueberreuter, Wien
ISBN 3-455-08969-0

Inhalt

Vorwort

Die Leser, denen die beiden vorangegangenen Bücher dieser Reihe, *Masada* und *Bar Kochba*, bekannt sind, werden grundlegende Übereinstimmung zwischen diesen und dem vorliegenden Werk entdecken. Wie die anderen Bände, so ist auch *Hazor* ein persönlicher Bericht, der sich an den Laien wendet; wie in diesen geht es auch hier nicht nur um das Was, sondern ebenso um das Wie unserer Ausgrabungen, um so den Leser an den Augenblicken unserer Angst und Erregung gleichermaßen teilnehmen zu lassen; und wie in den beiden anderen Büchern sind Text und Photos – wie bei einem Lichtbildervortrag – eng miteinander verbunden. Die meisten Bilder wurden während der Grabung aufgenommen – die Schwarzweißphotos von den Expeditionsphotographen Schweig, Volk und Radovan, die Farbphotos vom Autor –, und wenn sie es aufgrund der Arbeitsbedingungen gelegentlich an technischer Perfektion fehlen lassen, wird dieser Mangel durch ihre Authentizität aufgewogen, die viel mehr ausdrückt, als Worte zu sagen vermöchten.

Der grundlegende Unterschied zwischen *Hazor* und den anderen Büchern ergibt sich aus dem unterschiedlichen Material. Hier haben wir es mit einem klassischen archäologischen Vorgang zu tun: der Ausgrabung eines alten Hügels *(Tell)* mit über zwanzig Schichten, die die Reste vieler in einem Zeitraum von 3000 Jahren übereinandergebauter Städte darstellen. Bei *Hazor* erfährt die Faszination der Archäologie noch eine Steigerung, weil es nicht nur irgendeine uralte Stadt ist, sondern eine ganz und gar biblische Stätte. Für viele von uns verbinden sich mit den Namen Josua, Sisera, Debora, Salomo, Ahab und Isebel – um nur einige zu nennen – Kapitel und Verse der Bibel; hier beziehen sie sich auf Schichten, Gebäude und Artefakte. Im Buch von den Königen ist X ein Kapitel; in Hazor bedeutet X die Schicht der von Salomo erbauten Stadt. Für eine Reihe schwieriger Probleme der biblischen Forschung – wie die Datierung des Exodus und die Eroberung von Kanaan, die Schlachten der Debora und die Bautätigkeit von Salomo und Ahab – hat der Spaten die Lösung buchstäblich zutage gefördert. Aus diesem Grund sagt *Hazor* vielleicht nicht nur denjenigen zu, die über die Archäologie und ihre Methoden mehr erfahren wollen, sondern auch all denen, die sich für die Bibel, die Geschichte des Heiligen Landes und das Volk Israel interessieren.

Ohne die Ausgrabungen hätte dieses Buch natürlich nie geschrieben werden können. Ich bin allen, die in dieser Hinsicht Hilfe leisteten und unten genannt werden, zutiefst verpflichtet und möchte hier noch einmal meine tiefe Dankbarkeit gegenüber dem verstorbenen James A. de Rothschild ausdrücken, der sich mit soviel Anteilnahme und Großzügigkeit um die Expedition verdient gemacht hat. Ich empfinde es als eine

Ehre, daß mir ein hervorragender Mitarbeiterstab zur Seite stand. Wie bei vielen Unternehmungen dieser Art, bei denen die gemeinsame Bemühung vieler – jeder auf seine oder ihre Weise dazu beitragend – das Endergebnis hervorbringt, haben wir auch im Falle Hazor Teamwork als eine von gemeinsamem Geist getragene Zusammenarbeit erlebt.

Ich danke John Curtis vom Verlag Weidenfeld and Nicolson für sein großes Interesse und die Unterstützung, die er mir bei der Niederschrift dieses Buches zuteil werden ließ. Mein besonderer Dank gilt den Mitarbeitern von Weidenfeld and Nicolson, Jerusalem, insbesondere dem Hersteller Alex Berlyne für sein kluges Verständnis und seine geduldigen Bemühungen, meine immer höher geschraubten Forderungen nach mehr Illustrationen und mein Beharren auf einer synchronen Anordnung von Photos und entsprechendem Text mit den durch das Buch gesetzten Grenzen in Einklang zu bringen; ferner Ina Friedman, die das Manuskript für den Druck redigierte, mir beim kritischen Lesen wertvolle Ratschläge gab und sachdienliche Fragen stellte, die mich veranlaßten, einzelne Punkte noch zu verdeutlichen. Wie bei früheren Büchern half mir meine Frau Carmella in mehr als einer Weise. Das Buch ist W. F. Albright gewidmet, dem bedeutendsten Bibelarchäologen, dem großen Humanisten, dem anspornenden Lehrer und wahren Freund seligen Angedenkens. Was er lehrte, ist zu einem großen Teil in diese Seiten eingegangen.

Ich begann *Hazor* im August 1973 zu schreiben und vollendete es – keine leichte Aufgabe – in den nervenaufreibenden Tagen nach dem Yom Kippur-Krieg. Hoffen wir, daß sich die Wolken über diesem Teil der Welt verzogen haben, wenn es gelesen wird, und daß der Leser einen Blick in die Geschichte werfen kann, ohne sich um Gegenwart und Zukunft sorgen zu müssen.

Jerusalem   Passah 1974   Y.Y.

Professor William Foxwell Albright,
dem Gelehrten, Lehrer und Freund,
in memoriam

1 Warum Hazor?

Es mag sonderbar klingen, aber als wir mit unseren Ausgrabungen an der Stätte des alten Hazor begannen, war über die kanaanitischen und israelitischen Kulturen im Norden des Heiligen Landes, insbesondere über die galiläische, so gut wie nichts bekannt. Schon die Aussicht, ein neues Wissensgebiet zu erschließen, war für uns Anlaß genug, diesen Ort für eine Ausgrabung auszuwählen. Unsere Aufmerksamkeit wandte sich Hazor aber auch aus anderen ebenso zwingenden Gründen zu – als da waren: die Bedeutung der Stadt für die Geschichte des Landes in biblischer Zeit; ihre enorme Größe und ihre eigenartigen Merkmale, mit denen sich keine andere Stätte messen kann; die Fülle der Hinweise auf sie in außerbiblischen Quellen, die (mit wenigen Lücken) zeitlich vom 2. Jahrhundert v. Chr. bis zum 1. Jahrhundert n. Chr. und räumlich fast über den gesamten Fruchtbaren Halbmond reichen – ein Umstand, der Hazor unter den Städten Palästinas eine beinahe einzigartige Stellung zuweist. Das setzte uns in die Lage, die Geschichte Hazors aus historischen Dokumenten zu rekonstruieren und sodann unsere Theorien mit den Ergebnissen der Ausgrabungen zu vergleichen – eine erregende Situation in der archäologischen Praxis. Ferner beziehen sich einige der umstrittensten und brennendsten Probleme der biblischen Geschichte auf Hazor, und nur der Spaten konnte zu ihrer Lösung beitragen. Es ist darum am besten, diesen Bericht mit einer Darstellung all dessen zu beginnen, was wir vor den Ausgrabungen aus biblischen wie anderen Quellen über Hazor wußten. Wir wollen mit den biblischen Quellen anfangen, die schließlich schon seit Jahren die Gelehrten beschäftigen.

Der Tell von Hazor, von Südwesten gesehen. Im Vordergrund die Straße nach Tiberias; hinten der schneebedeckte Berg Hermon

Der vielleicht wichtigste biblische Hinweis auf Hazor betrifft Josuas Kriege im Norden gegen Jabin, den König von Hazor. Nach der Bibel stand Jabin an der Spitze der gegen Josua kämpfenden Liga oder Koalition. Er spielte eine Rolle von weitreichender Bedeutung in der Abfolge der israelitischen Eroberung Kanaans. Hier zitieren wir, was die Bibel uns im Anschluß an die Beschreibung der Siege Josuas über die Könige von Südkanaan erzählt (Josua 11, 1–5):

Hazor und die Bibel

>»Da aber Jabin, der König zu Hazor, solches hörte, sandte er zu Jobab, dem Könige zu Madon, und zum Könige zu Simron und zum König zu Achschaph und zu den Königen, die gegen Mitternacht auf dem Gefilde gegen Mittag von Kinneroth und in den Gründen und in Naphot-Dor am Meer wohnten, zu den Kanaanitern gegen Morgen und Abend, den Amoritern, Hethitern, Pheresitern und Jebusitern auf dem Gebirge, dazu den Hevitern unten am Berge Hermon, im Lande Mizpa. Diese zogen aus mit all ihrem Heer, ein groß Volk, so viel als des Sands am Meer, und sehr viele Rosse und Wagen. Alle diese Könige versammelten sich und kamen und lagerten sich an das Wasser Merom, zu streiten mit Israel.«

Josua gegen Jabin

Die Bibel schildert dann, wie Josua das kanaanitische Bündnis zerschlug, das sich am Wasser Merom, irgendwo im nördlichen Galiläa, versammelt hatte (Josua 11, 10–13):

»... und [Josua] kehrte um zu derselbigen Zeit und gewann Hazor und schlug ihren König mit dem Schwert; denn Hazor war vorher die Hauptstadt all dieser Königreiche. Und sie schlugen alle Seelen, die drinnen waren, mit der Schärfe des Schwerts und verbrannten sie und ließen nichts überbleiben, das den Odem hatte, und verbrannte Hazor mit Feuer. Dazu alle Städte dieser Könige gewann Josua mit ihren Königen und schlug sie mit der Schärfe des Schwerts und verbannte sie, wie Mose, der Knecht des Herrn, geboten hatte. Doch verbrannten die Kinder Israel keine Städte, die auf Hügeln standen, sondern Hazor allein verbrannte Josua.«

Das Interessanteste an diesen Schilderungen ist die Erläuterung des Kompilators oder Schreibers, der zu erklären sucht, warum allein Hazor Josuas Zorn auf sich zog. Als dieser Bericht Jahrhunderte später geschrieben oder überarbeitet wurde, hatte Hazor offenbar keine allzugroße Bedeutung mehr, weshalb der Schreiber hinzufügte, daß »Hazor *vorher* die Hauptstadt all dieser Königreiche« war (was sich auf den Status der Stadt unmittelbar vor der Eroberung durch Josua bezieht).

Das Zitat aus dem Buch Josua zeigt deutlich, welche Bedeutung die Stadt zur Zeit der Eroberung hatte; und betrachtet man es isoliert, ist es durchaus nicht umstritten. Doch hat gerade diese Stelle unter den Alttestamentlern eine hitzige Debatte ausgelöst, weil Jabin, der König von Hazor, wieder im Buch der Richter vorkommt (das dem Buch Josua sowohl im Kanon wie in der Chronologie folgt), diesmal in Verbindung mit der berühmten Schlacht der Debora gegen Sisera. Die Schlacht wird *Debora gegen Sisera* im 4. und 5. Kapitel behandelt. Das 5. Kapitel enthält das berühmte Lied der Debora, erwähnt aber weder Hazor noch Jabin (19–21):

»Die Könige kamen und stritten;
da stritten die Könige der Kanaaniter
zu Thaanach am Wasser Megiddos;
aber sie brachten keinen Gewinn davon.
Vom Himmel ward wider sie gestritten;
die Sterne in ihren Läuften stritten wider Sisera.
Der Bach Kison wälzte sie, der Bach Kedumim,
der Bach Kison.«

So weit, so gut. Eine Prosaversion derselben Schlacht im 4. Kapitel liefert uns den historischen Hintergrund für den Zusammenstoß.

»Aber die Kinder Israel taten fürder übel vor dem Herrn, da Ehud gestorben war. Und der Herr verkaufte sie in die Hand Jabins, des Königs der Kanaaniter, der zu Hazor saß; und sein Feldhauptmann war Sisera, und er wohnte zu Haroseth der Heiden.«(1–2)

Am Ende des Kapitels, als der Sieg über Sisera errungen war, heißt es:

»Also demütigte Gott zu der Zeit Jabin, der Kanaaniter König, vor den Kindern Israel. Und die Hand der Kinder Israel ward immer stärker wider Jabin, der Kanaaniter König, bis sie ihn ausrotteten.«(23–24)

Wenn Hazor zur Zeit Josuas, Jahrzehnte vor der Periode der Richter, zerstört und Jabin getötet wurde, wie ist es dann möglich, daß die Stadt und ihr König in diesen späteren Schlachten wieder eine so bedeutende Rolle spielten? Die Antwort auf eben diese Frage wollten wir mit Hilfe des Spatens herausfinden – und das ist uns, wie sich zeigen wird, gelungen.

Diskrepanz?

Hazor taucht in der Bibel im 1. Buch der Könige (9,15) wieder auf: »Und also hielt sich's mit den Fronleuten, die der König Salomo aushub, zu bauen des Herrn Haus und sein Haus und Millo und die Mauer Jerusalems und Hazor und Megiddo und Geser.« Der Vers deutet an, daß nach dem Fall des kanaanitischen Hazor an dieser Stätte keine richtige Stadt mehr stand, bis Salomo sie von neuem erbaute, zusammen mit zwei anderen strategisch wichtigen Städten. Im großen Epos der biblischen Archäologie gibt es nur wenige Fälle, wo so viele so vieles so wenigen Worten verdanken; und wie dieser Vers aus den Königen uns bei unseren Ausgrabungen in Hazor, wie auch in Megiddo und Geser, zu Hilfe kam, das gehört zu den spannendsten Themen der folgenden Kapitel.

Hazor und Salomo

Der letzte biblische Hinweis auf das israelitische Hazor erscheint im 2. Buch der Könige (15,29) und berichtet, daß die Stadt den Heerscharen des mächtigen Tiglath-Pileser III. anheimfiel, der Nordisrael, einschließlich Hazor, 732 v. Chr. eroberte: »Zu den Zeiten Pekahs, des Königs Israels, kam Tiglath-Pileser, der König zu Assyrien, und nahm . . . Hazor, Gilead und Galiläa, das ganze Land Naphtali, und führte sie weg nach Assyrien.« Dieses Ereignis mag für die Bevölkerung Nordisraels eine Tragödie gewesen sein, für uns Archäologen hat es einen unschätzbaren Informationswert. Wir leben schließlich von den Zerstörungen alter Städte. In diesem Fall hofften wir, daß der Bibelvers uns gewissermaßen einen Haken liefern würde, an dem wir unsere absolute Chronologie aufhängen konnten, falls wir entdeckten, daß Tiglath-Pileser die Stadt zerstört hatte.

Ein weiterer Hinweis in der jüdischen Geschichtsschreibung auf ein Hazor betreffendes tatsächliches Ereignis findet sich im 1. Buch der

Das Ende des israelitischen Hazor

Die Truppen Tiglath-Pilesers III. stürmen eine befestigte Stadt – vielleicht Hazor. Relief aus dem Palast des Herrschers in Nimrud

Makkabäer (11,67), wo es heißt, daß Jonathan der Makkabäer 147 v. Chr. auf dem »Blachfeld Hazor« gegen Demetrius kämpfte. Es ist natürlich unmöglich, zu erkennen, ob diese Stelle auf die Existenz einer damals wirklich vorhandenen Ansiedlung verweist oder ob die angrenzende Ebene nur mit diesem Namen bezeichnet wurde, weil Hazor als Niederlassung noch immer bekannt war. Hier hat wieder der Spaten eine Antwort erbracht. Die letzte Erwähnung Hazors schließlich steht in den Schriften des berühmten jüdischen Historikers Flavius Josephus *(Altertümer* V, 199). Sie haben im Hinblick auf die früheren Zeiten keinen historischen Wert, aber bei der Identifizierung der Lage Hazors sind sie sehr hilfreich. Josephus sagt, daß Hazor »jenseits des Sees Semechonitis« lag, des heutigen Huleh-Sees in Obergaliläa.

Ohne die Bedeutung der biblischen Hinweise auf Hazor herabmindern zu wollen, sollte man sich vergegenwärtigen, daß die Bibel erst mit Josua beginnend über Hazor Auskunft gibt. Wie steht es davor mit der Geschichte der Stadt? Hier haben wir das große Glück, eine Fülle von Zeugnissen in ägyptischen und mesopotamischen Inschriften zu besitzen. Die erste Erwähnung Hazors in einer historischen Urkunde begegnet uns in den sogenannten ägyptischen Verwünschungstexten. In der ersten Hälfte des zweiten vorchristlichen Jahrtausends übten die Ägypter einen sonderbaren Zauberritus, bei dem sie ihre wirklichen oder potentiellen Feinde verfluchten. Zwei Zeugnisgruppen dieses Brauchs sind uns überliefert. In der ersten wurden die Namen von Feinden Ägyptens im Westen, Süden und Osten (einschließlich jener in Kanaan) auf Tongefäße geschrieben, die dann in dem Glauben zerschlagen wurden, daß dieser feierlich vollzogene Akt dem Feind Böses zufügen würde. Diese Gruppe der Verwünschungstexte entstand höchstwahrscheinlich in der Periode der XII. Dynastie, um das 19. oder zu Beginn des 18. Jahrhunderts v. Chr. Aus diesen Gefäßen erfahren wir, daß es bis dahin in Kanaan noch keine befestigten Städte gab. Die Hinweise beziehen sich hauptsächlich auf Herrscher politischer Zentren wie auch auf Anführer verschiedener Stammesbündnisse, die über größere Einheiten oder Provinzen herrschten. In den meisten Fällen werden zwei, drei oder vier Personen als Oberhäupter der bedeutenderen Familien in diesen Zentren genannt. In der zweiten Textgruppe jedoch, bei der es sich um Inschriften auf Tonfiguren handelt, die gefangene Feinde darstellen, wird in Verbindung mit dem jeweiligen Gebiet nur ein Herrscher genannt – ein sicheres Zeichen dafür, daß sich zu jener Zeit einige Stammeseinheiten über größere geographische Räume verteilt und als Halbnomaden oder Stadtbewohner an bestimmten Stellen niedergelassen hatten.

Leider stimmen die Ägyptologen im Hinblick auf die genaue Entstehungszeit dieser zweiten Gruppe von Verwünschungstexten nicht überein; einige datieren sie in das 19., andere in das 18. Jahrhundert v. Chr. Aber ihre Bedeutung läßt sich nicht unterschätzen; und tatsächlich verfolgten wir mit unseren Ausgrabungen unter anderem auch das Ziel, sie zu datieren. Denn in der zweiten Gruppe dieser Verwünschungstexte taucht Hazor zum erstenmal auf – unter den anderen potentiellen Feinden Ägyptens in Kanaan. Überdies vermitteln sie uns eine wertvolle

Ägyptischer Verwünschungstext, der Hazor als Feind Ägyptens ausdrücklich nennt

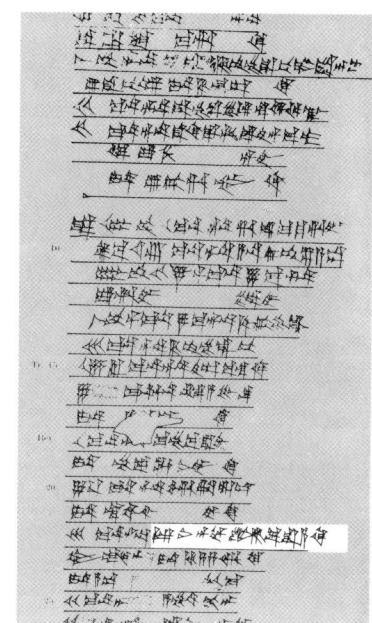

Information: den Namen des Herrschers von Hazor, eines gewissen Gt'i. Mehr ist nicht über ihn bekannt. Sein Name ist allem Anschein nach nicht semitisch, was insofern von Interesse ist, als einige Herrscher in denselben Texten Namen eindeutig westsemitischer Herkunft tragen.

Wenn auch die Erwähnung Hazors in den Verwünschungstexten Beachtung verdient, stammen die wirklich wertvollen Angaben über den Status der Stadt vor der israelitischen Eroberung vom anderen Ende des Fruchtbaren Halbmonds – aus Archiven, die in der berühmten Stadt Mari am rechten Ufer des Euphrat entdeckt wurden. Bei den Ausgrabungen, die der hervorragende französische Archäologe André Parrot leitete, kamen die Paläste der Könige von Mari zum Vorschein und in ihnen über 25 000 mit Inschriften versehene Tontafeln, wohlgeordnet in königlichen Archiven. Im 18. Jahrhundert v. Chr. wurde die Stadt eine Zeitlang von dem großen assyrischen König Samsi-Adad I. beherrscht; der größte Teil der Urkundensammlung jedoch steht im Zusammenhang mit dem letzten König von Mari, Zimri-Lim, einem Zeitgenossen des großen Hammurabi von Babylon. Die Dokumente, die noch nicht alle veröffentlicht sind, erwähnen Hazor mehrfach und stets in einem Kontext, der erkennen läßt, daß es eine der wichtigsten Städte im gesamten Fruchtbaren Halbmond war. Tatsächlich ist Hazor die einzige Stadt, die genannt wird, mit Ausnahme gelegentlicher Hinweise auf die Nachbarstadt Dan.

Unter den Mari-Dokumenten befinden sich mehrere Beispiele diplomatischer Korrespondenz. In einem dieser Briefe informiert Bahdi-Lim, Kämmerer im Palast von Mari unter der Regierung Zinri-Lims, seinen Herrn über folgendes:

links Luftaufnahme des ausgegrabenen Palasts von Mari, in dessen Königsarchiv über 25 000 Tontäfelchen gefunden wurden
rechts Typisches Keilschrift-Täfelchen von Mari. In diesen Dokumenten aus der Zeit Hammurabis wird Hazor (weißer Ausschnitt) als eine der wichtigsten Städte des Fruchtbaren Halbmonds immer wieder genannt

Hazor und Hammurabi

> »Zu meinem Gebieter sprich
> Also spricht Bahdi-Lim
> Dein Diener:
> Eine Gruppe von Boten aus Hazor
> und Qatna ist hier eingetroffen.«

Weiter kündigt er in dem Brief an:

> »Zwei Boten aus Babylon,
> die seit langem in Hazor weilen,
> mit einem Mann aus Hazor
> zu ihrer Begleitung setzen über
> nach Babylon.«

Was für eine kostbare Information! Wir erfahren, daß Hammurabi, König von Babylon, persönliche Botschafter hatte, die längere Zeit in Hazor wohnten. In einem weiteren Brief meldet Bahti-Lim Abgesandte, deren Reiseroute in entgegengesetzter Richtung führt: »Ferner ist eine Gruppe von Reisenden, aus Babylon kommend . . . auf dem Wege nach Yamhad, Qatna, Hazor . . . hier eingetroffen. Soll ich sie ziehen lassen oder aufhalten?« Und ein erst vor kurzem veröffentlichtes, äußerst wichtiges Dokument aus Mari berichtet uns das Folgende:

> »30 Minas Zinn für Ibni-Adad König von Hazor
> . . .
> 20 Minas Zinn für Ibni-Adad
> zum zweiten Mal . . .
> 20 Minas Zinn für Ibni-Adad zum dritten Mal.«

Auf diese Weise erhalten wir Kenntnis von der Bedeutung des Handels mit Zinn, das für die Herstellung von Bronze gebraucht wird. Wir erfahren, daß der König von Hazor nacheinander drei Schiffsladungen Zinn aus Mari erhielt, die sich auf 70 Minas, etwa 35 Kilogramm, beliefen. Die wertvollste Information besteht jedoch in dem Namen des Herrschers von Hazor, Ibni-Adad, der als »König von Hazor« bezeichnet wird. Sein Name erscheint in der akkadischen Form des westsemitischen Namens Yabni-Hadad, »der Gott Hadad hat erschaffen«. Wissenschaftler haben die Ansicht geäußert, daß die in der Bibel erwähnte Form des Namens für den König von Hazor – Jabin – in Wirklichkeit nur eine Abkürzung der vollständigen Formel darstelle. Wenn das stimmt, war Jabin möglicherweise längere Zeit ein dynastischer Name der Könige von Hazor.

Wieder Ägypten   Um weitere Verweise auf Hazor zu finden, müssen wir nach Ägypten zurückgehen. Fast alle Pharaonen des Neuen Reichs (16. bis 13. Jahrhundert v. Chr.) erwähnen Hazor unter den Städten, die sie in Kanaan eroberten. Es ist manchmal sehr schwer, festzustellen, ob Hazor tatsächlich eingenommen wurde, ob es nur unter der Herrschaft des jeweiligen Pharaos stand oder ob es sich bei den Anspielungen auf Eroberung beziehungsweise Herrschaft lediglich um leere Prahlereien handelte. Dennoch ist schon die Tatsache, daß Hazor in diesen Aufzählungen erwähnt wird, von höchster geschichtlicher Bedeutung und

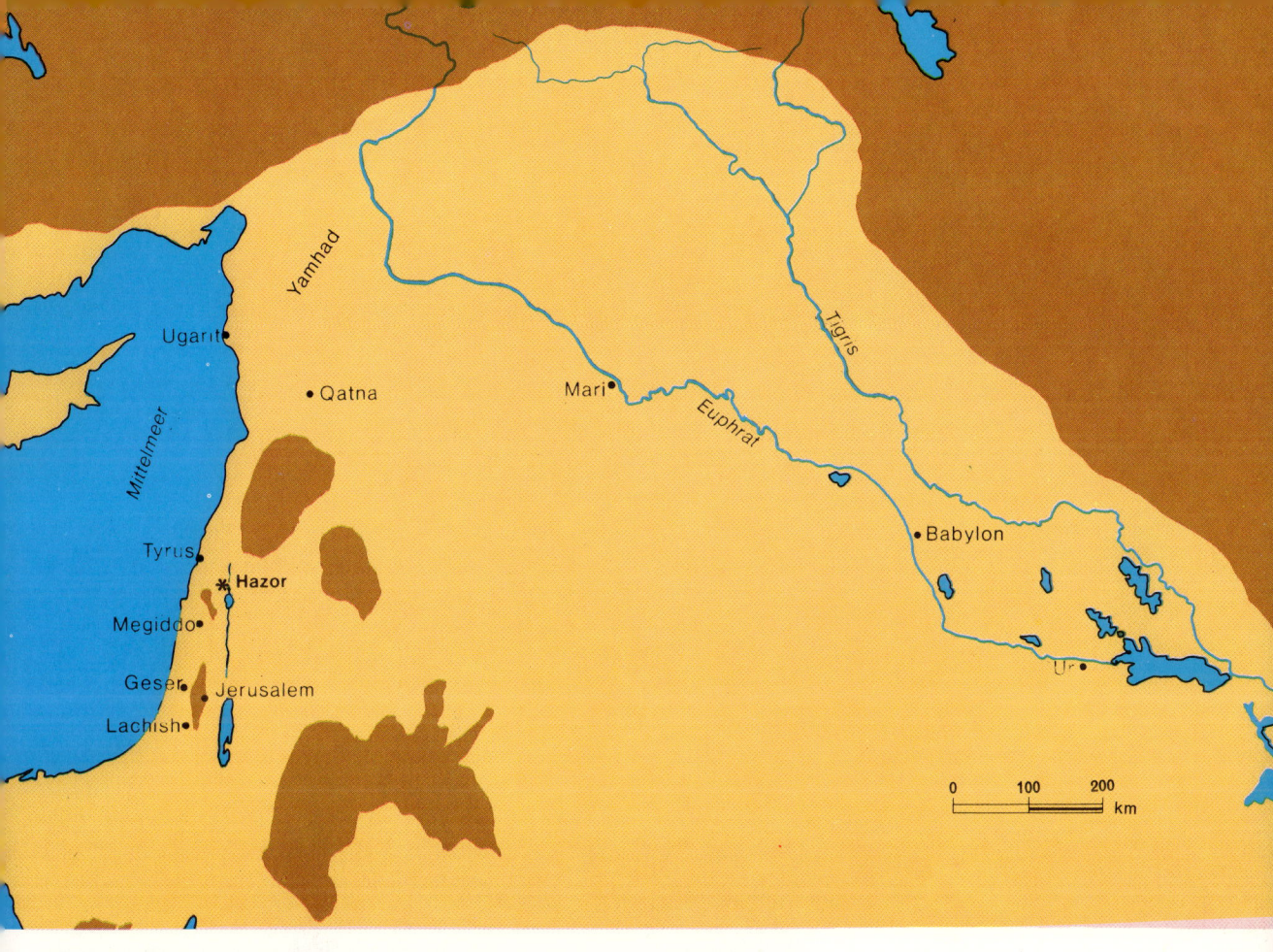

für uns aus Datierungsgründen wertvoll. Das früheste Zeugnis dieser Art geht auf Thutmosis III. zurück (den berühmten Pharao zu Beginn des 15. Jahrhunderts v. Chr., der Megiddo einnahm und diese Schlacht in Einzelheiten beschrieb). Hazor findet dann wieder in der Regierungszeit Amenophis' III. (um 1400 v. Chr.) Erwähnung und danach unter der Herrschaft Setis I. (um 1300 v. Chr.). Eine interessante Anspielung auf Hazor enthält ein ägyptischer Papyrus aus dem 13. Jahrhundert, in dem Hori, ein königlicher Beamter, einen Militärschreiber auffordert, eine Reihe militärischer und topographischer Fragen zu beantworten. Im Kontext kommt einem diese Quelle wie eine altertümliche militärische Quizaufgabe vor. Eine der Fragen, die Hori stellt, lautet: »Wo geht der Mahir (ein schneller Kuriersoldat) auf die Reise nach Hazor? Wie ist der Strom dort beschaffen?« Die Fragen enthalten den wichtigen Hinweis, daß Hazor in der Nähe eines Flusses lag, wahrscheinlich des Jordans.

Ein militärisches Quiz

Das bei weitem wichtigste Hazor-Zeugnis in der ersten Hälfte des 14. Jahrhunderts findet sich in den sogenannten El-Amarna-Briefen. El-Amarna in Mittelägypten ist der heutige Name für die Stätte, an der der berühmte »Ketzerkönig« Amenophis IV. (Echnaton) um 1300 v. Chr. eine Stadt errichtete. Zwanzig Jahre später wurde sie schon wieder aufgegeben. Aber an dieser nur kurz besiedelten Stätte entdeckte man die Archive des »Außenministeriums« von Echnaton und seinem Vater, Amenophis

Tontäfelchen aus El-Amarna:
eine Botschaft von Abdi-Tirshi,
dem König von Hazor

III., die Hunderte von Tontafeln mit Keilschrifttexten in Akkadisch, der *lingua franca* jener Zeit, enthielten. Unter ihnen befanden sich zahlreiche Briefe von den Königen der kanaanitischen Städte, die in der Mehrzahl ägyptische Vasallen waren. Es ist höchst unterhaltsam, heute etwas über die kleinen Intrigen kleiner Könige zu erfahren, die vor Tausenden von Jahren regierten. Unaufhörlich beschwerten sie sich übereinander beim mächtigen Pharao, und wir kennen sowohl die Klagen wie die Entgegnungen. Nicht ein einziger König bekennt sich zur Untreue gegenüber dem Pharao; im Gegenteil, es ist immer der Rivale, der dieser Sünde bezichtigt wird. Das El-Amarna-Archiv ist die wichtigste Informationsquelle für das Heilige Land in der Zeit vor Josua. Es offenbart, daß das Land von einer Vielzahl kleiner Könige regiert wurde, eine Situation, die auch das Buch Josua selbst bezeugt. Aber genau an diesem Punkt erkennen wir die Bedeutung des Herrschers von Hazor: er allein wurde durch den Titel »König« hervorgehoben und von den anderen Herrschern als solcher bezeichnet. In einem dieser Briefe verkündet der König von Hazor, daß er die Städte des Pharao bis zu dessen Ankunft unter seinen Schutz stellen werde, was mit Sicherheit darauf schließen läßt, daß die Herrschaft des Königs von Hazor sich über die Grenzen der Stadt hinaus erstreckte.

Der unglückselige Abdi-Tirshi

Ein weiterer Brief des Königs von Hazor enthält zwei wertvolle Informationen. Erstens erfahren wir, daß der Name des Königs Abdi-Tirshi (»Diener des Tirshi«, d. h. der Gottheit) lautete. Zweitens ist dort die Rede von einer Intrige gegen ihn: »Mein Gebieter und König möge bedenken, was alles gegen die Stadt Hazor – deine Stadt – wie auch gegen deinen Diener unternommen wurde.« Wir wissen nicht, was das bedeuten soll, und können nur vermuten, daß es mit einer Hofintrige innerhalb der Stadt Hazor zu tun hat. Vielleicht bezieht sich die Stelle auch auf die Raubzüge der *Habiru* (ausgesprochen: Chabiru), marodierender Haufen, die zu jener Zeit kanaanitische Städte überfielen (einige Wissenschaftler halten sie für die Hebräer). Ein anderer Brief, diesmal von Abi-Milki, dem König von Tyrus, meldet dem Pharao: »Der König von Hazor verließ diese Stadt und vereinigte sich mit den *Habiru*.« Die Überfälle der *Habiru* müssen in Kanaan ein absolutes Chaos hervorgerufen haben, denn der Brief schließt mit den Worten: »Der König möge wissen, daß sie (die *Habiru*) dem Statthalter feindlich gesinnt sind. Des Königs Land fällt in die Hände der *Habiru*. Der König möge den Hochkommissar fragen, der mit Kanaan vertraut ist.«

Ein ehrgeiziger König

Was es auch immer war, das Abdi-Tirshi von Zeit zu Zeit erdulden mußte, wir wissen, daß er ein sehr ehrgeiziger König war und seine Herrschaft weit über die Stadt Hazor hinaus ausdehnte. In einem weiteren Brief, den Ayab, der Herrscher von Aschtaroth diesseits des Jordans, schrieb, heißt es, daß der Herrscher von Hazor »mir drei Städte wegnahm«. Diese knappen Mitteilungen zeigen deutlich, daß ein entfernter Vorfahr von Jabin, der etwa hundert Jahre vor ihm regierte, ein mächtiger und ehrgeiziger Herrscher war, dessen Reich einen beträchtlichen Teil Nordkanaans umfaßte. Auf diese Periode, das 14. und 13. Jahrhundert v. Chr., unmittelbar vor Josuas Eroberung, bezieht sich die Bibelstelle »Hauptstadt all dieser Königreiche«.

Als wir die Auskünfte über Hazor aus den schriftlichen Quellen zusammenfügten, hatten wir bereits vor Beginn unserer Ausgrabungen Grund zu der Hoffnung, Spuren von Städten zu finden, die sich vom Anfang des zweiten Jahrtausends bis zum ersten oder zweiten Jahrhundert v. Chr., also über einen Zeitraum von 2000 Jahren erstreckten. Wir entdeckten sie wirklich und sogar mehr, als wir erwartet hatten.

Wo lag Hazor? Im Lauf der Jahre sind mehrere Vermutungen geäußert worden; aber soweit wir wissen, war J. L. Porter der erste moderne Gelehrte, der die zutreffende Auffassung vertrat, daß Hazor sich an der Stätte befand, die die Araber Tell el-Qedah nennen (oder auch Tell Waggas nach einem Dorf in der Nähe). 1875 veröffentlichte er ein Buch mit dem Titel *Handbook for Travellers in Syria and Palestine*, in dem er schrieb: »Bald danach durchquerten wir ein tiefes Tal (nämlich das Wadi el-Waggas), an dessen nördlichem Abhang sich ein steiler Erdhügel erhebt und daneben eine breite Terrasse, offensichtlich die Stelle, an der sich die Stadt befand. Jetzt liegt dort das kleine Dorf Waggas. Das alte und seit langem untergegangene Hazor könnte an dieser Stätte gestanden haben.« In einem späteren Buch (*The Giant Cities of Bashan and Syria*, 1881) äußert er diese Auffassung von neuem und fügt außerdem einige interessante Einzelheiten über seine Eindrücke hinzu.

Wo lag Hazor?

»Seitlich der Stelle, wo ich saß, befand sich der Eingang der Senke Hendaj. (Diesmal war er von Norden gekommen.) Ich bestieg mein Pferd und folgte einem breiten, wie eine alte Landstraße aussehenden Pfad den südlichen Abhang hinauf und fand die Ruinen einer uralten Stadt. Kein Gebäude – nicht einmal ein Fundament – war vollständig erhalten. Große Zisternen, Berge von Steinen, Abfallhaufen, umgestürzte Säulen, die Überreste eines Tempels und ein Altar mit einer griechischen Inschrift – das waren die Reste, die diesen Platz bedeckten. Ich dachte damals, es könnten die Ruinen von Hazor sein, und seither hat sich diese Annahme immer mehr in mir gefestigt.«

Diese scharfsinnige Vermutung wurde von Wissenschaftlern nicht nur übergangen, sie geriet sogar in Vergessenheit; und das Verdienst, die Lage von Tell el-Qedah mit Hazor in Verbindung zu bringen und sie der Aufmerksamkeit moderner Wissenschaftler zu empfehlen, gebührt John Garstang, der diese Stelle 1926 nicht nur als den Standort Hazors wieder identifizierte, sondern auch als erster dort Ausgrabungen leitete. Garstang, der Direktor der Abteilung Altertümer der britischen Mandatsverwaltung von Palästina war, beschäftigte sich mit Fragen der Frühgeschichte Israels, insbesondere in der Periode Josuas und der Richter. Aus diesem Grund nahm er später auch Ausgrabungen in Jericho vor.

Tell el-Qedah hat eine strategisch ideale Lage in Nordgaliläa, die mit allen bekannten Tatsachen über den Standort Hazors genau übereinstimmt. Es liegt in der Luftlinie 15,5 Kilometer nördlich vom See Genezareth und etwa 8 Kilometer unterhalb der Südspitze des Huleh-Sees. Ich kann ebensogut schon hier sagen, bevor ich unsere Ausgrabungen schildere, daß die Identität von Tell el-Qedah und Hazor jetzt absolut gesichert ist. Unsere Ausgrabungen förderten an dieser Stätte das Fragment einer Tontafel zutage, die einen in Gegenwart des Königs geführten Rechtsstreit über Grundbesitz in Hazor verzeichnet. So steht

Ein strategischer Standort

19

Luftaufnahme von Hazor: der flaschenförmige *Tell* und die Erdwälle der Einfriedung sind deutlich zu erkennen

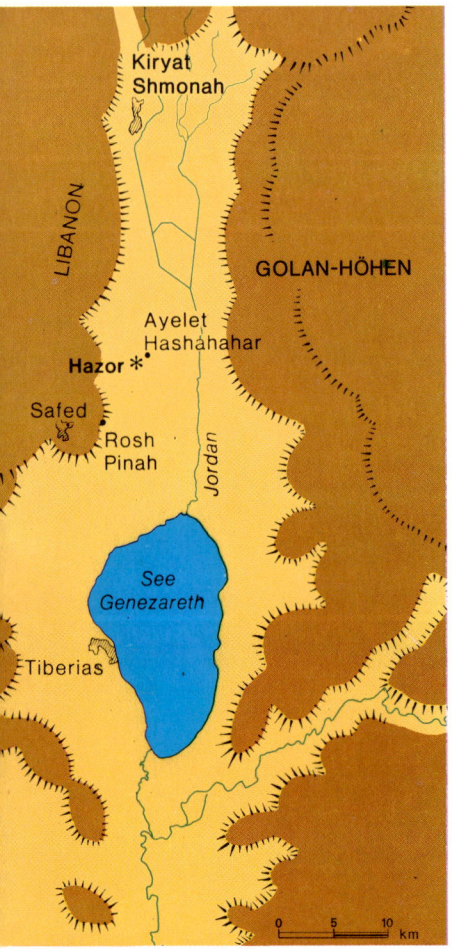

Topographie von Hazor

Hazor als eine der ganz wenigen biblischen Städte da, deren Identität durch eine an Ort und Stelle gefundene Urkunde bestätigt wird.

Es war nicht nur die strategische Lage des Schauplatzes, die die Aufmerksamkeit früherer Wissenschaftler fesselte, sondern vor allem seine einzigartigen topographischen Eigenschaften; für das Verständnis unserer Ausgrabungen ist es unerläßlich, sie detailliert zu beschreiben. Das Gelände besteht aus zwei unterschiedlichen Teilen: dem eigentlichen *Tell* und, nördlich und östlich davon, einem breiten rechteckigen Plateau oder einer Einfriedung. Der *Tell* selbst hat die Form einer Flasche, deren »Hals« nach Westen und deren »Boden« nach Osten weist. Er erhebt sich

20

bis zu etwa 40 Meter über das Bett des Wadi el-Waggas, ist 540 Meter lang und unten ungefähr 260 Meter breit. Der Fuß des Hügels bedeckt also eine Gesamtfläche von annähernd 40 Morgen, während die Kuppe, die natürlich schmaler ist, nur 15 Morgen umfaßt und damit etwa der Größe Megiddos entspricht. So eindrucksvoll der *Tell* auch wirkt, er unterscheidet sich kaum von unzähligen anderen *Tells* im Heiligen Land. Die heutige Straße nach Norden, in Richtung Syrien und Libanon, säumt den Hügel im Süden und Osten. Neben der Straße bedeckt dichtes Buschwerk das Bett des Wadi el-Waggas, weil viele Quellen in unmittelbarer Nachbarschaft des Hügels den Lauf des ehemaligen Flusses begleiten. Diese

Die Westecke des *Tell*, in Südrichtung gesehen; man beachte die steilen Abhänge und die Quellen an der Straße. Das Bild wurde nach Abschluß der Grabungen aufgenommen und zeigt die freigelegte Zitadelle

21

Quellen müssen zusammen mit der strategischen Position des Geländes und den weiten, fruchtbaren Feldern die ersten Siedler angelockt haben.

Der einzigartige Vorteil der Örtlichkeit besteht jedoch nicht im *Tell* selbst, sondern in der riesigen rechteckigen Einfriedung, die nördlich und insbesondere östlich davon liegt. Der nördliche Teil dieser Fläche mißt etwa einen Kilometer von Norden nach Süden und im Durchschnitt 700 Meter von Osten nach Westen. Er erstreckt sich also insgesamt über ein Gebiet von 170 Morgen. Der östliche Zipfel mißt 400 Meter von Osten nach Westen und 250 Meter von Norden nach Süden, umfaßt also 25 Morgen. Das Gesamtgebiet der Einfriedung bedeckt folglich eine Grundfläche von 200 Morgen. Mehrere Seiten der Einfriedung, insbesondere die westliche, werden von riesigen Erdwällen geschützt. Bis zum Beginn unserer Ausgrabungen hielten alle Wissenschaftler die Einfriedung für ein riesiges Bollwerk. Man konnte sich nur schwer vorstellen, daß es sich um eine ausgebaute Stadt handelte, die etwa zehn- oder zwanzigmal größer war als Megiddo oder selbst Jerusalem zur Zeit König Davids. Aber die enormen Wallanlagen und die unglaublichen Anstrengungen, die zu ihrer Verteidigung aufgebracht wurden, ließen Zweifel an der Theorie eines befestigten Lagers aufkommen; eines unserer vordringlichsten Ziele war es, den Charakter dieser sogenannten Einfriedung oder dieses Bollwerks zu untersuchen.

Die Stätte wurde erstmalig 1928 von Garstang ausgegraben; leider erschien nie ein Bericht darüber, und die meisten Aufzeichnungen verbrannten im Zweiten Weltkrieg in Liverpool. Ein paar Hinweise auf die Ergebnisse der Ausgrabungen Garstangs fanden sich, in Form knapper Beschreibungen und zusammen mit einer Rohskizze, in seinem Buch *Joshua, Judges* (1931). Mit Ausnahme zweier Stellen auf dem eigentlichen *Tell* und trotz seiner Bemerkung, daß »an der Stätte umfassende Untersuchungen vorgenommen« wurden, war es unmöglich festzustellen, wo er innerhalb der Einfriedung gegraben hatte. Als wir 1955 mit unseren Ausgrabungen begannen, hatten wir zu den Akten der Abteilung »Altertümer von Palästina«, die im Rockefeller Museum in Ostjerusalem (damals unter jordanischer Herrschaft) lagerten, keinen Zugang. Erst 1969, nach dem Sechstagekrieg und nach Abschluß unserer Ausgrabungen, bekam ich seinen Bericht in die Hand. Er ist zwar nicht sehr umfassend, wird aber durch eine ausführlichere Skizze ergänzt, die seine zahlreichen Probegrabungen in der Einfriedung aufzeigt. Unsere Unkenntnis der in Garstangs Bericht enthaltenen Informationen, damals 1955, erwies sich als ein Glück im Unglück: hätten wir gewußt, wo er seine Grabungen vorgenommen hatte, so wären wahrscheinlich einige der bedeutendsten Entdeckungen unserer Expedition übersehen worden. Es ergab sich einfach, daß dieselben Stellen sowohl Garstang wie unser Team anlockten; aber leider hatte er Pech, verfehlte sein Ziel und berichtete deshalb, daß dort keine wichtigen Resultate erbracht worden seien. Hätte uns dieser Bericht zur Verfügung gestanden, hätten wir höchstwahrscheinlich die Gegenden, die Garstang untersucht hatte, vermieden; dann hätte die Hälfte dieses Buchs gar nicht geschrieben werden können.

Seit ich als Student für meine Dissertation Forschungen über die

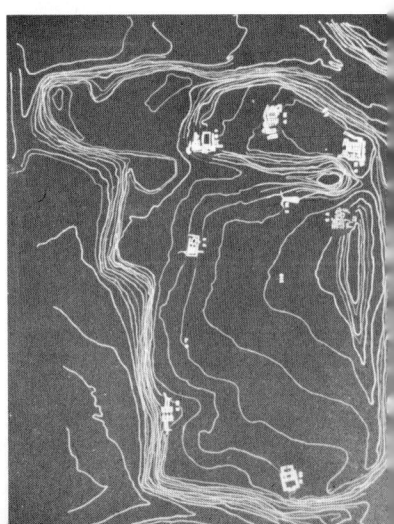

Kriegführung im biblischen Land unter archäologischem Aspekt anstellte, fühlte ich mich zu Hazor hingezogen und hoffte, es eines Tages auszugraben. Seine einzigartigen Befestigungsanlagen, sein Zusammenhang mit den großen Schlachten Josuas und die Hinweise in der Periode Salomos und späterer israelitischer Könige empfand ich als ungemein verlockend. Aber damals mußte dieser Traum zurückgestellt werden. Während meiner Militärdienstzeit im israelischen Unabhängigkeitskrieg und in den folgenden vier Jahren besuchte ich die Stätte gelegentlich bei Manövern und war jedesmal von den gigantischen Festungswällen und den einzigartigen Merkmalen des Schauplatzes beeindruckt. Als ich 1952 aus der Armee ausschied, um die Arbeit an meiner Dissertation als Forschungsstipendiat der *Hebrew University* wiederaufzunehmen, ver-

oben Luftaufnahme in Südrichtung: der »flaschenförmige« *Tell* (rechts der Flaschenhals) und im Vordergrund der Südteil der Einfriedung
links Höhenlinienskizze von Hazor: oben der *Tell*, unten die Einfriedung

Unsere Ausgrabungen brachte ich zwei Jahre in London und faßte den Entschluß, bei meiner Rückkehr nach Israel mit einer großangelegten Ausgrabung der Stätte zu beginnen. Ihr Umfang und ihre Bedeutung erforderten Grabungen im großen Maßstab und das bestmögliche Archäologenteam. Überdies war es nötig, die Expedition mit allen verfügbaren modernen Mitteln der Technik, mit Photolaboratorien und Zeichen- sowie Vermessungsgeräten auszurüsten. Ich hatte das große Glück, in dem inzwischen verstorbenen James A. de Rothschild einem Mann zu begegnen, der nicht nur großzügig war, sondern den Problemen der Geschichte des Heiligen Landes und des jüdischen Volkes auch Liebe und Verständnis entgegenbrachte. Ich weiß nicht, ob diese Ausgrabungen trotz der unschätzbaren Unterstützung, die uns die israelische Regierung, die *Anglo-Israel Exploration Society* und die *Hebrew University* gewährten, ohne seine Hilfe – und die seiner Frau Dorothy nach seinem Tod – zustande gekommen wären.

Die Hauptausgrabungen fanden in den Sommermonaten von 1955 bis 1958 jeweils für die Dauer eines Vierteljahres statt. Wir beschäftigten zeitweise bis zu 220 Arbeiter, Neueinwanderer aus Nordafrika, die uns das staatliche Arbeitsamt zur Verfügung gestellt hatte und die in einer ebenfalls Hazor genannten neuen Nachbarsiedlung untergebracht waren. Ihre Arbeit wurde von einer Gruppe von etwa 45 Archäologen, Architekten, Keramikrestauratoren, Photographen, Zeichnern und Studenten höherer Semester beaufsichtigt. Ich wußte, daß ich auch einen erstklassigen Verwaltungsfachmann für alle administrativen und technischen Probleme brauchen würde, um mich ganz auf die archäologischen Aspekte des Unternehmens konzentrieren zu können. Damals, noch in London, hörte ich von einem ehemaligen Armeeoffizier, den ich aus meiner Militärzeit kannte. Ich schrieb ihm, machte ihm Angaben über die Stätte, ihre Größe, die erforderlichen Maßnahmen und so weiter und fragte ihn, ob er die Aufgabe übernehmen wolle. Zu meiner Freude erhielt ich ein paar Tage später seine Zusage. Sein Brief amüsierte mich sehr, denn er enthielt eine Schätzung der Ausgrabungskosten. Ein entscheidender Posten darin war ein Bulldozer, mit dessen Hilfe er den *Tell* vollständig einebnen und die Ausgrabungen in ein paar Wochen abschließen wollte. Trotzdem war er ein hervorragender Verwaltungsmann, der die Tricks des Metiers im Handumdrehen beherrschte.

1968, zehn Jahre nach Beendigung der Ausgrabungen, kehrte ich noch einmal für eine arbeitsreiche Saison zu der Stätte zurück. Als Ganzes gesehen, gehören die Hazor-Ausgrabungen zu den umfangreichsten, die jemals im Heiligen Land durchgeführt wurden, und ich glaube, daß eine Generation israelischer Archäologen aus ihnen hervorging. Wer die heute führenden Archäologen Israels kennt, wird ihre Namen auf unserer Mitarbeiterliste wiederfinden, obgleich einige von ihnen damals erst Studenten waren. Unsere Ausgrabungen bildeten jedoch nicht nur eine Attraktion für Archäologen und Akademiker. Das Interesse, das sie erweckten, zog auch einen Strom von prominenten Besuchern an.

Nachdem der Mitarbeiterstab ausgewählt war, beschlossen wir, beim Kibbuz Ayelet Hashahar, genau im Osten der Stätte, unser eigenes Lager zu bauen, das aus drei vorfabrizierten Baracken und einem riesigen

links Techniker restaurieren im
Expeditionslager ein mächtiges
Gefäß aus dem 13. Jahrhundert
v. Chr.
rechts David Ben Gurion, damals
Regierungschef und Verteidi-
gungsminister, besichtigt in Be-
gleitung des Autors ein ähnliches Gefäß

Schuppen zum Sortieren und Waschen der Keramikfunde bestand. Unser
Stab bezog das Gästehaus des Kibbuz, der heute zu den blühendsten im
Land gehört und sogar einen zollfreien Laden für die Tausende von
Touristen hat, die ihn das ganze Jahr hindurch besuchen.

Vorbereitung des Geländes

Unsere erste Aufgabe galt der Vorbereitung des Gitternetzes für die
Flächenmessung. Es gelang uns, eine vertikale Luftaufnahme des Geländes zu beschaffen sowie eine danach angefertigte phototopographische
Karte. Das Gitternetz der Ausgrabung verlief nicht parallel zum
geographischen, sondern richtete sich nach der Lage der rechteckigen
Einfriedung, weil wir annahmen, so eine bessere Entsprechung zwischen
den Netzquadraten und den Gebäudeplänen zu erreichen. Die ganze
Fläche wurde sodann in große Felder von je 100 Quadratmetern aufgeteilt
und der Reihe nach von Osten nach Westen mit laufenden Nummern
versehen. Jedes große Quadrat wurde wieder in kleinere Quadrate von 5
mal 5 Meter unterteilt. Ein großes Quadrat bestand demgemäß aus 400
kleinen. Die letzteren erhielten von Westen nach Osten die Buchstaben A
bis U und von Süden nach Norden die Zahlen von 1 bis 20.
Dementsprechend sah ein vollständiger Hinweis auf ein Quadrat zum
Beispiel so aus: 80/L–12. Jedes der kleinen Quadrate in den Ausgrabungsabschnitten trug seinen Buchstaben und seine Nummer; an seiner Ecke
wurde ein Betonwürfel in den Boden versenkt. Die Ausdehnung des

Geländes und seine verschiedenen Komponenten – *Tell* und Einfriedung – machten es nötig, gleichzeitig an mehreren Stellen zu graben, wenn wir überhaupt irgendwelche Ergebnisse erzielen wollten. Jeder zur Grabung ausgewählte Abschnitt wurde von einem erfahrenen Archäologen beaufsichtigt und gesondert mit einem Buchstaben gekennzeichnet: A, B etc. Wegen der beträchtlichen Entfernungen zwischen den Ausgrabungsabschnitten und um hinsichtlich der Schichtung in jedem Abschnitt strenge Objektivität zu gewährleisten, beschlossen wir, die Schichten in jedem Abschnitt unabhängig voneinander zu markieren. Im Verlauf der Ausgrabungen verwendeten wir zwei Zahlengruppen zur Kennzeichnung der Schichten: arabische Ziffern für die Einfriedung und römische Ziffern für den oberen Hügel. In den folgenden Kapiteln werde ich gelegentlich von der Unterscheidung dieser beiden Zahlengruppen absehen. Erst später, als wir die Schichten der beiden Gebiete zueinander in Beziehung bringen konnten, ersetzten wir die für die Einfriedung benutzten arabischen Ziffern durch römische, wie es in der Archäologie allgemein üblich ist.

Das Hauptproblem bei Ausgrabungen liegt im peinlich genauen Registrieren der Fundstellen von Objekten in bezug auf die Böden und Mauern der betreffenden Bauten. Auf den Photos tauchen hin und wieder Zahlen auf, die sogenannte *loci* bezeichnen (*locus* ist der in der Archäologie gebräuchliche lateinische Ausdruck für eine Stelle, wie etwa einen Raum, einen Boden, einen Ofen und dergleichen). Um die Verwechslung von Fundorten zu vermeiden und da Nummern die billigste uns zur Verfügung stehende Möglichkeit war, wiesen wir jedem Abschnitt Zahlenreihen zu: Abschnitt A von 1000 bis 3000; Abschnitt B von 3001 bis 6000 und so fort. Jeder Abschnitt erhielt seine eigenen, mit Zahlen versehenen Körbe, in denen täglich die Scherben zum Waschen und

links Photogrammetrische Karte von Hazor mit dem archäologischen Liniennetz
rechts Ein Feldmesser beim Vorbereiten einer Grabungsstelle. Die Würfel bezeichnen die Ecken der Fünfmeter-Quadrate

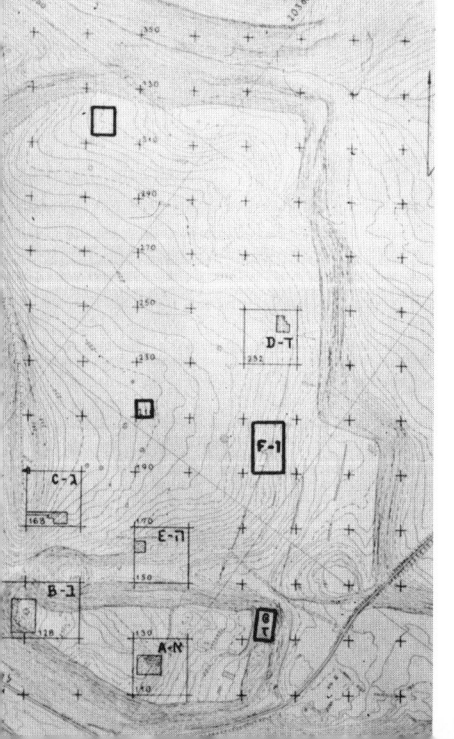

Klassifizieren gesammelt wurden. Die Funde selbst wurden dann von unseren Studenten mit Tinte gekennzeichnet. So bedeutete die Aufschrift auf Scherbe H57–B127/3: Hazor, Saison 1957, Abschnitt B, Korb 127, Objekt Nummer 3 im Korb. Der Aufseher jedes Abschnitts führte eine gesonderte Liste der Körbe, die er in sein Arbeitstagebuch entsprechend den *loci*, der absoluten Höhe, der Umgebung und so weiter eintrug, so daß die Nummer des Korbes seine Herkunft genau bezeichnete.

Ein weiteres schwieriges Problem bei archäologischen Ausgrabungen ist die Beseitigung der anfallenden Erde. Was soll mit ihr geschehen? Einige Archäologen schütten sie einfach in der Nähe auf einen Haufen und müssen später mit Bedauern feststellen, daß ein äußerst wichtiges Gebäudeelement gerade unter diesem Haufen liegt. Andere lassen die Erde einfach den Abhang des *Tell* herunterrollen; das ist zwar eine billige Beseitigungsmethode, aber sie kann künftigen Archäologen Schwierigkeiten bereiten. Weil es sich bei Hazor um Ausgrabungen großen Maßstabs handelte, war es unbedingt nötig, für dieses Problem gleich zu Anfang eine grundsätzliche Lösung zu finden. Wir überlegten und entschieden uns für ein schmalspuriges Schienennetz, für eine kleine Lokomotive mit angehängten Loren. Das Netz verband die Ausgrabungsabschnitte und führte zum Westhang des Hügels, wo wir eine Schuttrutsche einrichteten, um die Erde vom *Tell* wegzuschaffen. Die Kleinbahn war recht brauchbar, aber so langsam, daß wir sie den »Hazor-Expreß« nannten. Wegen der großen Entfernungen verbanden wir die Ausgrabungsabschnitte durch Feldtelephone, so daß ich jederzeit und überall erreichbar war, wenn irgendwo irgend etwas Besonderes auftauchte. Mit Hilfe meines Kombiwagens konnte ich dem Anruf im Handumdrehen nachgehen. Am 1. August 1955 war alles fertig und bereit für den Grabungsbeginn. Wir konnten es kaum erwarten, endlich anzufangen.

Der »Hazor-Expreß«

Bau der Rutsche am Westabhang. Der »Hazor-Expreß« brachte den Schutt von den Grabungsstellen; am Fuß der Rutsche wurde er von weiteren Lorenzügen fortgeschafft

2 Die erste Begegnung

Warum Abschnitt C?

Eines der größten Rätsel, die wir bei unseren Ausgrabungen zu lösen hofften, war der Zweck der riesigen Einfriedung nördlich des *Tell*. Wie schon erwähnt, hatte diese Einfriedung auch Garstangs Aufmerksamkeit erregt, denn sie war ein ganz einzigartiges Merkmal Hazors: eine Fläche von 200 Morgen, von einem gewaltigen Erdwall begrenzt und zusätzlich durch einen tiefen und breiten Graben geschützt. Was war das? War es wirklich nur eine Einfriedung, ein Lagergelände, ein Parkplatz für Streitwagen, wie Garstang meinte und wie die meisten Wissenschaftler nach ihm und bis zum Beginn unserer Ausgrabungen vermuteten? Und wenn ja – warum dann die gewaltigen Schutzwälle aus Erde, die die Kräfte Tausender von Menschen über einen langen Zeitraum in Anspruch genommen hatten? Wenn nicht – konnte es eine Stadt gewesen sein? Wenn es eine Stadt gewesen war, dann war es offensichtlich die größte in Israel und eine der größten im gesamten Fruchtbaren Halbmond. Rechnet man rund fünfzig Einwohner auf 1000 Quadratmeter, dann konnte das Gebiet der Einfriedung 30 000 bis 40 000 Menschen fassen – eine riesige Stadt!

Garstangs Behauptung, daß die Einfriedung lediglich ein Lagerplatz gewesen sei, hatte zu seiner Zeit gute Gründe: ähnliche Einfriedungen gab es in Ägypten, Israel und insbesondere in Syrien. Wissenschaftler hatten sie alle mit den riesigen Streitwagenheeren der Hirtenkönige in Zusammenhang gebracht und sie deshalb als Militärlager gedeutet. Ebenso hielten Garstangs Kollegen es für unmöglich, daß eine Stadt von diesen Ausmaßen (zumal im Vergleich mit anderen berühmten Städten der Zeit wie Megiddo und Beth-shan) auf dem Gebiet von Hazor gestanden haben könnte. Wenn sie existiert hatte, mußte sie zehn- bis fünfzehnmal größer gewesen sein als alle zeitgenössischen Städte in Kanaan! Selbst wenn man die Logik dieser Argumente und ihre offensichtliche Bestätigung durch Garstangs Probegrabungen anerkennt, kann man sich kaum vorstellen, daß nur zur Verteidigung eines Lagers so gewaltige Anstrengungen in Befestigungsanlagen investiert wurden. Wie dem auch sei, ein Problem von so entscheidender Bedeutung mußte gelöst werden, und wir beschlossen, uns von Anfang an darauf einzustellen. Doch die Natur der Einfriedung war nicht die einzige Frage, der wir uns gegenübersahen. Es gab zwei weitere, besonders aus biblischer Sicht wichtige historische Probleme. Erstens: Wann wurde – ob es sich nun um ein Lager handelte oder nicht – die Einfriedung zerstört, oder genauer: wann zerstörte Josua sie? Zweitens: Wann wurde dieses Lager oder diese Stadt gegründet? Die Antwort auf diese Frage war eine unerläßliche Voraussetzung für die Erforschung der materiellen Kultur des alten Palästina.

Nach ausgiebiger Beratung mit meinem Freund Jean Perrot, der den

Schrägaufnahme des Gesamtbereichs von Hazor (in Nordrichtung). Im Vordergrund die Quellen, die Straße und der *Tell*. Erdwälle und Graben der Einfriedung nördlich des *Tell* sind deutlich zu sehen.

ersten Ausgrabungsabschnitt in der Einfriedung leitete, wählten wir dafür eine Fläche in der Südwestecke in der Nähe des riesigen Erdwalls und dicht beim eigentlichen *Tell*. Diese Stelle bot im Hinblick auf eine erste Probegrabung zwei Vorteile. Erstens lag sie dicht beim Erdwall, dem wir ohnehin auf den Grund gehen wollten, um seinen Aufbau zu erforschen (war es bloß ein Erdhaufen, oder gab es eine Methode, die ihn gewissermaßen zusammenhielt?). Zweitens – eine organisatorische Überlegung – befand er sich in der Nähe des *Tell*, wo unsere Hauptgrabung stattfinden sollte; wir waren also in der Lage, uns frei und ohne große Mühe zwischen allen Grabungsabschnitten zu bewegen; auch das Transportproblem war so eher lösbar. Die gewählte Fläche wurde Abschnitt C genannt (die Abschnitte A und B sollten auf dem eigentlichen *Tell* liegen); die Ausgrabungen dort begannen am ersten Tag der ersten Saison gleichzeitig mit denen auf dem *Tell*. Hier hatten wir das Glück, die erste und wichtigste Entdeckung der ganzen Expedition zu machen, eine Entdeckung, die bereits Antworten auf die Probleme gab, die zu lösen wir uns vorgenommen hatten.

Die erste große Entdeckung

Bevor die Ausgrabungen begannen, war auf der Oberfläche außer Pflugfurchen und Weizenhalmen nichts zu sehen; die Bauern des benachbarten Rosh Pinah bebauten das ganze Gebiet. Wir zogen im Westen, auf dem Erdwall, einen langen, schmalen Graben und arbeiteten uns ostwärts zum Mittelpunkt der Einfriedung vor. Der Graben war 70 Meter lang, 5 Meter breit und in kleine Gevierte von je 5 Quadratmetern unterteilt, die für stratigraphische Kontrollen durch Planken voneinander getrennt waren. In dieser ersten Saison dehnten wir den Abschnitt später nach Süden aus, wie es das Photo zeigt. Die ersten Tage der Grabung waren ziemlich enttäuschend. Im Fortgang der Arbeit stellte sich heraus, daß die Pflüge alles, was unter der Oberfläche lag, übel zugerichtet hatten; näher am Erdwall, wo die Böschung begann, gruben wir offenbar in unergiebigem Boden, so daß einige unserer Mitarbeiter schon an der Zweckmäßigkeit weiterer Erkundungen zweifelten. Es gibt jedoch eine strenge Regel bei Ausgrabungen: Gib nicht auf, bevor du ganz sicher weißt, daß du wirklich in jungfräulichem Boden bist. Und tatsächlich, bald darauf wurden wir durch die große Entdeckung der Saison – und ich darf jetzt schon hinzufügen: aller fünf Ausgrabungssommer – belohnt. Etwa einen Meter unter der Oberfläche stießen wir auf Gebäudereste mit Kopfsteinböden, gut erhaltenen Mauern und Mengen von Töpferwaren. Hier hatten wir nun in der Tat den ersten Hinweis darauf, daß das Gebiet nicht eine Einfriedung oder ein Lager, sondern eine vollständig ausgebaute Stadt gewesen war.

Bald konnten wir zwei Bauphasen – oder eher zwei Schichten – unterscheiden, die wir von oben nach unten als IA und IB bezeichneten. In der Regel geben Archäologen einzelnen Schichten, die sie mit Sicherheit als voneinander getrennt erkennen, verschiedene Zahlen. Hier stand der Schichtenunterschied anfangs noch nicht eindeutig fest, und wir hatten den Eindruck, daß zahlreiche Häuser und Bauten der unteren

Eine Stadt!

Hausfundamente mit Kopfstein-böden: das erste Zeichen dafür, daß die Einfriedung tatsächlich eine Stadt einschloß

Die beiden Schichten IA und IB der letzten kanaanitischen Stadt treten auf diesem Bild klar hervor. Die Nummern bezeichnen einzelne *loci*

31

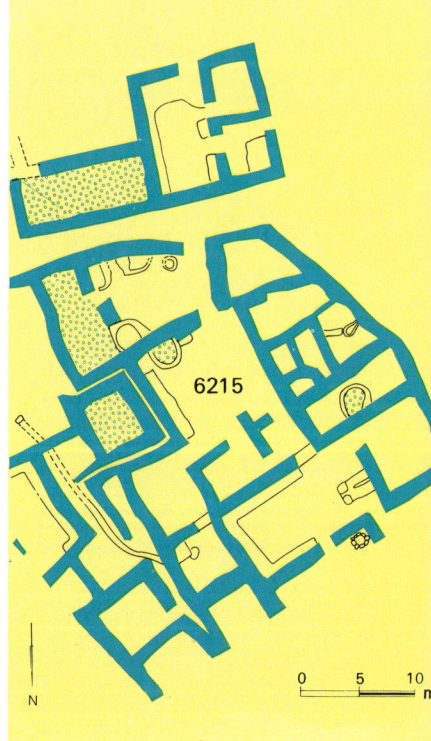

6215

Phase mit gehobenen Böden und Veränderungen in der oberen und letzten Stadt wiederbenutzt worden waren. Deshalb kennzeichneten wir beide Schichten mit derselben Zahl und verwendeten Buchstaben für die beiden Phasen. Im weiteren Verlauf der Ausgrabungen erkannten wir auch – was uns zu Anfang verwirrt und fast von einer Fortsetzung der Arbeit abgehalten hatte –, warum der Boden in einigen Teilen des Grabens unergiebig schien. Verwitterte Lehmziegel und Tonbrocken, die in vergangenen Jahrtausenden von den Wällen heruntergeschwemmt worden waren, bedeckten das Terrain am Fuß des Erdwalls. Kein Wunder, daß der Boden unfruchtbar war; er versiegelte förmlich die letzte bewohnte Schicht! Nachdem wir das Rätsel gelöst hatten, verlängerten wir den Abschnitt nach Süden, wo eine Reihe von Bauten aus diesen letzten zwei Phasen auftauchte – Häuser mit riesigen, von Räumen umgebenen Innenhöfen. Zahlreiche unversehrt gebliebene Gefäße auf den Fußböden der Häuser ließen darauf schließen, daß die obere Stadt in Eile verlassen worden war. Nachdem sich herausgestellt hatte, daß wir tatsächlich die Überreste einer mächtigen Stadt freilegten, erhob sich die zweite – historisch womöglich noch wichtigere – Frage: Wann wurden diese beiden oberen Städte und vor allem die oberste der beiden zerstört? Seit der Zerstörung der obersten Schicht war dieses Gebiet nicht wieder bewohnt worden. Hatten vielleicht Josuas Truppen den Untergang der Stadt herbeigeführt, wie das Buch Josua berichtet? Die Datierung dieser letzten Zerstörung konnte wesentlich zur Lösung des umstrittenen

gegenüber, oben Abschnitt C, vom Wall aufgenommen: im Hintergrund der Kibbuz Ayelet Hashahar. Man beachte die dichte Bebauung
gegenüber, unten Schematische Skizze des links abgebildeten Baukomplexes mit Innenhöfen: das Photo zeigt den Innenhof 6215

links Große Mengen von Gefäßscherben, darunter zahlreiche große *pithoi*
rechts Ein Basaltmörser mit Reiber fand sich unbeschädigt auf dem Lehmboden: die Bewohner flüchteten in Eile

33

Für ein Mädchen aus Nordafrika
sind die über 3000 Jahre alten
Mahlsteine nichts Unvertrautes

Problems der Zeitbestimmung eines der wichtigsten Ereignisse in der Geschichte des Heiligen Landes beitragen: der Besetzung des Landes durch die Israeliten. Einen Anhaltspunkt würde hier wie auch in vielen anderen Fällen die auf dem Boden gefundene Töpferware liefern.

Garstang glaubte, daß die letzte kanaanitische Siedlung um 1400 v. Chr. oder, in archäologischer Terminologie, gegen Ende der späten Bronzezeit I von Josua zerstört wurde. Diese Auffassung, die sich mit seiner Datierung des Exodus und der Eroberung Kanaans durch die Israeliten deckt, verwirrte die vielen Wissenschaftler, die annahmen, beide Ereignisse hätten mindestens 100 Jahre später stattgefunden. Welchen Beweis hatte Garstang für eine solche Datierung der Zerstörung des kanaanitischen Hazor? Lassen wir ihn selbst sprechen:

*Keine mykenische
Töpferware*

»... In der späten Bronzezeit gab es offenbar nur eine Flächenbesiedlung in Zelten oder Hütten, die durch eine allgemeine Feuersbrunst ihr Ende fand. Etwa 2500 Keramikscherben aus den Oberflächenablagerungen wurden untersucht. Die späte Bronzezeit war durch zyprisch-phönizische und einheimische Formen reich vertreten, wohingegen keine mykenischen Exemplare gefunden wurden .... Rundheraus gesagt: das völlige Fehlen mykenischer Exemplare deutet auf eine Zerstörung um 1400 v. Chr. ...«

Da dies ein entscheidender Punkt war und da mykenische Keramik im Verlauf der Schilderung unserer Hazor-Ausgrabungen noch oft vorkommen wird, sind ein paar Worte über ihre Bedeutung für absolute Datierungen in der Archäologie des Heiligen Landes am Platze.

Archäologen wenden die Bezeichnung »mykenische Ware« auf einen bestimmten und leicht erkennbaren Keramiktyp an, der auf dem griechischen Festland, hauptsächlich innerhalb der mykenischen Kultur, entstand und überall im Umkreis der Ägäis, sowohl in Ägypten wie auch an den Ostküsten des Mittelmeeres, gefunden wurde. Sie wird in mykenisch I, II und III unterteilt. Da mykenisch I und II dem 16. und 15. Jahrhundert v. Chr. angehört, konzentrieren wir unser Interesse auf den Typus mykenisch III. Infolge eines interessanten Zufalls dient dieser Typ, wenn er bei einer Grabung auftaucht, als sicherer Beweis – er ist fast das einzige uns zugängliche verläßliche Zeugnis – für die Datierung von Schichten in das 14. und 13. Jahrhundert. Diesen glücklichen Umstand verdanken wir der Entdeckung einer großen Menge dieses Keramiktyps in der Stadt El-Amarna, die nur kurze Zeit existierte und von der schon im vorangegangenen Kapitel die Rede war. Dort gefundene Artefakte haben eine immense Bedeutung, weil sie der Regierungszeit Amenophis' IV. (1364–47 v. Chr.) zugeordnet werden können; an einem bestimmten, in El-Amarna entdeckten Keramiktyp »mykenisch III« kann man die absolute Chronologie im gesamten Bereich des Nahen Ostens aufhängen. Der hervorragende schwedische Archäologe Arne Furumark widmete den größten Teil seines Lebens der Klassifizierung und Datierung mykenischer Töpferware. Nach seiner Klassifizierung handelt es sich bei dem in El-Amarna gefundenen Typ durchgängig um mykenisch IIIA. Folglich ist dieser Typus mit einigen Varianten kennzeichnend für das 14. Jahrhundert v. Chr. Ein anderer Typ, mykenisch IIIB, wird in der ägyptischen Archäologie und anderswo mit dem 13. Jahrhundert v. Chr., also etwa mit der Zeit Ramses' II., in Verbindung gebracht, dem Pharao des Exodus nach Auffassung vieler Wissenschaftler. Mykenisch II aus dem 12. Jahrhundert findet sich, wenn auch nur in geringen Mengen, im Heiligen Land, wohingegen mykenisch IIIA und IIIB fast an allen im 13. und 14. Jahrhundert besiedelten Stätten Palästinas und der Nachbarländer vorkommt.

Ein mykenisches IIIB-Gefäß, gefunden in Hazor

Nun verstehen wir den Gedankengang, der Garstangs Datierung zugrunde liegt. Da er keine mykenische Keramik gefunden hatte, glaubte er sich zu der Folgerung berechtigt, daß die Besiedelung der Einfriedung *vor* dem Auftauchen mykenischer Töpferware, das heißt etwa vor 1400 v. Chr., ein Ende fand. Man wird sich deshalb ohne weiteres unsere Erregung vorstellen können, als wir auf dem Boden der beiden höchsten Schichten eine Fülle mykenischer Keramik freilegten! Beim vorsichtigen Wegräumen der Erde tauchten Unmengen des (für das 13. Jahrhundert charakteristischen) IIIB-Typs auf den Böden der oberen Phase (IA) und des IIIA-Typs in der unteren Schicht (IB) auf. Diese Funde wiesen nicht nur darauf hin, daß die Siedlung von IB die Stadt des berüchtigten Abdi-Tirshi war, sondern – wichtiger noch – sie ließen auch keinen Zweifel daran, daß die große Stadt Hazor in der Einfriedung (die wir von nun an die untere Stadt nennen wollen, um sie von der Ansiedlung auf dem eigentlichen *Tell* zu unterscheiden) im 13. Jahrhundert zerstört wurde, zu einer Zeit also, zu der mykenische Keramik noch in Gebrauch war. Nach Furumark kam mykenische Ware etwa um 1230 v. Chr. aus der Mode; darum zeigt das vorliegende Beweismaterial im Gegensatz zu Garstangs Schlußfolgerungen, daß die Stadt spätestens um 1230 v. Chr.

35

Mykenische Tonware aus einer Grabstätte von Hazor: Henkelkrüge, ein henkelloses Gefäß und eine Tasse

gegenüber, links Oberteil einer Frauenfigurine, mykenisch III, mit Halsband und tiefem Dekolleté

zerstört wurde. Wie sich noch herausstellen wird, haben wir stattliches Beweismaterial für die Tatsache, daß die Zerstörung irgendwann im vorletzten Viertel des 13. Jahrhunderts stattfand, sagen wir zwischen 1250 und 1230 v. Chr. Alle anderen Abschnitte der unteren Stadt bestätigten diesen Befund, der zu den wichtigsten archäologischen Zeugnissen für die Datierung der Eroberung durch Josua und des Exodus selbst gehört.

Nachdem wir den Zeitpunkt der Zerstörung der unteren Stadt annähernd ermittelt hatten, mußten wir noch herausfinden, wann diese Stadt mit ihren ungeheuren Ausmaßen errichtet worden war. Zu diesem Zweck stießen wir in der ersten und zweiten Saison (1956), als Trude Dothan die Arbeit in diesem Abschnitt leitete, in noch größere Tiefen vor. Natürlich mußten wir dazu die höheren Schichten abtragen; und da wir unsere Grabungen hauptsächlich in südlicher Richtung ausdehnten, verließen wir die Schichten IA und IB nur im nördlichen Teil von Abschnitt C wegen des ungewöhnlichen Charakters der dort gemachten Entdeckungen. Wie zu erwarten, stießen wir unter Schicht IB auf eine neue Schicht, die als Schicht 2 gekennzeichnet wurde. Sie enthielt zahlreiche Wohngebäude sowie Keramik, die sie als zur späten Bronzezeit I (16. bis 15. Jahrhundert v. Chr.) gehörig auswies. Später machten wir auch in anderen Abschnitten bemerkenswerte Entdeckungen in dieser Schicht, die alle für eine blühende Kulturperiode Zeugnis ablegten. Angesichts der Tatsache, daß die Stadt auf einer dicken Aschenschicht ruhte (Beweis für ein Feuer, das ihre Vorgängerin gegen Ende der mittleren Bronzezeit vernichtet hatte) und daß die Überreste vor das 14. Jahrhundert zurückreichten, gibt es keinen Zweifel, daß Schicht 2 das Hazor des Pharaos Thutmosis III. darstellte, eine – wie wir aus ägyptischen Urkunden wissen – höchst bedeutende Stadt.

Nachdem wir sie photographiert und gezeichnet hatten, trugen wir die Überreste der Stadt aus der späten Bronzezeit I ebenfalls in mehreren Abschnitten ab und entdeckten darunter zwei weitere Schichten – 3 und 4 – der mittleren Bronzezeit. Die untere, Schicht 4, lag auf jungfräulichem Boden. Hier handelte es sich offenkundig um die allererste Stufe der unteren Stadt und folglich um die erste in der Einfriedung gegründete Niederlassung. Wir sagten schon, daß beide Schichten der mittleren Bronzezeit angehörten; sie können jedoch noch genauer den letzten beiden Phasen dieser Periode zugeordnet werden – die aufgrund allgemein anerkannter Datierung zwischen die Mitte des 18. Jahrhunderts v. Chr. und die Mitte oder das Ende des 16. Jahrhunderts v. Chr. fallen –, also etwa der Zeit um 1550 v. Chr. Wir machten zahlreiche Entdeckungen in diesen Schichten; am stärksten jedoch beeindruckte uns die Organisation der Stadt, besonders das Abwassersystem in den Häusern. Zu unsereren Funden gehörte ein wunderschönes Abflußrohr mit einer Öffnung aus Basalt.

Die Häuser selbst sind gleichfalls recht interessant. Eines, das wir in Schicht 3 fanden, bezeugt die durchdachte Planung und die Geräumigkeit der Wohnbauten in diesem Viertel. In seinem Mittelpunkt liegt ein großer

Freundliche
Wohnstätten

Ecke eines Hauses der mittleren Bronzezeit mit gut gebautem Abflußkanal und basaltenem Auslaß

37

Hof mit vier angrenzenden Räumen, zwei im Osten und zwei im Westen. Im südöstlichen Zimmer entdeckten wir das Abflußrohr mit der schönen Basaltöffnung.

In Krügen bestattete Säuglinge

Als wir die Böden der untersten Stadt abtrugen, um zu sehen, ob es sich tatsächlich um die erste Stadt handelte und ob sie auf jungfräulichem Boden errichtet war, stießen wir auf ein erstaunliches Phänomen. Unter den meisten Böden (man muß sich vergegenwärtigen, daß es hier um Fußböden aus gestampfter Erde geht, die oft schwer als solche zu erkennen sind) fanden wir viele anscheinend unversehrte Krüge, die auf der Seite im jungfräulichen Boden lagen. War das ein Beweis für eine noch frühere Stadt? Erst als wir den ersten Krug öffneten, erkannten wir, daß es Säuglingssärge waren. Unzählige solcher Begräbnisstätten – manche mit

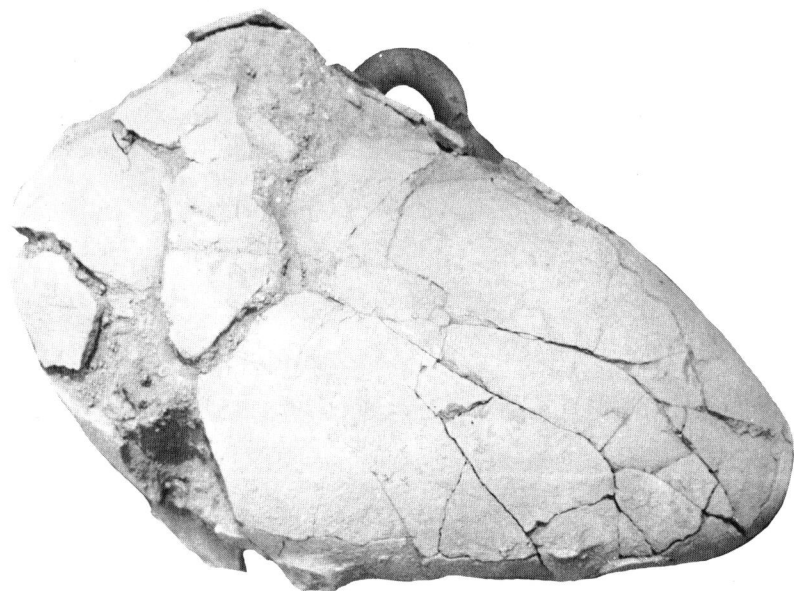

rechts Kinderurne, unter dem Boden eines Hauses gefunden
unten links Geöffnetes Grabgefäß mit dem in Hockstellung zusammengequetschten Skelett
unten rechts Ähnliches Gefäß mit einem kleinen Krug als Grabbeigabe

Zwillingen – tauchten auf. Nicht selten lagen sie über die ganze Fläche unterhalb eines Fußbodens verstreut. Die meisten Krüge enthielten neben den Skeletten kleine Gefäße, wahrscheinlich mit Milch- und Speisegaben für die Toten. Als man zu Anfang dieses Jahrhunderts solche Krugsärge zuerst entdeckte, sahen die Archäologen in ihnen einen Beweis für Kinderopfer. Jetzt wissen wir jedoch, daß es, besonders in der mittleren Bronzezeit, allgemeiner Brauch war, Säuglinge unter den Fußböden der Häuser zu begraben, um ihnen ein Fortleben im Kreis der Familie zu ermöglichen. Hätte es sich in unserem Fall um Kinderopfer gehandelt, so hätten wir folgern müssen, daß fast alle Säuglinge in den Wohnungen geopfert wurden – eine wirklich absurde Vermutung. Andererseits weist die große Anzahl von Beisetzungen unter manchen Häusern auf eine hohe Säuglingssterblichkeit, vielleicht als Folge einer Epidemie. Es wird sich zeigen, daß wir ähnliche Bestattungsformen an anderen Stellen fanden.

Ich erinnere mich an eine komische Episode im Zusammenhang mit diesen Entdeckungen. Als ich zum erstenmal über unsere Funde berichtete, erwähnte ich die kleinen Speise- und Milchkrüge. Einige Zeit später erhielt ich den Brief eines Kinderarztes aus Südafrika, der um ein Photo der gefundenen Milchflasche bat, weil das für seine Forschungen über Sauggewohnheiten bei Babys von Bedeutung sei!

In einigen Krügen fanden wir auch Skarabäen, allerdings nicht so zahlreich wie in den an anderen Stellen freigelegten Gräbern derselben Periode. Die Beliebtheit von Skarabäen im Kanaan der damaligen Zeit erklärt sich aus der Verbreitung und dem Einfluß der ägyptischen Kultur: diese Objekte, die in Wirklichkeit Siegelsteine oder Siegelamulette waren, stammten aus Ägypten oder entstanden unter dem Einfluß ägyptischer Vorbilder. Sie ähneln dem gewöhnlichen Mistkäfer, *scarabeus sacer*, und sind für die mittlere Bronzezeit, besonders für deren zweite Hälfte, die sogenannte Hyksosperiode, charakteristisch. Die käferartigen Siegelamulette waren wegen ihrer Form – gewölbter Rücken und flacher Boden – auch als Ringe beliebt. Nach Auffassung der Ägypter waren Käfer Lichtspender und standen mit der aufgehenden Sonne in Zusammenhang. In ihren Malereien dreht der Skarabäus zuweilen den Sonnenball zwischen den Hinterbeinen, ein Muster, das sie aus der Natur übernahmen: der Käfer schiebt die Mistkugel, den Brutplatz für seine Eier. Skarabäen, die Königsnamen tragen, leisten wichtige Hilfe bei Datierungen oder vielmehr Nachdatierungen, denn die zusammen mit Skarabäen gefundenen Objekte müssen einer späteren Zeit zugeordnet werden als der Pharao, auf dessen Namen ihre Inschrift verweist. Leider trägt keiner der von uns gefundenen Skarabäen einen Königsnamen; aber ihr Stil und die Pseudohieroglyphen sind ein Charakteristikum der Hyksosperiode.

Die vielleicht bedeutsamste Einzelentdeckung aus der mittleren Bronzezeit, die wir in Abschnitt C machten, bestand in einer Gruppe von drei großen Krügen, die wir in einer Reihe nischenartiger Strukturen am Fuß des Erdwalls fanden. Zu unserer großen Überraschung trug einer der Krüge auf der Schulter eine akkadische Inschrift (die Sprache der Babylonier und Assyrer) in Keilschrift. Hier handelt es sich um eine seltene Inschrift, nicht nur, weil sie das älteste in Israel gefundene Zeugnis

Drei typische Hyksos-Skarabäen, die in Hazor gefunden wurden

Vorratsgefäß (oben links) mit der ältesten im Heiligen Land gefundenen Keilschrift-Beschriftung (oben rechts und unten)

Der früheste Keilschriftfund in Israel

dieser Art ist, sondern auch, weil die Keilschriftzeichen in das gebrannte Gefäß eingeritzt und nicht mit einem Keil (daher der Name der Schrift) vor dem Brennen eingedrückt wurden, während oberhalb der Inschrift ein großes Dreizacksymbol vor dem Brennen in den feuchten Ton gekratzt wurde. Die Entzifferung der Inschrift ergab den Namen einer Person, den zwei Wissenschaftler unterschiedlich auslegten, obwohl sie übereinstimmend feststellten, daß sein erstes Element *Ish-me* lautet, was »er hörte« bedeutet. Das zweite Element hat eindeutig religiösen Charakter, wie das Determinativ (Stern), das ihm vorangeht, andeutet; die Wissenschaftler sind sich nicht einig über die Lesart: entweder heißt es »Adad« (die Gottheit), dann würde der Name bedeuten »Adad hörte«; oder »Ilam« (der Akkusativ des Wortes für Gott), dann wäre die Übersetzung »er hörte den Gott«. Höchstwahrscheinlich bezieht sich der Name auf den Besitzer des Krugs, vielleicht aber auch, wenn der Gegenstand im Zusammenhang mit einer Kultstätte stand, auf den Spender. Jedenfalls haben wir es hier mit dem ältesten Keilschriftfund in diesem Teil der Welt zu tun; er gibt wesentliche Aufschlüsse über den babylonischen Einfluß auf Hazor in diesem Zeitraum. Im Verlauf unserer Grabungen fanden wir weitere Zeugnisse für diesen Einfluß in anderen Bereichen.

Die Entdeckungen in Abschnitt C, die die Einfriedung tatsächlich als eine in der mittleren Bronzezeit gegründete und in der Endphase der späten Bronzezeit zerstörte Stadt erwiesen, erregten großes Aufsehen in der archäologischen Welt – und eine kleine Sensation bei einigen unserer Mitarbeiter. Man muß sich vor Augen halten, daß zahlreiche Wissenschaftler sich schon vor Beginn unserer Hazor-Ausgrabungen ein Urteil über die Natur der Einfriedung gebildet hatten. Und diese Wissenschaftler, deren Ansichten durch die neue Entdeckung erschüttert wurden, konnten die Ergebnisse nicht so schnell verarbeiten. Mindestens ein Mitglied unseres Mitarbeiterstabs erhob Einwände gegen unsere Schlußfolgerungen, was sich als ein Glück im Unglück erwies. Sein Argument gegen meine grundsätzliche Überlegung lautete: »Ja, es stimmt, daß wir in Abschnitt C Überreste von Gebäuden gefunden haben. Aber man muß bedenken, daß dieser Abschnitt der Einfriedung in der Südwestecke nahe beim *Tell* liegt; es ist deshalb möglich, daß hier, und nur hier, ein kleines Wohnviertel bestand.« Eine so entscheidende Herausforderung durfte nicht unbeachtet bleiben. So kam ich schon 1955 während der ersten Saison, aber erst recht in der zweiten Saison ein Jahr später zu dem Entschluß, weitere Flächen in den Einfriedungsabschnitten D, E, F und so weiter zu erschließen, wovon noch ausführlich die Rede sein wird. In allen fanden wir das gleiche Bild: Fundamentschichten der mittleren Bronzezeit II und Ende der oberen Schicht in der späten Bronzezeit, ausgewiesen durch Keramik mykenisch III. Zufällig aber lagen die für weitere Grabungen ausgewählten Abschnitte alle am Rande der Einfriedung, oder sie standen im Zusammenhang mit einem Tempel oder einem anderen markanten Gebäude, so daß die Ergebnisse die Gegner des Arguments, die Einfriedung sei eine Stadt gewesen, nicht völlig überzeugen konnten. Sie behaupteten nun, die Funde in diesen Abschnitten bewiesen lediglich das Vorhandensein von Tempelbauten, nicht aber die Existenz einer ganzen Stadt. So sann ich 1957 im Verlauf unserer dritten Saison auf ein Mittel, das selbst die Dickschädel überzeugen würde, und schlug meinen Kollegen folgenden »Handel« vor: »Wir suchen uns im Zentrum der Einfriedung auf gut Glück einen Abschnitt aus, der keine Anzeichen von Gebäuden oder Steinen erkennen läßt, und graben ein kleines Geviert von fünf Quadratmetern aus. Und dann machen wir ab, daß die Ergebnisse unserer Sondierung dort die Angelegenheit ein für allemal regeln. Wenn dieses kleine Quadrat wie die anderen Abschnitte Gebäude enthält, wollen wir das als endgültigen Beweis dafür anerkennen, daß die gesamte Einfriedung eine ausgebaute Stadt war. Wenn nicht, bleibt die Frage offen.«

Wir einigten uns, wählten die Südwestecke von Quadrat 210, Unterquadrat A, aus und fingen mit dem Graben an. Es traten ganz erstaunliche und aufregende Resultate zutage! Gleich unterhalb der landwirtschaftlich genutzten Oberfläche legten wir Mauern und Töpferware aus der späten Bronzezeit frei. Auch hier tauchten zwei Phasen der höchsten Schicht, Entsprechungen zu IA und IB, auf. Unter diesen erschien ein Fußboden von Schicht 2 zusammen mit Keramik der späten Bronzezeit I. Und darunter lagen, wie zu erwarten, zwei Schichten, 3 und 4, der mittleren Bronzezeit, deren untere genau wie in Abschnitt C auf jungfräulichem Boden ruhte. So bekamen wir das entscheidende Problem – und zweifellos unsere wichtigste Entdeckung der ersten Saison – in den Griff. Es lag etwas Beruhigendes in der Tatsache, daß sogar innerhalb dieses kleinen Quadrats und ein paar hundert Meter von Abschnitt C entfernt unter den Fußböden der Häuser aus der mittleren Bronzezeit wieder eine Fülle von Krugsärgen mit Säuglingsskeletten ans Licht kam. Nun war der Charakter der gesamten Einfriedung endgültig geklärt; wir können zu Abschnitt C zurückkehren, der 1955–56 zum Schauplatz weiterer Entdeckungen – darunter einer ganz und gar unerwarteten – wurde.

Drei Phasen von Abschnitt 210: vor der Grabung (oben); erste Spuren eines Hauses aus Schicht IA (mitte); weitere Strata darunter (unten)

3 Drei große Entdeckungen –
Abschnitt C

Mit dem Ausheben des Grabens in Abschnitt C verfolgten wir vor allem das Ziel, die Natur des Erdwalls zu ergründen. Der Boden tief im unteren Teil bestand aus Stampferde und einem Gemisch aus Feldsteinen und Erde. Noch etwas tiefer stießen wir jedoch auf einen ungewöhnlichen und verführerischen Fund: die Statue eines sitzenden Mannes ohne Kopf und daneben eine umgedrehte Schale. Aus der Art der Fundstelle glaubten wir schließen zu können, daß Statue und Schale sich nicht *in situ* befanden, sondern in die Aufschüttung des unteren Wallbereichs geworfen worden waren. Wir beschlossen daher, durch eine Erweiterung des Grabens in nördlicher Richtung der Sache auf den Grund zu gehen. Sofort stießen wir auf einen aufrecht stehenden, oben abgerundeten Basaltstein. Offensichtlich hatten wir ein vielversprechendes Gebiet erreicht; wir entschlossen uns deshalb, den Graben noch weiter auszudehnen. Im Verlauf der folgenden ungemein aufregenden Tage legten wir eine ganze Reihe von etwa zehn unterschiedlich großen Basaltstelen mit gerundeten Kopfenden, flachen Vorderseiten und gewölbten Rücken frei. Vor ihnen lag eine flache Basaltplatte, die offenkundig als Opfertisch gedient hatte.

Hier hatten wir ein kleines Heiligtum ungewöhnlicher Art entdeckt, das durch aufrecht stehende Steine – in biblischer Sprache *mazzeboth*, im Griechischen Stelen – gekennzeichnet war. Es handelte sich eindeutig um die Miniaturausgabe einer heiligen Stätte: die Statue klein, die Stelen klein. In unserer Aufregung und Verwirrung erschien uns jedoch alles groß – die Karikatur, die einer unserer Mitarbeiter zeichnete, gibt unseren Zustand treffend wieder. Als wir die Grabung unmittelbar vor und unterhalb der Statue weiterführten, fanden wir auf dem Boden in 86 Zentimetern Tiefe den Kopf der Figur, der ganz genau auf den Torso paßte.

Dieser Fund vermittelte uns zwei wertvolle Informationen: erstens, daß der Kopf mit einem scharfen Instrument absichtlich an der schmalsten Stelle des Nackens abgeschlagen worden war; zweitens, und das ist noch

Ein Stelentempel

gegenüber An der Grabungsstelle im Erdwall: die kopflose Statue, wie sie gefunden wurde, mit einer umgedrehten Opferschale
unten links J. Perrot und der Autor betrachten den kleinen Stelentempel
unten rechts Die Zeichnung eines Expeditionsteilnehmers spiegelt unsere Erregung über diesen Fund

wichtiger, daß das Heiligtum in diesem Teil eine merkwürdige Form hatte, was sich an der Tatsache zeigte, daß der Kopf der Statue unterhalb des Torsos lag. Offensichtlich hatten Statue, Stelenreihe und Opfertisch ursprünglich auf einer hohen – halbkreisförmigen – Plattform gestanden, wogegen der Boden des sie umgebenden Raums eine tiefere Ebene bildete. Wir fanden eine weitere Bestätigung für diese Annahme in der Tatsache, daß Berge von Töpferwaren, schräg vom Boden zur Plattform hin angehäuft, vor dem Tisch lagen. Einige Fragmente aus dieser Masse ließen sich zu vollständigen Gefäßen zusammensetzen.

Um uns ein genaueres Bild von den Funden zu machen, wollen wir mit der Statue beginnen. Sie besteht aus Basalt, ist 40 Zentimeter hoch und zeigt einen Mann, der auf einem niederen Schemel sitzt und in der Hand einen schalenförmigen Gegenstand hält, während die andere Hand auf seinem Knie ruht (auch sie scheint etwas zu umfassen, das der Künstler aber nicht gestaltet hat). Solche Darstellungen von Gottheiten oder Königen in sitzender Haltung mit einem Napf in der einen Hand und einem Zepter in der anderen kommen im orientalischen Altertum sehr häufig vor. In unserem Fall trägt der Mann eine lange Tunika, deren hervortretender Saum die Knie bedeckt; das Oberteil der Tunika hat einen runden Ausschnitt, an dessen Rand über der Brust ein umgekehrter Halbmond hängt. Dieses Symbol ist das Zeichen des Mondgottes. Die Figur hat einen gedrungenen, runden Kopf und eine niedrige Stirn. Die Nase – die im Altertum leicht beschädigt wurde – ist lang und dick, und die Augen sind ziemlich groß. Obgleich die Oberfläche trotz der Härte des Steins sehr gut gearbeitet ist, treten nicht alle Züge mit derselben Deutlichkeit hervor; bei einigen unterblieb die Ausführung im Detail. So fehlen zum Beispiel die Ohrmuscheln und die Pupillen der Augen; die Finger sind kaum zu erkennen. Einerseits gelang dem Künstler eine harmonische Gestalt, die heitere Gelassenheit ausdrückt, andererseits lag ihm offenbar nicht an einer Akzentuierung der Gesichtszüge. Gab es dafür einen besonderen Grund? Auf eine der möglichen Erklärungen werden wir noch später eingehen.

Stellt die Figur die Gottheit, den König oder einen Priester dar? Theoretisch wären alle drei Alternativen möglich; aber im Licht späterer Funde betrachtet, glaube ich doch, daß sie die Gottheit repräsentiert. Als wir unseren Bericht zum erstenmal veröffentlichten und diese Auffassung vertraten, begründete ein Wissenschaftler seinen Einwand mit dem Hinweis, daß die Symbole der Gottheiten des orientalischen Altertums nie auf den Statuen erschienen.

Im weiteren Verlauf unserer Ausgrabungen entdeckten wir jedoch noch eine Statue, die eindeutig die Gottheit darstellt, und auf ihrer Brust zeigt sich tatsächlich ihr persönliches Sinnbild, das Zeichen des Wettergottes.

Obschon die Figur ein faszinierender Fund war, kommt den Stelen größere Bedeutung zu. Mit Ausnahme der mittleren Stele trug keine ein Relief. Einige standen rechts und links hinter der Statue, weil sie ihr als Stütze dienten. Obwohl die Stelen oben auf etwa gleicher Höhe abschlossen, reichte ihre Basis entsprechend ihrer verschiedenen Größe in unterschiedliche Tiefen. Die höchste maß 55, die kleinste 22 Zentimeter.

44

oben Nahaufnahme der linken Stelengruppe mit der Statue und dem Relief: den Händen und dem Emblem der Mondgottheit. *links* Vorderansicht der Statue mit dem Mond-Emblem auf der Brust. *rechts* Rückenansicht der Statue

Welchem Zweck hatten die Stelen gedient? Und was stellten sie dar? In der zweiten Ausgrabungssaison erweiterten wir diesen Abschnitt nach Süden, wo wir unmittelbar neben dem Tempel, im unteren Bereich der Wallböschung, weitere siebzehn Stelen unterschiedlicher Größe und von meist grober Bearbeitung fanden. Einige legten wir auf einer höheren Ebene, andere am Fuß des Abhangs frei. Vielleicht läßt sich daraus schließen, daß die Stelen im Tempel Gedenksteine für tote Könige oder Priester waren, während die unfertigen in der Nähe bereitlagen, um je nach Bedarf bearbeitet und dann in das Heiligtum geschafft zu werden. Wenn wir diese Erklärung akzeptieren, könnte man den Tempel des

45

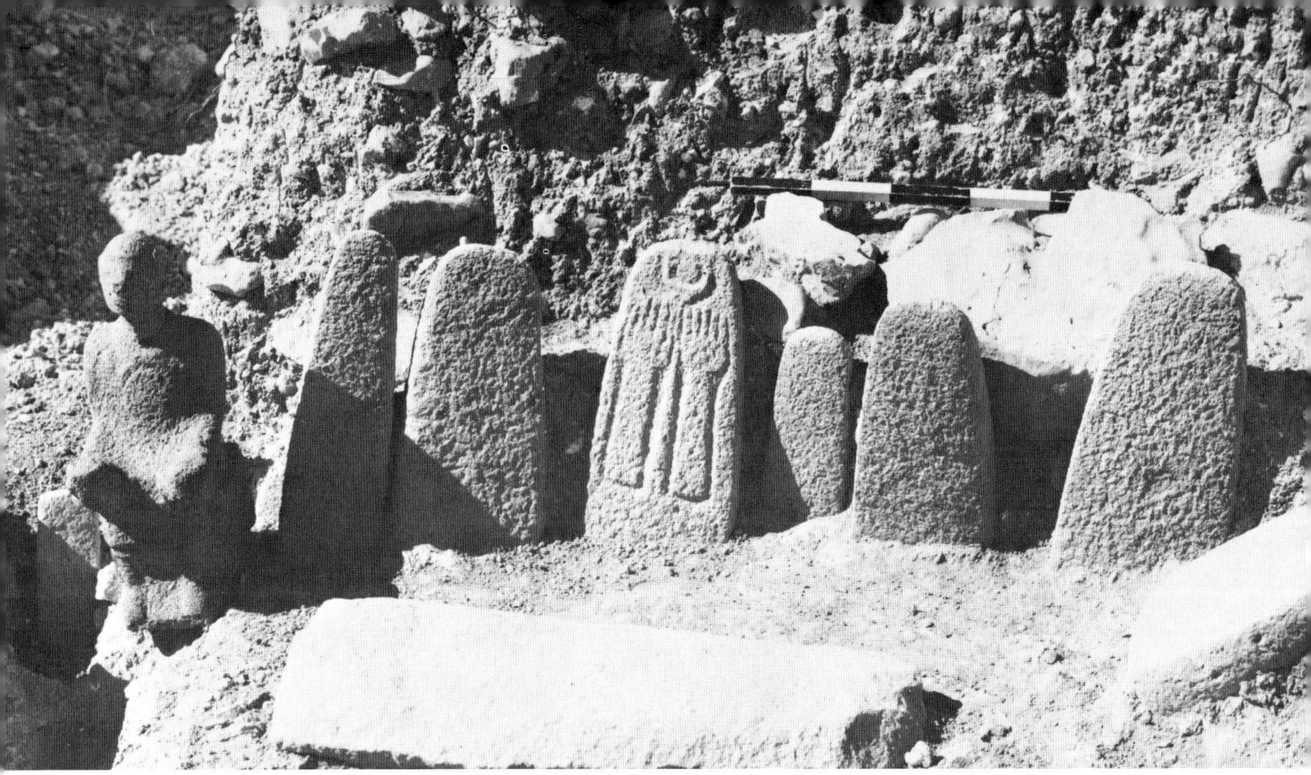

oben Nahaufnahme des Stelentempels mit allen Stelen, der Götterstatue und dem Opfertisch
unten Die Mittelstele mit dem Relief

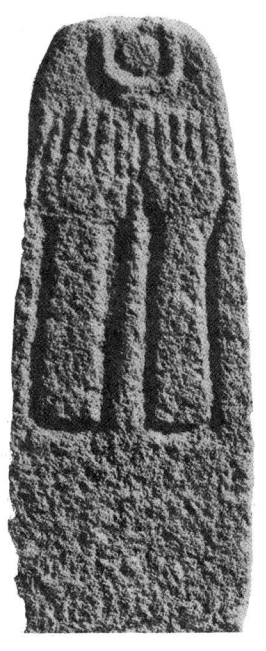

Mondgottes auch als Gedenkstätte auffassen. Ob diese Interpretation nun zutrifft oder nicht – die Stelen gehören zu den kühnsten Ausprägungen der in der Bibel so oft genannten Kultsteine. Das mosaische Gesetz verbot den Israeliten nicht nur die Herstellung solcher Steine, es schrieb ihnen auch vor, sie bei ihren heidnischen Nachbarn zu zerstören. Wahrscheinlich entschied sich das Schicksal dieser heiligen Stätte, als die Israeliten Hazor besetzten und das Gebot erfüllten: »Zerstöret alle Orte, da die Heiden, die ihr vertreiben werdet, ihren Göttern gedienet haben, es sei auf hohen Bergen, auf Hügeln oder unter grünen Bäumen: und reißt um ihre Altäre, und zerbrecht ihre Säulen *(mazzeboth)* . . .« (5. Mose 12,2–3). Wir dürfen also wohl behaupten, daß der Kopf der Statue absichtlich abgeschlagen wurde.

Die interessanteste Stele war natürlich die in der Mitte wegen des einfachen, aber sehr eindrucksvollen Reliefs in den oberen zwei Dritteln ihrer Vorderseite, was darauf schließen läßt, daß sie bis zu fast einem Drittel ihrer Höhe im Boden stehen sollte. Das Relief stellt zwei in flehender Gebärde erhobene Hände dar und darüber das Symbol einer Gottheit, das aus drei Elementen besteht: einem Halbmond, einer Scheibe im Halbmond und zwei kleinen quastenförmigen Kreisen, die in der Mitte hängen. Zweifellos beziehen sich die Symbole auf den Mondgott, denn sie repräsentieren die beiden Mondphasen: den Halbmond und den Vollmond.

Schwieriger jedoch ist die Erklärung der beiden Hände. Sind sie nur der einfache, inbrünstige Ausdruck für ein demütiges Bittgebet, wie es dem modernen Geschmack entspricht, oder haben sie eine andere Bedeutung? Wir können dieses Problem erst im Licht zusätzlicher Funde aus der näheren Umgebung analysieren.

Die Entdeckung der Statue und der Stelen gelang uns, wie es bei einer Grabung manchmal vorkommt, in den letzten beiden Wochen der Saison. Darum konnten wir in der kurzen Zeit, die uns bis zum Ende der Saison verblieb, nur noch wenige Details dieses einzigartigen Tempels ermitteln. Dennoch genügten diese Einzelbeobachtungen, um zu erkennen, daß die Objekte, die wir in Schicht IA fanden – der höchsten Schicht und letzten kanaanitischen Besiedlungsstufe in dem Abschnitt –, nur die Schlußphase der langen Existenz des Tempels repräsentieren. Zeugnisse früherer Phasen traten teils in jener ersten Saison und teils in der darauf folgenden zutage, als wir die Grabungen in diesem Abschnitt ausdehnten. Das erste Anzeichen für frühere Stadien des Tempels traf mit einem höchst überraschenden und wichtigen Fund zusammen.

Als wir den Boden unter der (vom Blickpunkt des Betrachters) ganz rechts befindlichen Stele abräumten, entdeckten wir dort, in der Tiefe vergraben, eine außergewöhnliche Basaltplatte. Auf der einen Seite zeigte sie das Relief eines kauernden Löwen, an der Front den Löwenkopf und die Vorderbeine. Die andere Seite war nicht bearbeitet. Bei dieser Platte, die 44 Zentimeter breit, 33 Zentimeter hoch und etwa 12 Zentimeter dick war, handelte es sich offenkundig um einen Orthostaten, wie der

Eine frühere Phase des Tempels

Der Löwen-Orthostat, unter der oberen Schicht gefunden (vgl. nächste Seite)

rechts Die reliefgeschmückten Seiten des kleinen Löwen-Orthostaten zeigen, daß er zu einer Türfüllung gehörte
unten Zwei »abstrakte« Votivfigurinen, gefunden im Schutt unter dem Opfertisch

Zeichnung der gläsernen Kosmetikflasche aus den Schichten unter den Stelen

archäologische Terminus dafür lautet. Orthostaten (das Wort setzt sich aus zwei griechischen Begriffen zusammen, die »aufrecht stehend« bedeuten) fanden gewöhnlich als Täfelung oder Verkleidung von Mauersockeln Verwendung. Dieser war wahrscheinlich ein Türgewände-Orthostat, der mit der unbearbeiteten Seite in das Gewände eingelassen war und mit der verzierten Fläche den Eingang verblendete. Offenbar befand sich der Orthostat nicht in seiner ursprünglichen Lage. Entweder gehörte er zu einem anderen Gebäude und war hier mit Bedacht vergraben worden, oder – was wahrscheinlicher ist – er stammte aus einer früheren Phase des Tempels, in der er ebenfalls nicht die ihm zugedachte Funktion erfüllt hatte. Zusammen mit diesem Orthostaten tauchte in derselben Schicht unterhalb der Stelen zwischen Schuttmassen eine Anzahl interessanter Objekte aus früheren Phasen auf; darunter ein schöner Keulenkopf, eine urtümliche (beinah abstrakte) Basaltfigurine und eine herrliche Kosmetikflasche aus Glas, eines der frühesten in diesem Land gefundenen Exemplare der Art.

Nach alledem durften wir annehmen, daß zwei oder drei Phasen unter der obersten lagen, die wahrscheinlich alle zu Schicht IB aus dem 14. Jahrhundert gehörten.

Möglicherweise wurde der Tempel, in der vorgefundenen Bauweise direkt am Fuß des Schutzwalls errichtet, nicht nur von Feinden, sondern vielleicht auch durch Witterungseinflüsse zerstört, so daß einige Objekte in Vergessenheit gerieten und unter den Trümmern begraben wurden. Wie dem auch sei, es steht fest, daß die meisten Gegenstände, die in der oberen Schicht gefunden wurden, ursprünglich einer früheren Phase angehörten und von den Bewohnern von IA geborgen wurden, als sie den Tempel wieder aufbauten.

48

Es ist sogar möglich, daß der Löwen-Orthostat primär zu einem viel älteren Bauwerk, vielleicht aus der späten Bronzezeit oder gar dem Ende der mittleren Bronzezeit, gehörte. Dies Problem wollen wir jedoch erst behandeln, wenn wir in Kapitel 6 einen weiteren mit Orthostaten geschmückten Tempel beschreiben.

Die ergiebigen Funde in Abschnitt C, die wir hauptsächlich gegen Ende der Saison machten, hatten unseren Appetit angeregt, und so kehrten wir in der zweiten Saison ungeduldig dorthin zurück. Diesmal dehnten wir unsere Grabungen vor allem in nördlicher Richtung aus. Unsere Erwartungen wurden nicht enttäuscht. In unmittelbarer Nähe des Tempels fanden wir eine erhebliche Anzahl von Baukomplexen, die jeweils um einen Hof in der Mitte gruppiert waren und alle auf irgendeine Weise mit dem Tempel, seinem Kult oder seiner Funktion zusammenhingen. Wir wollen uns zuerst Raum 6225 im nördlichen Teil des ausgegrabenen Abschnitts zuwenden, weil wir an dieser Stelle eine dramatische Entdeckung machten. Der Raum oder vielmehr der Hof bildet ein Rechteck von 7 mal 3,50 Metern. An seiner Ostmauer stand eine niedere Bank aus kleinen, unbehauenen Steinblöcken. Gegenüber, an der schmalen Seite des Hofs, befand sich eine Anlage in Form einer Doppelmauer im rechten Winkel zur Hauptmauer. Der schmale Zwischenraum zwischen beiden Mauern war mit Erde gefüllt. Im allgemeinen neigen Archäologen dazu, einen fremdartigen Bau als Tempel oder Kultstätte zu definieren. Hätten wir in Raum 6225 nur die soeben beschriebenen Überreste und Strukturen gefunden, hätten auch wir ihn für einen Tempel gehalten und die Plattform mit der Doppelmauer als Altar oder kultische Bühne angesehen. Glücklicherweise fanden wir auf dieser Plattform zwei sehr interessante Objekte. Ich kann mich noch

Eine dramatische Entdeckung

49

gegenüber Maske und Töpferscheibe am Fundort
links Die Maske; man beachte die Löcher für das Band zur Befestigung

oben Ober- und Unterteil der Töpferscheibe

lebhaft an die Aufregung erinnern, als Trude Dothan mich über das Feldtelephon dringend zu ihrem Abschnitt rief. Dort sah ich innerhalb der Plattform eine kleine Tonmaske, die völlig unversehrt war. Die Waagschale der Beurteilung neigte sich sogleich zugunsten eines Tempels. Aber gleich daneben lag ein anderer Gegenstand – der obere und untere Teil einer Töpferscheibe aus Basalt.

Anscheinend hatten wir eine Töpferwerkstatt entdeckt – und vielleicht war der ganze Hof eine Töpferei gewesen. Einen weiteren Beleg für diese Vermutung lieferte ein in der Nähe gefundenes stark abgenutztes Scherbenfragment. Wie ähnliche Scherben, die man in Töpferwerkstätten der berühmten Stadt Lachish im Vorgebirge von Judäa entdeckt hatte, diente sie zur Oberflächenbearbeitung der Töpferware. Die beiden Töpferscheiben waren in so hervorragendem Zustand und so glatt, daß sich durch leichtes Ölen der Höhlung die obere mühelos drehen ließ. Durch die Entdeckung erklärte sich auch, warum wir in anderen Räumen der näheren Umgebung einzelne Töpferscheiben, sowohl Ober- wie Unterteile, fanden.

Kehren wir jedoch zu der Tonmaske zurück, die im Hinblick auf den Tempel und seinen Kult damals vielleicht der wichtigere Fund war. Die Maske wurde zuerst als Schale geformt; dann folgten das Ausschneiden der Augen, das Formen der langen Augenbrauen an der Wurzel der schmalen, geraden Nase (ohne Nasenlöcher), die Gestaltung des Mundes und der Ohren. Zwei Löcher wurden am oberen Rand gebohrt und zwei

Die Tonmaske

51

Die »gröbere« Maske, gefunden in Abschnitt D

gegenüber links Ein Teil der Gefäße, die im Lager des Töpfers gefunden wurden

gegenüber rechts Ein bemalter Kelch (oben) und einige der zahlreichen Schalen aus dem Töpferlager (mitte); sie haben die gleiche Form wie die bei der Statue gefundene Opferschale (vgl. S. 42). Die Zeichnung auf einem der lokaltypisch bemalten Krüge (unten) zeigt in zwei Friesen gehörnte Tiere und palmenähnlich stilisierte Lebensbäume

an jeder Seite, eins über, eins unter dem Ohr. Sie dienten zum Durchführen einer Schnur, mit der die Maske am Kopf des Trägers oder an einem Gegenstand befestigt wurde. Die Maske ist ziemlich klein – 15 Zentimeter hoch – und bartlos. Im Lauf der ersten Saison hatten wir beim Graben in Abschnitt D, mehrere hundert Meter weiter nach Nordosten, eine ähnliche – wenn auch leicht angebrochene – Maske gefunden, die in einer Zisterne lag. Sie ließ den gleichen Herstellungsgang erkennen: zuerst die Schale, dann die Formung von Augen, Brauen, Nase und Mund mit der Hand. Beide Töpfer verfolgten offenbar dieselbe Absicht, aber die Ergebnisse waren durchaus verschieden. Die Maske aus Abschnitt D ist etwas gröber, fast naiv stilisiert. Als wir die zweite Maske fanden, hatten wir zufällig den Besuch eines Kunstkritikers am Grabungsort. Nach seiner Auffassung zeugt die Maske, die wir in Abschnitt D fanden, von höherer Kunstfertigkeit.

Ich wüßte gern, was die Menschen des damaligen Hazor von diesen beiden Masken hielten. Und wir alle überlegten, welchem Zweck die Masken wohl dienten. Für das Gesicht eines Erwachsenen waren sie zu *Das Vorratshaus* klein. Sollten sie das Gesicht eines verstorbenen Kindes bedecken oder *des Töpfers* eine andere kultische Funktion erfüllen? Wir werden zu dieser Frage

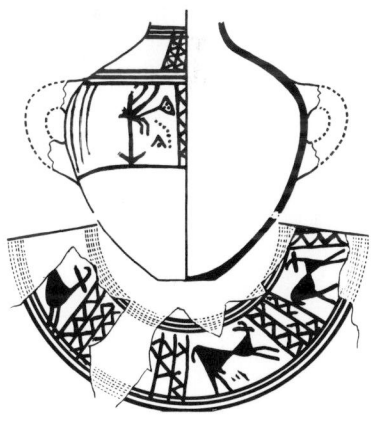

zurückkehren, nachdem wir die nächste bedeutende Entdeckung abgehandelt haben, die diesen Tempelkult näher beleuchtet.

Wie schon erwähnt, bestand das gesamte Gebiet in der Umgebung von Raum 6225 und südlich davon aus Bauten mit Innenhöfen. In den Räumen, insbesondere aber in den Höfen selbst, fanden wir Unmengen von Töpferwaren. Bei den auffälligsten Stücken handelte es sich um große Vorratskrüge oder *pithoi* im »Ali Baba«-Format. Krüge dieses Typs waren bisher nie aufgetaucht und werden seitdem »Hazor-*pithoi*« genannt. In einem weiteren Raum, östlich von Raum 6225, hatten wir dann das Glück, auf eine Bauform zu stoßen, die man als Vorratsraum des Töpfers bezeichnen könnte. Auch hier fanden wir an den Mauern entlanglaufende Bänke, aber im Gegensatz zu Raum 6225 bedeckte diesmal eine reiche Auswahl an Keramik die Böden und Bänke, darunter Schalen, Kelche, Becher, Krüge, Lampen – manche in Haufen übereinandergestapelt – und sogar ein Tischchen. Hier handelte es sich eindeutig um den Lagerraum eines Töpfers: viele Objekte zeigten keine Gebrauchsspuren. Das traf insbesondere auf die Öllampen zu, die bei Ausgrabungen gewöhnlich mit Rußresten am Schnabel zutage treten.

Im ganzen hatten wir hier eine schöne Sammlung typischer einheimi-

rechts Die mit Silber überzogene bronzene Kultstandarte zeigt die Mondsichel, eine stilisierte Schlange, dazu die Gottheit zwischen zwei Schlangen, unten abermals ein Schlangensymbol *unten* Der Gefäßhaufen, unter dem die Standarte gefunden wurde, aufgenommen im Moment der Entdeckung

scher Keramik des 14. Jahrhunderts v. Chr. – zum Teil einfach, aber eindrucksvoll bemalt – vor uns.

Die größte Entdeckung kam, als wir den Raum mit der Töpferware schon fast geleert hatten. Beim Abräumen der Funde kamen drei übereinanderliegende Schalen ans Licht und darunter ein eigenartiger Krug, der zu unserem größten Erstaunen eine versilberte Bronzestandarte barg. Ich wünschte, ich könnte hier die Gesten und Ausrufe unserer Mitarbeiter beim Auftauchen der Standarte aus dem Krug wiedergeben. Sie ist rechteckig, mißt 12,5 mal 7 Zentimeter und hat unten einen kurzen Stiel. Eine fest angepreßte, dünne Silberschicht bedeckt ihre Oberfläche. Die Einzelheiten eines teils eingeritzten, teils plastischen Bildes treten wegen der Silberauflage nur unklar hervor. Ich hoffe aber, daß es mit Hilfe des Photos möglich ist, das Gesicht einer Frau zu erkennen, die in jeder Hand eine Schlange hält und einen Anhänger in Gestalt einer stilisierten Schlange trägt. Am oberen Rand der Standarte, über dem Frauenkopf, findet sich ein Halbmond, in dessen Halbkreis sich das stilisierte Motiv der Schlange wiederholt. Dieses Bild ähnelt anderen nahöstlichen Darstellungen der Schlangengöttin, deren schönste die kretische Göttin ohne Kopf ist. Unsere Standarte ist jedoch einzigartig: man darf mit Sicherheit sagen, daß sie eine kultische Funktion hatte und vermutlich bei rituellen Prozessionen auf einer Stange getragen wurde. Ihre eigentliche Bedeutung liegt aber in ihrer Verbindung zum Stelentempel, denn auch hier findet sich das Symbol des Halbmonds auf der Brust der Götterstatue und auf der Hauptstele des Tempels. Die Frauenfigur auf der Standarte stellt also wahrscheinlich die Tempelgöttin, die Gefährtin des Mondgottes, dar.

Nachdem sich dieser Zusammenhang herausgestellt hatte, konnten wir anhand von anderem, in großer Entfernung von Hazor freigelegtem Beweismaterial noch weitere Funde im Tempelbezirk ihrer Bedeutung entsprechend einordnen. Bisher habe ich mich damit begnügt, Fakten darzustellen und unsere Entdeckungen zu beschreiben: den Tempel und seine Stelen, die Statue, die Töpferwerkstatt, die Maske und die versilberte Standarte.

Nun müssen wir uns mit einigen Theorien beschäftigen. Im folgenden geht es um Mutmaßungen, die wie ein kompliziertes Puzzlespiel wirken – noch dazu mit weit verstreuten Teilen. Aber die Schwierigkeiten eines Puzzles schließen die Wahrscheinlichkeit einer Lösung ja noch nicht aus.

Die erste Spur führt uns zu einem Ort im Südosten der Türkei namens Zinjirli (in der Nähe der Nordwestgrenze des heutigen Syrien). Hier entdeckten Archäologen eine von der einheimischen Dynastie der Könige von Samal regierte Stadt. Glücklicherweise hinterließen diese Könige zahlreiche Denkmäler mit Inschriften in Aramäisch und Phönizisch, einer Sprache, die große Ähnlichkeit mit dem Hebräischen aufweist. Die meisten ihrer Stelen und Denkmäler zeigen auch eine Reihe sinnbildlicher Darstellungen der Gottheiten, die sie verehrten. Ein immer wiederkehrendes Emblem auf diesen Gedenksteinen ist ein Halbmond mit voller Scheibe innerhalb des Halbkreises, ganz ähnlich dem Relief auf der Hauptstele im Tempel von Abschnitt C. Mehrere der von den Samalköni-

Eine verborgene Standarte

Was bedeuten diese Steine?

Eine beschriftete Stele von Zinjirli zeigt die Embleme der von den örtlichen Königen verehrten Götter – darunter (rechts) auch Scheibe und Mondsichel

55

gen verehrten Gottheiten kommen in den Inschriften vor – aber leider nicht in Verbindung mit einem bestimmten Symbol. So stellte sich uns als erstes die Frage, auf welche Gottheit das Symbol des Halbmonds und der Scheibe verweist. Aus verschiedenen Gründen nahm ich an, daß diese Sinnbilder mit der Gottheit Ba'al Hamman (oder Ba'al Hammon) zusammenhängen. Hamman könnte der alte Name für die Amanusberge sein (dort liegt Zinjirli), und Ba'al Hamman könnte darum »Herr des Amanus« bedeuten. Wenn diese Vermutung zutrifft, dann war die Gottheit des Halbmonds und der Scheibe der Mondgott – und wurde, wie so viele Mondgötter, auf Hügeln verehrt.

Die zweite Spur führt nach Nordafrika, und zwar in die Nachbarschaft von Karthago. Dies Gebiet bildete den Mittelpunkt der punischen Kultur, d. h. der späten phönizischen Kultur des 5. bis 2. Jahrhunderts v. Chr. Hier stellt sich wiederum heraus, daß die wesentliche – und praktisch einzige – männliche Gottheit Ba'al Hamman hieß; und es ist interessant, daß auch sein Zeichen einen Halbmond mit einer Scheibe darin darstellt, wobei die Spitzen des Halbmonds zuweilen nach unten zeigen. Am meisten erstaunte uns jedoch die Tatsache, daß wir bei der Suche nach Parallelen zu den zwei ausgestreckten Händen diese auf Hunderten von Stelen fanden, die aus der Gegend um Karthago und aus anderen Stätten des Punischen Reichs stammten, obwohl ein Zeitraum von tausend Jahren sie von den Hazor-Stelen trennt. Was bedeuten die Hände auf den karthagischen Stelen? Stellen auch sie nur Bittgebärden Andächtiger dar? Ich bin der Ansicht, daß die Hände das Sinnbild der Gefährtin Ba'al Hammans sind. Die einzige Gottheit, die auf diesen Stelen jemals in Verbindung mit Ba'al Hamman, und manchmal unabhängig von ihm, vorkommt, ist eine mächtige Gottheit namens Tanit oder Tinnith. Wenn sie vollständig abgebildet ist, dann stets als eine Frau mit erhobenen Händen, die zuweilen Schlangen halten (wie auf der Standarte). Häufiger jedoch erscheint sie in recht schematisierter Gestalt – als Triangel mit einem Kreis darüber und den zwei Händen –, die als das Symbol der Tanit gilt. Wird sie allein gezeigt, dann repräsentieren die Hände eine Abbreviatur der Gottheit; und ich glaube, daß diese Hände auch in Hazor nicht Ausdruck andächtiger Anbetung sind, sondern das Zeichen der Gefährtin des Mondgottes von Hazor, mag ihr Name lauten, wie er will. Auf vielen der karthagischen Denkmäler trägt Tanit – gewissermaßen als offiziellen Titel – den Namen »Antlitz Ba'als«.

Nun kommen wir zu einer weiteren, wirklich erstaunlichen Spur. Dem Bereich der punischen Kultur entstammen nicht nur die Symbole für Ba'al Hamman sowie die Tanit verkörpernden Hände, sondern auch seltsame Masken, die denen von Hazor nicht unähnlich sind. Auch hier handelt es sich um bartlose Masken, zuweilen mit Ohrringen. Wäre es möglich, daß die Tonmasken aus Karthago Tanit, das »Antlitz Ba'als«, darstellen? Und um nach Hazor zurückzukehren: wäre die Vermutung zu weit hergeholt, daß die kleine Maske ohne Nasenlöcher und mit geöffnetem Mund das Zeichen der Schlangengöttin, der Gefährtin des Mondgottes, war und daß sie das Gesicht der Statue des Mondgottes bedeckte und auf diese Weise das »Antlitz Ba'als« repräsentierte? Eine solche Schlußfolgerung würde

mit dem kleinen Format der Maske in Einklang stehen; es könnte auch die grobe Gestaltung und den Verzicht auf eine detaillierte Ausführung der Gesichtszüge der Statue erklären. Schließlich erweist sich die Ähnlichkeit zwischen den Entdeckungen in Hazor und denen der punischen Kultur an den auf einigen Denkmälern dargestellten Heiligtümern des Ba'al Hamman und der Tanit: hier erscheinen Stelen auf einem Podest, und genauso fanden wir sie in Hazor. Ob diese Theorie nun zutrifft oder nicht – fest steht, daß die punische Kultur Elemente der phönizischen Kultur bewahrte und daß die letztere Einflüsse kanaanitischer Elemente zeigt, die denen von Hazor gleichen.

Die Funde in Abschnitt C waren sowohl an sich wie auch im Kontext der Querverweise, die sie uns ermöglichten, faszinierend. Aber sie erschöpften bei weitem nicht das Informationspotential der Einfriedung; in den anderen Teilen der unteren Stadt erwartete uns noch viel mehr.

Eine punische Stele, Ba'al Hamman und Tanit geweiht, zeigt ein Abbild ihres Tempels mit Stelen auf einer Plattform

gegenüber oben Diese punische Votivstele zeigt die Embleme des Ba'al Hamman, Scheibe und Mondsichel, und seine Gattin Tanit, dargestellt als Frau mit erhobenen Händen; daneben noch eine Hand

gegenüber unten Zwei Hände, das Symbol Tanits, auf einer punischen Stele

4 Ein gewaltiger Altar und geheimnisvolle Tunnel – Abschnitt F

Als wir irgendwann in der ersten Saison zwischen den Abschnitten C und D spazierengingen, lenkte ein riesiger behauener Steinblock, der etwa 400 Meter Ostnordost von Abschnitt C aus der Erde ragte, unsere Aufmerksamkeit auf sich. Der Stein wirkte wie ein Altar, weil seine Oberseite zwei rechteckige Vertiefungen und mehrere schalenförmige Höhlungen aufwies. Ungefähr 200 Meter nördlich davon erhob sich außerdem der Rand einer massiven Mauer aus großen unbehauenen Steinen aus dem Boden. Einen so verführerischen Köder durfte man einfach nicht unbeachtet lassen, aber in der ersten Saison waren unsere Kräfte schon überbeansprucht. So verschoben wir die Untersuchung dieses Terrains (als Abschnitt F bezeichnet) auf die zweite Saison, als Jean Perrot dort die Leitung übernahm und Trude Dothan ihn in Abschnitt C ersetzte. Hätte ich gewußt, was uns tief unter der Erde erwartete, wäre ich vielleicht nicht auf dieses Wagnis eingegangen – nicht, weil ihm etwa keine Bedeutung zukam oder der Anreiz fehlte, sondern weil die Arbeit hier in technischer Hinsicht äußerst schwierig war und uns länger, als wir anfangs vorgesehen hatten, in Anspruch nahm.

Wir wollen mit dem Altar beginnen, der uns schließlich zu allererst zu dem Abschnitt hingezogen hatte. Er besteht aus einem 2,50 Meter langen und 85 Zentimeter breiten Quaderstein, der etwa 5 Tonnen wiegt. Auf seiner Oberseite hat er zwei Vertiefungen: eine (auf dem Photo gleich zu erkennen) ist rechteckig und flach, etwa 10 Zentimeter tiefer als die Oberfläche, mit drei kleinen Höhlungen; die andere (links davon) ist tiefer (35 Zentimeter) und bildet eine Art Becken. Eine schmale Querwand mit einem engen Durchlaß trennt die beiden Vertiefungen. Eine der Schmalseiten der tiefen Einsenkung war durchgebrochen; ich glaube aber, daß sie ursprünglich eine Öffnung für die Flüssigkeit hatte, die sich dort ansammelte. Ich habe den Stein als »Altar« bezeichnet, ohne dafür Beweise zu erbringen. Tatsächlich ist in diesem Land noch kein Altar dieses Typs gefunden worden. Überhaupt haben archäologische Ausgrabungen nur selten Tieropferaltäre zutage gefördert. Meine Meinung gründet sich daher vor allem auf logische Überlegungen. Es stimmt, daß wir in Hazor und Sir Leonard Woolley in Alalakh in Nordsyrien ähnliche – wenn auch vor allem für Trankopfer bestimmte – Gebilde fanden. Aber keines hatte auch nur annähernd die Größe des Steins, den wir in Abschnitt F entdeckten. Ich hatte Gelegenheit, dem bejahrten Sir Leonard Woolley kurz vor seinem Tod eine Photographie unseres Altars zeigen zu können. Sie rief keine Erinnerung bei ihm hervor. »Der ähnelt dem in Ihrem Buch, Sir«, sagte ich. »Junger Mann«, antwortete er mit

Der Köder

gegenüber Der große Steinaltar, von Westen gesehen; im Hintergrund die Golan-Höhen
unten Der gleiche Altar, bei Sonnenaufgang aufgenommen, zeigt die Orientierung der Opferstätte nach der Sonne

verschmitztem Zwinkern, »ich lese meine eigenen Bücher nicht. «

Unsere Ausgrabungen lieferten allerdings eine Bestätigung für die Annahme, daß es sich bei dem riesigen Steinblock um einen Altar handelte. Wir beschlossen, den Spaten in unmittelbarer Nähe des Steins anzusetzen. Um ihn herum stand dichtes dorniges Gestrüpp; darum brannten wir das Gelände ab, markierten die Quadrate und bereiteten alles für die Grabung vor. Kaum hatten wir angefangen, legten wir im Umkreis des Steins und besonders östlich von ihm unzählige Rinderknochen frei, ein hoffnungsvolles Anzeichen dafür, daß der Platz zum Schlachten und Opfern benutzt worden war. Der kultische Charakter der Stätte stellte sich bald heraus. Der Altar befand sich an der Ostseite eines großen offenen Platzes. Innerhalb dieser Fläche entdeckten wir einen Abzugskanal, der zum Altar führte und dann unter ihm in einem Netz von Kanälen verschwand, die mit Steinplatten abgedeckt waren. Etwas nördlich vom oberen Ende der Abzugsrinne lag eine Nische. Leider war sie beschädigt, aber in ihr entdeckten wir ein entzückendes, wenn auch zerbrochenes Weihrauchgefäß aus Alabaster, zusammen mit vielen anderen in der Nähe herumliegenden Alabasterfragmenten, den schönsten, die je in Hazor zum Vorschein kamen. Der Alabasterkrug oder -pokal war mit Hilfe einer Töpferscheibe hergestellt worden, und seine beiden Teile paßten zusammen. Der Kelch, der von der Basis abgenom-

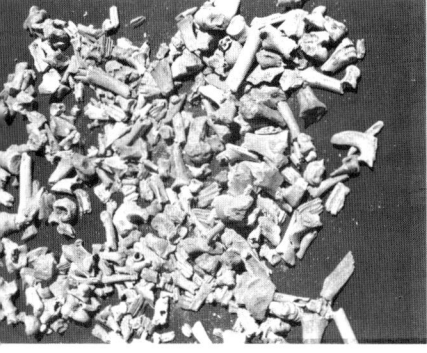

unten Knochenreste geopferter Tiere, gefunden in der Nähe des Altars

rechts Der Altar und der zu ihm führende Graben

men werden konnte, hatte offenbar als Weihrauchbehälter gedient.

Etwa zwei Meter nördlich der Nische fanden wir Kochtöpfe, eine Backplatte und – das Wichtigste – einen Stierschädel auf einem erhöhten Podest, das wie eine offene Gebetsstätte, ein *bamah*, aussah, wo die Votivgaben und Teile der geopferten Tiere ihren Platz hatten. Dieser Fund konnte als Beweis dafür gelten, daß wir es tatsächlich mit einem offenen Kultbezirk zu tun hatten. Gestützt wurde diese Annahme durch ganze Serien von Gefäßformen, die wir in der näheren Umgebung fanden; darunter waren typische Kultgefäße wie durchbohrte Räucherschalen, sog. »Tassen mit Untersatz«, Rasseln und Votivgefäße. Solche Objekte kamen insbesondere östlich und unterhalb des Altars in reicher Zahl vor. Das Gebiet sah tatsächlich wie eine *favissa* (ein Sammelplatz für ausrangierte Kultgefäße) aus und gab eine Schicht nach der anderen mit diesem Gefäßtyp frei.

Der Altar war so, wie wir ihn vorfanden, während zweier Phasen in Gebrauch gewesen, die den Perioden von Schicht IB und IA in den anderen Abschnitten (d. h. dem 14. und 13. Jahrhundert) entsprechen. Gegen Ende des 14. Jahrhunderts war er anscheinend umgekippt, sei es durch willkürliches Eingreifen oder aus anderen Gründen, und dann mit Steinen abgestützt worden.

Das gesamte Gebiet im Norden und Osten dieser Kultstätte bis zur

Die beiden Teile des alabasternen Weihrauchgefäßes (links) zeigen noch Spuren der Drehbank; die Zeichnung rechts stellt die beiden Teile in ihrer ursprünglichen Position dar

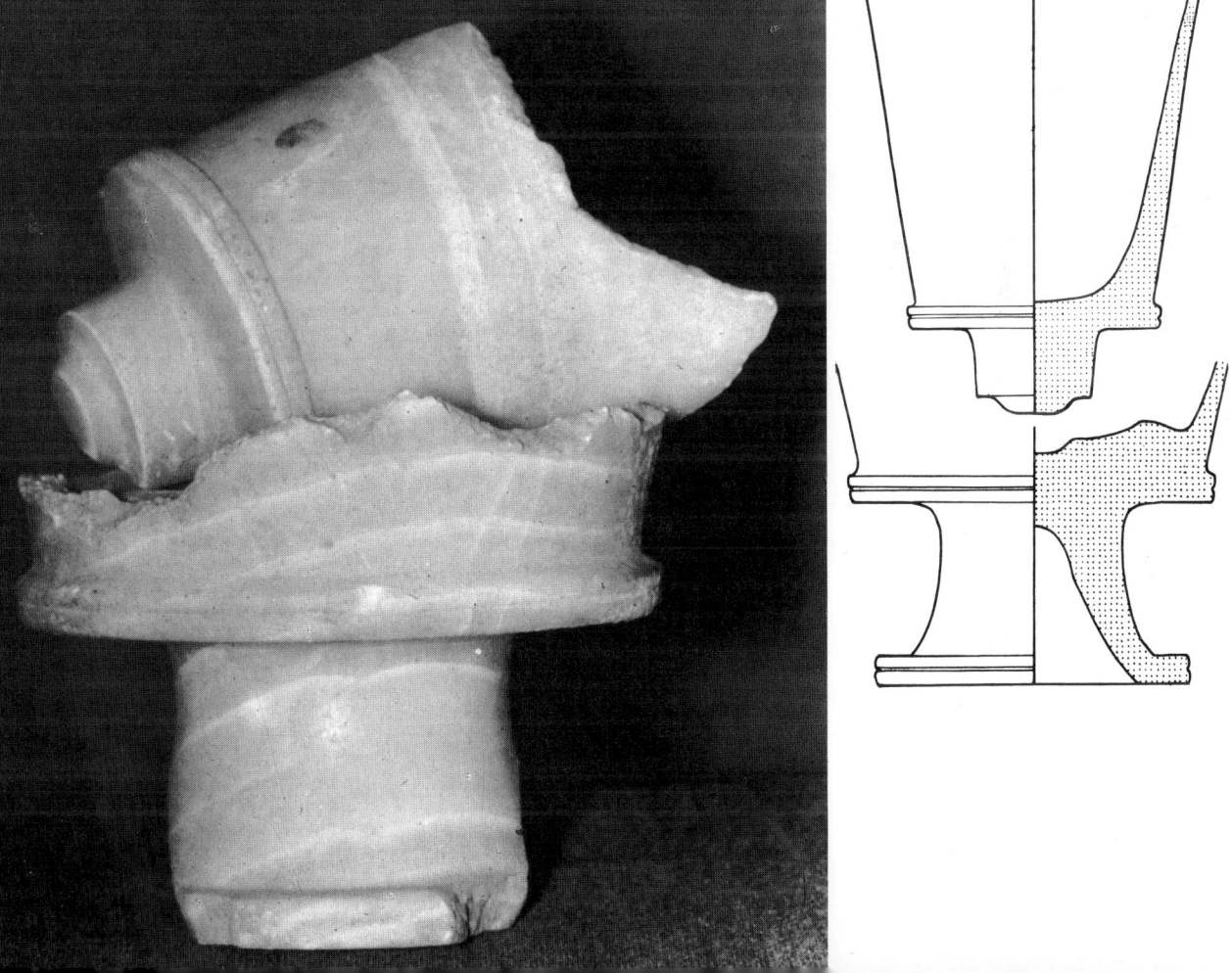

Ein Raum nahe dem Altar mit feinem Kopfsteinboden

Die beim Altar gefundene Bronzeaxt diente wahrscheinlich zum Schlachten der Opfertiere

Wohnungen für Diener des Kultbezirks

Kleines Bronzegewicht in Löwenform

Begrenzung durch den riesigen Wall im Norden diente als Wohnviertel; die Behausungen sind in ihrer Anlage typisch für die Periode: ein Innenhof, umgeben von Räumen, die zum Teil mit schönen Kopfsteinfußböden ausgestattet waren. Die Nähe dieses Viertels zum Altar und die Art einiger Funde in den Zimmern lassen vermuten, daß es entweder von den Dienern des Kultbezirks bewohnt wurde oder teilweise zur Vorrats- und Lagerhaltung diente. Innerhalb und außerhalb des Raums, der nördlich an den Altar angrenzte, fanden wir eine Fülle mykenischer Keramik aus der Periode IIIA und IIIB, eine Bronzeaxt (die möglicherweise zum Schlachten der Tiere verwendet wurde), ein kleines, aber eindrucksvolles Bronzegewicht in Gestalt eines kauernden Löwen und zahlreiche *pithoi*, die um einen Basalt-»Tisch« herum lagen. Die Wohnquartiere in diesem Abschnitt vertieften unsere in Abschnitt C gewonnenen Kenntnisse und boten ein gutes Beispiel für den Grundriß und die Bauten der kanaanitischen Stadt in den letzten zwei Jahrhunderten vor ihrer Zerstörung.

In der Regel machen Archäologen ihre großen Funde in Gräbern und Gruften, weil die Tonware dort relativ gut erhalten und vielfältiger ist als die in Wohnstätten freigelegte Keramik, die nur aus Gefäßen des täglichen Gebrauchs besteht. Wir hatten darum Glück, als wir in Abschnitt F mehrere Gräber der späten Bronzezeit II (14. oder vielleicht frühes 13. Jahrhundert) fanden, die ungeheure Mengen Töpferware enthielten, nicht nur schöne mykenische Stücke, sondern auch aus Zypern stammende Gefäße zusammmen mit einheimischen Nachbildungen. In diesen Gräbern offenbarte sich das volle Repertoire der letzten zweihundert Jahre bronzezeitlicher Töpferkunst in diesem Land. Außerdem lieferten sie uns wieder einen Anhaltspunkt für die absolute Chronologie. Das erste Grab (8065) fanden wir genau in der Mitte des Hofs eines Hauses, das unmittelbar nördlich vom Altar lag. Es war im Grunde nur eine Spalte mit einer Basaltplatte, unter der ein einzelner Mann begraben lag. Aber es enthielt auch eine hübsche Auswahl an Keramik, darunter als bestes Stück einen erlesenen birnenförmigen Krug vom Typ mykenisch IIIA–B (zweite Hälfte des 14. Jahrhunderts), der völlig unbeschädigt auftauchte.

Als wir Gebäudereste und Trümmer in Schicht IB an der Nordostecke des gewaltigen Nordwalls abtrugen, entdeckten wir eine von zwei großen Platten bedeckte Grube. Unter den Platten fanden wir einen Treppenschacht. Es stellte sich bald heraus, daß hier jemand eine Begräbnisstätte

Höhlen und Gräber

Ein elegantes Tongefäß vom Typ »mykenisch IIIA-B«, gefunden in Abschnitt F

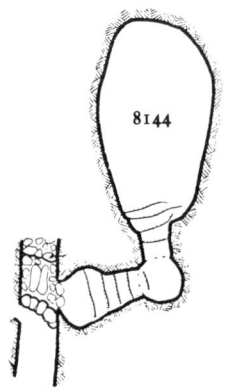

Steinplatten (oben links) versperren den Gang zur Grabhöhle (oben rechts); dazu eine Skizze der Höhle

Drei Ansichten des seltenen Thutmosis III.-Skarabäus

hatte anlegen wollen und daß die Arbeiter kurz vor Fertigstellung der Stufen unerwartet auf einen riesigen unterirdischen Gang aus früheren Schichten gestoßen waren. Als die Arbeiter ihre mißliche Lage erkannten, vermauerten sie den Eingang zum Tunnel und begannen eine andere Höhle (8144, diesmal in nordwestlicher Richtung) zu graben, in der Hoffnung, den unter ihnen liegenden Gang umgehen zu können. Diesmal stimmte ihre Berechnung. Die neue Grabhöhle war rechteckig, etwa 4 Meter lang und fast 3 Meter breit; vier Stufen führen zu ihr hinunter. Sie war im Altertum so gut abgedichtet worden, daß wir sie fast völlig frei von Erde vorfanden, obgleich im Lauf der Jahrhunderte anscheinend von Zeit zu Zeit Wasser eingedrungen war: die Knochen in der Höhle waren schon beinah vermodert und zerfielen bei der geringsten Berührung. Ihre Anzahl verriet, daß hier viele Menschen begraben worden waren.

Die ersten zwei Meter bis zum Eingang enthielten nichts Nennenswertes. Aber auf den dann folgenden drei Metern entdeckten wir hinter einer niedrigen Mauer, die man als Trennwand bezeichnen könnte, über fünfhundert teils unversehrte, teils zerbrochene Keramikgefäße in wirrem Durcheinander. Periodische Versuche, durch ein Beiseiteschieben der Knochen und Töpfe ins Innere zusätzliche Begräbnisplätze in der Höhle zu schaffen, müssen die heillose Unordnung, die hier herrschte, verursacht haben. Offensichtlich war die Höhle während der ganzen Periode von Schicht IB in Gebrauch gewesen. Glücklicherweise fanden wir Objekte, die uns mit Hilfe der Nachdatierung eine annähernde Zeitbestimmung für die erste Benutzung der Höhle ermöglichten. Eines dieser Objekte war ein Skarabäus, der den Namen Thutmosis IV. (Men-Chepe-ru-Re) trug. Skarabäen, die auf Thutmosis IV. verweisen, sind selten und

Zwei zyprische Bucchero-Krüge

Drei langhalsige zyprische *bilbils* für den Opiumexport

für uns Archäologen eine Wohltat, weil wir wissen, daß sie ausschließlich in seiner Regierungszeit angefertigt wurden (die Namen einiger Pharaonen erschienen noch nach ihrem Tod auf Skarabäen, aber die Popularität von Thutmosis IV. sank mit ihm ins Grab). Wir können daher folgern, daß die Höhle irgendwann während seiner achtjährigen Herrschaft, von 1410 bis 1402 v. Chr., oder unmittelbar danach erstmals benutzt wurde.

Die letzte Benutzungsphase der Höhle ergab sich daraus, daß diese Periode unter Schicht IA lag; einen Anhaltspunkt für die absolute Chronologie lieferte jedoch wiederum ihr reicher Bestand an mykenischer Töpferware – die größte in Hazor entdeckte Sammlung – vom Typ IIIA und IIIA–B des ausgehenden 14. Jahrhunderts. Im Hinblick auf die absolute Datierung von Schicht IB zählte dieser Fund zu den besten in allen vier Ausgrabungssommern. Wie schon erwähnt, barg die Fundstätte auch eine reichhaltige Auswahl an importierter Tonware aus Zypern, darunter die langhalsigen sogenannten *bilbils*, die möglicherweise beim Export von Opium Verwendung fanden, sowie zwei seltene Buccherovasen. Bei den meisten Funden handelte es sich natürlich um einheimische, für die Periode typische Töpferware wie Lampen, Schüsseln, Krüge, Kannen und so weiter. Am interessantesten waren die Versuche ansässiger Künstler, die importierten *bilbils* nachzuahmen. Der Unterschied zwischen beiden lag darin, daß die einheimischen Formen mit Hilfe der Töpferscheibe, die zyprischen Gefäße dagegen mit der Hand hergestellt waren. Der einheimische Ton wirkt hell im Vergleich zu der schokoladendunklen, metallischen Färbung der zyprischen Ware. Und natürlich unterscheidet sich auch die Bemalung.

Nachdem wir angefangen hatten, überall in Abschnitt F unter den

Am Ort hergestellte Töpferware, darunter die Imitation eines *bilbil*

oben Der Abflußkanal eines Hauses aus der mittleren Bronzezeit II, in dem ein Grab aus der späten Bronzezeit I gefunden wurde

oben rechts Das Grab im Abflußkanal *in situ*

oben links die im Grab gefundenen Gefäße

gegenüber Der Elfenbeinstöpsel zeigt das Haupt der ägyptischen Göttin Hathor (Höhe 4,5 Zentimeter)

beiden oberen Schichten zu graben, gerieten wir in ein wahres Labyrinth massiver Mauern, die von den frühesten Großbauten des Gebiets stammten. Wir konnten zwei Komplexe auf zwei verschiedenen Schichten erkennen, deren untere – sie bestand aus einem großen Gebäude – der letzten Phase der mittleren Bronzezeit II angehörte und seit der späten Bronzezeit I nicht mehr benutzt worden war. Dafür gab es eindeutige und interessante Beweise. Auf dem Boden des Abflußkanals, der zu diesem Gebäude gehörte, fanden wir eine Grabstätte mit Keramik der späten Bronzezeit I, was einwandfrei darauf hinweist, daß der Bau zu dieser Zeit nicht mehr benutzt wurde. Die Bilder auf dieser Seite zeigen den Zustand des Grabes bei der Entdeckung sowie einen Teil der dort freigelegten Töpferware, darunter ein für das 15. Jahrhundert typisches schwarzes Kännchen aus Zypern. Eine erfreuliche kleine Überraschung erwartete uns hier: ein Elfenbeinstöpsel mit dem Kopf der ägyptischen Göttin Hathor. Der Kopf ist vertikal durchbohrt, so daß der Inhalt der Flasche, vermutlich Parfum, in die der Sonnenscheibe nachgebildete Löffelschale

Typische Muster der Bichrom-Ware: »Union Jack«, Spiralen, Fisch und Vogel

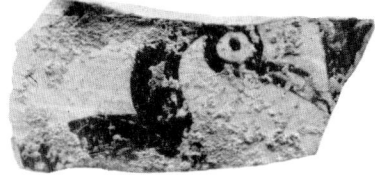

gegossen und von der Besitzerin mit dem Finger aufgetragen werden konnte (die übrigens mit ihrem Mann in diesem Grab beigesetzt war). Da zu jener Zeit das gesamte Gebiet, wie wir gleich sehen werden, die Grundfläche für einen bizarren Tempelbau abgab, könnte die Frau sehr wohl eine Priesterin oder die Ehefrau oder Tochter eines Mitglieds des Tempelpersonals gewesen sein.

Mit dem Begriff Bichrom-Ware bezeichnen Archäologen einen charakteristischen, rot und blau bemalten Keramiktyp, der hauptsächlich mit Tieren, Vögeln, Fischen und geometrischen Figuren – wie dem Malteserkreuz, dem Union Jack, Spiralen und ähnlichem – verziert ist. Er wurde erstmals von Sir Flinders Petrie in Philistia an der Mittelmeerküste entdeckt; später kam eine Theorie auf, derzufolge der gesamte Bestand von einem einzigen Künstler – nach dem ersten Fundort der Tonware der Maler von Ajjul genannt – stammte. Aber die weite Verbreitung dieser Töpferkunst über ein Gebiet, das von der Nordküste Syriens bis nach Ägypten reicht – und sogar, wie wir jetzt ermittelten, über Zypern bis nach Obergaliläa im Herzen Kanaans – läßt in Verbindung mit den großen Quantitäten und Varianten deutlich erkennen, daß sie nicht das Produkt eines einzelnen sein kann, sondern vermutlich einer ganzen Künstlerschule ihre Entstehung verdankt. Wahrscheinlich trat sie erstmals gegen Ende der mittleren Bronzezeit II in Erscheinung und setzte sich dann vor allem im 16. bis 15. Jahrhundert durch. Vor kurzem hat man die Vermutung geäußert, daß Bichrom-Ware in Zypern entstanden und nach Kanaan exportiert worden sei; der Beweis dafür steht noch aus. Wie auch immer, das Vorhandensein dieser Keramik in Grabplätzen des zerstörten Gebäudes der mittleren Bronzezeit II half uns, die Grenzdaten für unsere nächste Entdeckung auf vor 1400 v. Chr. (etwa die Gründung von Schicht IB), aber nach 1500 v. Chr. (Ende der mittleren Bronzezeit II) anzusetzen.

Nun konnten wir uns einem schon seit Jahren bestehenden großen Rätsel zuwenden. Im nördlichen Teil dieses Abschnitts stießen wir über den Resten des zerstörten Gebäudes aus der mittleren Bronzezeit II auf eine quadratische Fläche, die mit einem dicken weißen Bewurf bedeckt und von sehr breiten (aber meist verwüsteten oder verfallenen) Mauern umgeben war und in der Mitte kurze, intakte, nach allen Richtungen vorspringende Mauern aufwies. Damit wußten wir nichts anzufangen. Die eigentliche Bedeutung dieser Struktur wurde mir erst vor kurzem im Zusammenhang mit einer anderen, bei Amman in Jordanien gemachten Entdeckung klar. 1955, im gleichen Jahr, in dem wir unsere Hazor-Ausgrabungen begannen, arbeiteten die Jordanier gerade an einer großen Landebahn für ihren Flugplatz bei Amman, als Bulldozer einen alten Bau mit interessanten Funden aus der späten Bronzezeit freilegten. Aber erst die 1956 von dem australischen Archäologen Basil Hennesy ausgeführten Grabungen konnten den Charakter des Gebäudes klären. Es erwies sich als ein einzigartiger, vollkommen quadratisch angelegter Tempel (etwa 15 mal 15 Meter) mit einem quadratischen Innenhof (etwa 6 mal 6 Meter), der von sechs gleichgroßen Räumen umgeben war. Ein Eckraum bildete den Eingang zu dem Bauwerk; auch der Innenhof hatte nur einen Eingang, der in der Nähe einer Ecke lag. Dieses Gebäude nun lieferte den Schlüssel für

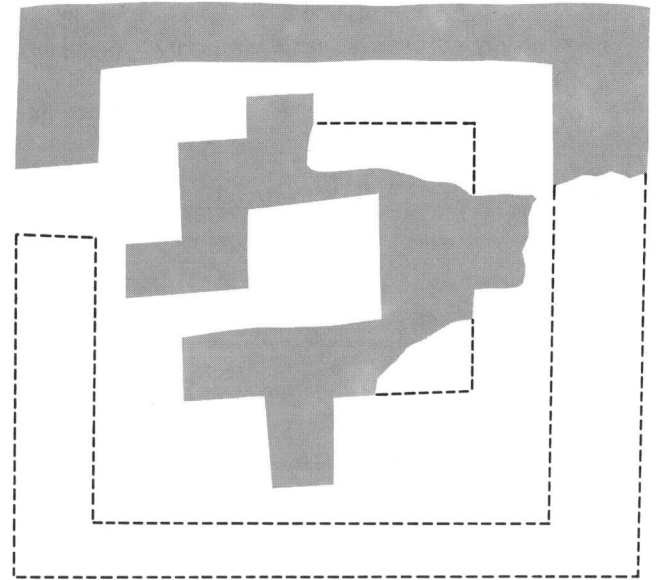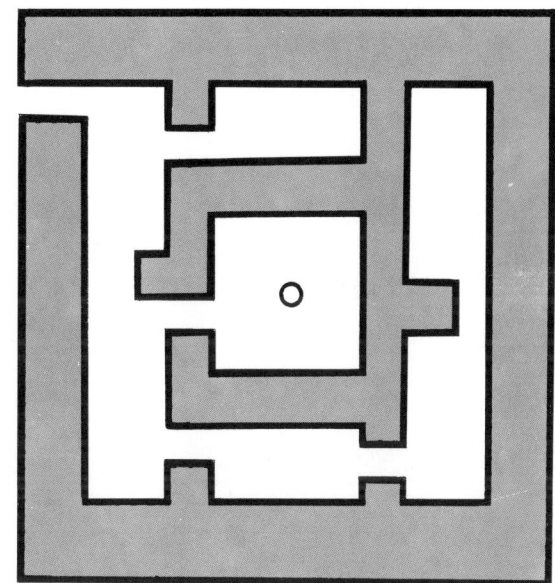

die Rekonstruktion unserer eigenen seltsamen Entdeckung in Hazor, denn beide hatten, wie sich herausstellte, einen sehr ähnlichen Grundriß und dürfen ungefähr derselben Periode zugeordnet werden (die Errichtung des Gebäudes von Amman wird auf das Ende des 15. Jahrhunderts datiert).

Unser merkwürdiger Bau war also ein Tempel. Aber was sollte ein so eigenartiger Tempel bedeuten? Zwei amerikanische Archäologen, E. Campbell und G. E. Wright, haben vor kurzem die Auffassung vertreten, daß der Tempel von Amman und vielleicht auch ein nicht unähnlicher am Berg Gerizim in Samaria Kultzentren darstellten für Menschen, die nicht in der unmittelbaren Umgebung lebten und einer einzigen, aber weitverstreuten Stammesgruppe angehörten. Diese sehr verlockende These mag für den Amman-Tempel zutreffen, der ziemlich isoliert in einer Gegend steht, die nicht einmal Spuren einer ehemaligen Besiedlung aufweist. Der Hazor-Tempel aber befand sich inmitten einer blühenden Stadt der späten Bronzezeit I, und deshalb fehlt ihm das für diese Deutung entscheidende Merkmal der Isolierung. Die quadratische Form eines Tempels reicht also allein nicht aus, um ihn als ein abgeschiedenes Stammeskultzentrum zu klassifizieren, obgleich es durchaus möglich ist, daß der Hazor-Tempel eine von einem Nomadenvolk stammende frühere Tradition bezeugt. Aber selbst wenn wir die spezifische Bedeutung dieses quadratischen Tempels nicht genau definieren können, besagt doch schon die Tatsache, daß es sich um einen Tempel handelt, daß der heilige Charakter dieses Bezirks mindestens auf die späte Bronzezeit I zurückgeht. Bald sollten wir herausfinden, daß seine Wurzeln noch weiter zurückreichen. Im orientalischen Altertum galt die Stätte, an der ein Tempel gestanden hatte, als traditionsgeprägt, und noch Generationen später wurden an dieser Stelle wieder Tempel gebaut. Mit diesem Wissen setzten wir unsere Grabung fort, um zu erfahren, was vorher war.

Die nächste Bauschicht (3) bestand aus einem einzigen großen Gebäude,

Grundriß des quadratischen Tempels von Hazor (links) verglichen mit dem des Tempels in Amman

links Die Ecken des Doppeltempels bestehen aus mächtigen Quadern
rechts Vermutlicher Grundriß des Doppeltempels; seine Ecken weisen nach Norden und Süden, Westen und Osten

Der Doppeltempel

das fast die gesamte ausgegrabene Fläche bedeckte! Die Steine, die wir vor Grabungsbeginn aus der unebenen Oberfläche hatten herausragen sehen, stammten von seiner nördlichen Mauer. Das Gebäude war in sehr schlechtem Zustand; ein großer Teil der Steine war in den oberen Schichten wiederbenutzt worden. Möglicherweise gehörte auch der Altar, den wir zu Beginn des Kapitels erwähnten, ursprünglich dieser Schicht an, denn nach anderen Steinen in diesem Bereich zu urteilen, konnte er sehr wohl ein Bestandteil der schön behauenen Ecke des Gebäudes gewesen sein. Trotz allem war es möglich, die wesentlichen Konturen und Merkmale dieses höchst interessanten Fundes zu rekonstruieren. Es war ein weitläufiger Bau mit klaren, im Verhältnis 2 : 1 angelegten Proportionen von 46 mal 23 Metern. Er hatte sehr dicke Außenmauern von 2,50 bis 3 Meter Tiefe und ein Fundament aus wuchtigen, groben, leicht zugehauenen Feldsteinen. Riesige Steine bis zu 1,50 Meter Höhe bildeten die Ecken. Die Nordmauer war besonders stark (5,50 Meter); an sie schloß sich eine Innenplattform an. Unter dieser Plattform hatten wir den Abflußkanal gefunden, der uns zu dem Grab der späten Bronzezeit I geführt hatte. Ein kompliziertes Netz von Abwasserkanälen durchzog das Gebäude von Westen nach Osten und von Süden nach Norden. Die meisten gingen vom Westteil des Bauwerks aus, was die Vermutung nahelegte, daß hier ein gewaltiger freier Platz gewesen war.

In den Vorberichten nannten wir dies Gebäude, insbesondere wegen seiner riesigen Ausmaße und seiner starken Mauern, den »Palast« oder »Palastbau«. Später gelangte ich jedoch aufgrund weiterer Untersuchungen zu der Annahme, daß es sich doch um einen Tempel handelte. Der Bau setzt sich aus zwei identischen Einheiten zusammen – einer im

70

Norden und einer im Süden –, die eine Reihe von Hallen und den mit einem Vorbau versehenen Eingang begrenzen. Jedes der beiden Zwillingsteile hat einen auf drei Seiten von Räumen umgebenen Innenhof. Sowohl positive wie negative Gründe sprachen dafür, das Gebäude als einen Tempel oder vielmehr *Doppeltempel* anzusehen. Erstens hat ein symmetrischer Grundriß in einem Palast keinen Sinn, daher gab es kaum einen Grund, dies Gebilde mit seinen zwei identischen Flügeln für eine Königsresidenz zu halten. Zweitens eignete sich die Lage des Gebäudes nicht für einen Palast, weil das Gebiet keine guten Verteidigungsmöglichkeiten bot. Drittens würde man angesichts der Tatsache, daß die Tempel- und Kultstättentradition hier bis in die späte Bronzezeit I zurückreicht, an dieser Stelle natürlich nach einem noch früheren Tempel (mittlere Bronzezeit II) suchen. Das entscheidende Argument oder jedenfalls das Argument, das mich überzeugte, ist die auffallende Ähnlichkeit des Bauwerks mit dem dem Sonnengott Shamash und der Mondgöttin Sin geweihten Doppeltempel in Asshur, der annähernd derselben Periode entstammt. Es ist schwer zu sagen, welchen Gottheiten der Doppeltempel von Hazor geweiht war; doch schon sein bloßes Vorhandensein zu jener Zeit ist ein weiteres Anzeichen für die Beziehungen zwischen Hazor und Mesopotamien. Wie dem auch sei – wenn unsere Vermutungen, daß es sich hier um einen Doppeltempel handelt, zutreffen, dann ist es der einzige dieser Art und der größte überhaupt, der in diesem Land gefunden wurde. Obwohl er sich in der Anlage und Orientierung von dem Jahrhunderte später errichteten Tempel Salomos grundlegend unterscheidet, ist es interessant, die Maße der beiden Bauwerke zu vergleichen. Salomos Tempel war (wie wir noch sehen werden) ein langes Gebäude, dieser ein breites; aber seine Außenmaße – 50 mal 25 Meter – ähneln denen des Doppeltempels und weisen die gleichen Proportionen auf: 2 zu 1.

Ich erwähnte schon, daß dieser Tempel ein stark verzweigtes Abflußsystem besaß, das aus gut gebauten, mit Steinplatten bedeckten Kanälen bestand. Wir konnten deutlich sehen, daß die Kanäle teilweise im Westen, außerhalb des Gebäudes, ihren Anfang nahmen. Wir stellten auch fest, daß sie sich wie Arterien zu einem Hauptkanal vereinigten, der nach Westnordwest führte. Wohin? Nun, für uns führten sie zur nächsten Entdeckung in diesem Abschnitt.

1956, am Ende der ersten Ausgrabungssaison, kamen viele von uns sich vor wie Jean Valjean in *Les Misérables*: wie Kloakenarbeiter also. Wir krochen in den Abflußkanälen herum, versuchten sie zu reinigen (glücklicherweise nur von Erde und Schlamm) und zu erfahren, wohin sie führten. Gegen Ende der Saison gerieten wir ein paar Meter unterhalb der Schicht des riesigen Gebäudes plötzlich an einen Felstunnel. Er war zwei Meter hoch, einen Meter breit und sehr schön angelegt und behauen – ein Meisterwerk des Bergbaus. Es gelang uns, ihn nach Westen bis zu einer großen Höhle zu verfolgen, deren eingestürzte Decke unter Schutt begraben lag (Höhle 8183). Wir konnten sie von unten nicht aufgraben, deshalb fingen wir ganz von oben an, wobei wir erkennen mußten, daß wir nicht die ersten waren, die sich dieser Methode bedienten: wir entdeckten einen uralten, jetzt mit lockerer Erde gefüllten Graben, der höchstwahr-

oben Ein Eingang zum Entwässerungssystem des Tempels
unten Ein in den Fels gehauener Tunnel

71

links Grabung nach dem Tunnel
rechts Räumung des Tunnels im
Licht von Grubenlampen

*Rätselhafte unter-
irdische Tunnel*

scheinlich in der späten Bronzezeit von Räubern ausgehoben worden war,
die dieses Höhlengrab erbrochen und vollständig ausgeplündert hatten.
Es war keine leichte Aufgabe, bis zu einer Tiefe von fast sechs Metern zu
graben, aber die Mühe lohnte sich. Hier hatten wir wenigstens einen
Anhaltspunkt für die Funktion des Tunnels (der sich bald als ein ganzes
System miteinander verbundener Tunnel herausstellte).

Da die Tunnel sieben Meter unter der Oberfläche in das harte
Felsgestein gebohrt worden waren, konnten wir sie unmöglich von oben
ausgraben. Manche waren völlig mit Schlamm und Erde gefüllt, andere
nur bis zur Hälfte ihrer Höhe. Während wir noch überlegten, wie wir
vorgehen sollten, seilten wir, Jean Perrot und ich, uns an und krochen ins
Innere. Es war ein richtiges Abenteuer: Dunkelheit, sehr wenig Luft und
noch weniger Informationen darüber, wer oder was uns da jeden Moment
begegnen mochte – eine Schlange vielleicht oder ein Skorpion? Die
Tunnel waren so eng, daß wir uns manchmal nicht umdrehen konnten und
rückwärts kriechen mußten, was, wie ich dem Leser versichern kann, eine
äußerst unangenehme Bewegungsart ist. Aber diese Erkundung war zu

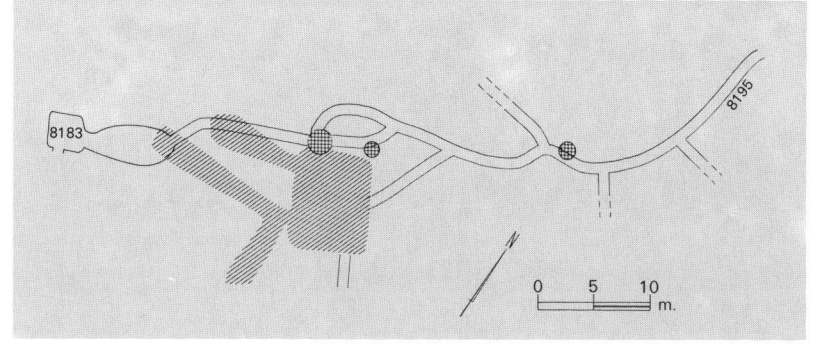

Skizze des verzweigten Tunnel-
systems und der großen Höhlen
(vgl. Seite 75)

wichtig, um unausgeführt zu bleiben, und wir widmeten dieser Aufklä-
rungstätigkeit die ganze zweite Saison 1956. Leider hatten wir keinen
vollen Erfolg. Im Tunnel 8195 gelang es uns, fast 30 Meter vorzudringen;
dann wurde die Arbeit zu gefährlich und mußte aufgegeben werden,
obgleich wir feststellten, daß die Neigung des Tunnels nach Osten bis zu
einem Punkt außerhalb der unteren Stadt verlief. Am Ende hatten wir eine
Tunnelstrecke von insgesamt 100 Metern freigeräumt; nun begannen wir,
Informationen über ihre Funktion zu sammeln.

Die Erbauer des Doppeltempels der mittleren Bronzezeit wie auch die
Bewohner in der späten Bronzezeit hatten diese Tunnel vorgefunden, als
sie ihre eigenen Kanäle anlegten, und machten sehr guten Gebrauch von
ihnen, indem sie eine Verbindung mit ihrem Abflußsystem herstellten.
Das war eine ideale Lösung für ihre Abwasserbeseitigung. Da das
ursprüngliche Kanalnetz, das sich in alle Richtungen ausbreitete, ihnen
nicht zusagte, versperrten sie gelegentlich einzelne Abzweigungen, die
dann von späteren Bewohnern benutzt wurden (zuweilen sogar für
Lagerzwecke, wie aus den dort abgestellten Großbeständen an Keramik
späterer Perioden – besonders der späten Bronzezeit II – hervorgeht).
Möglicherweise bildeten alle diese Tunnel die Verbindung zu einer

links Die Tunnel im Fundzustand: teilweise blockiert
rechts Eine Abzweigung im Tunnelsystem

Das Hazor-Museum

Abflußsystem

riesigen unterirdischen Nekropole, deren eine Grabhöhle die Nummer 8183 war. Vielleicht dienten sie sowohl als Zugänge zu den Gräbern wie auch zum Ableiten des Wassers, das sich dort sammelte. Möglich ist ferner, wenn das auch merkwürdig klingen mag, daß die Baumeister der unteren Stadt in der mittleren Bronzezeit die Tunnel als ein Mittel zur Entwässerung des Geländes benutzten, als die Stadt selbst sich noch im Stadium der Planung befand. Ein weiterer Fund stützt diese Theorie.

Er tauchte viel später an völlig unerwarteter Stelle auf. Vor mehreren Jahren beschlossen wir, ein Museum für die Hazor-Funde zu bauen. Als Standort wählten wir den Platz des Expeditionslagers. Wir hatten das Glück, für diesen Zweck eine sehr ansehnliche Schenkung von Mr. und Mrs. Sam Zacks aus Toronto, Kanada, zu erhalten und in Mr. D. Reznik aus Jerusalem einen hochbegabten Architekten zu finden, der das Museum, das heute zu den schönsten und instruktivsten im Land gehört, entworfen hat. Bei den Ausschachtungsarbeiten für das Fundament des Museumsbaus trat 2,30 Meter unter der Oberfläche ein unterirdischer Kanal zutage. Er bestand aus Steinplatten und ähnelte erstaunlicherweise den Kanälen, auf die wir in Abschnitt F gestoßen waren. In der Saison 1968–69 faßten wir den Entschluß, seine Herkunft zu ergründen. Wir konnten natürlich unmöglich das ganze Gebiet ausgraben; aber wir brachten alle 20 bis 30 Meter eine Stichgrabung nieder und entdeckten, daß der bei den Ausschachtungsarbeiten gefundene Kanal ein Auslauf eines größeren zweiarmigen Kanals der mittleren Bronzezeit war. Ein

74

Arm kam vom Südende der unteren Stadt aus Abschnitt P (von dem wir noch sprechen werden); der andere beschrieb eine scharfe Wendung nach Abschnitt F. Wir konnten diesen zweiten Arm nicht weiter verfolgen, weil das ganze Gebiet, das er durchquert, sich inzwischen in einen schönen Wein- und Obstgarten verwandelt hat. Aber die Richtung tritt klar hervor. Es ist also möglich, daß die Tunnel in Abschnitt F – oder wenigsten 8195, der anscheinend ihre Ausmündung bildet – sich mit diesen unterirdischen Kanälen außerhalb der Stadtperipherie vereinigten.

Ein weiterer Anhaltspunkt für die mögliche Funktion der Tunnel in Abschnitt F kam in der näheren Umgebung des quadratischen Tempels ans Licht. Als wir den Schutt unter seinen Fundamenten wegzuräumen begannen, stießen wir auf die Öffnung eines großen, in den Fels gehauenen Schachts, der 8 mal 6 Meter maß. Es war sehr schwierig, in die Füllung des Schachts zu graben, und wir sahen nicht voraus, daß wir von der Oberfläche aus 8 Meter tief würden heruntergehen müssen. Als wir schließlich die Sohle erreichten, entdeckten wir zwei Eingänge zu drei gewaltigen Höhlen, deren längste etwa 15 Meter maß. Dieser Komplex konnte mit Sicherheit als Begräbnisstätte gelten, wahrscheinlich sogar für vornehme Personen, da das Anlegen des Schachts und der Höhlen ungeheure Arbeit erfordert hatte. Es sah so aus, als seien die Höhlen im Altertum geplündert worden, vielleicht von den Menschen, die den Schacht gebaut und zugeschüttet hatten, als sie das Terrain für die Errichtung des Doppeltempels vorbereiteten. Als wir die Höhlen betraten, waren sie fast völlig frei von Erde und Schlamm; offenbar hatte

oben Die verdeckten Kanäle, wie vorgefunden, in der Nähe des Museums
links Eine der großen Höhlen, fast ohne Schlammablagerung

Luftaufnahme von Abschnitt F in westlicher Richtung. Oben rechts der Altar, in der Mitte links der quadratische Tempel, unten die Nordwand des Doppeltempels

das für die Schüttung des Schachts verwendete Gemisch aus Erde und Steinen die Eingänge blockiert. In den Höhlen gab es so gut wie nichts zu sehen, mit Ausnahme von ein paar Gefäßen der mittleren Bronzezeit. Natürlich ist es möglich, daß dieses riesige unterirdische Gewölbe nie benutzt worden ist und daß die Arbeiter die paar Gefäße zurückgelassen hatten. Die südliche Höhle wurde von den Arbeitern ganz sicher vor der Vollendung verlassen (vielleicht hatte eine Änderung der Pläne die Unterbrechung verursacht). Jedenfalls hatte irgendwann einmal die Absicht bestanden, das Gebiet für Begräbniszwecke zu verwenden, und vielleicht waren die rätselhaften Tunnel auch mit diesen geplanten Gräbern verbunden. Interessant ist auch, daß der zu diesen Höhlen führende Schacht einige Tunnel durchquerte; deshalb muß er zwar später als das Tunnelsystem, aber doch noch in der mittleren Bronzezeit entstanden sein. Wie es schien, gehörten Tunnel, Schacht und Höhlen zu einem früheren Stadium der Stadtplanung in der mittleren Bronzezeit (gleichbedeutend mit unserer Schicht 4 in der unteren Stadt). Vielleicht

wurden sie eine Zeitlang benutzt, bis in der nächsten Phase (mittlere Bronzezeit IIC, gleichbedeutend mit Schicht 3) der Doppeltempel errichtet und das gesamte Gebiet versiegelt und zugedeckt wurde.

Abschnitt F bleibt auch in Zukunft eine große Herausforderung für Archäologen. Sollten in der näheren Umgebung unbeschädigte Gräber gefunden werden, so könnten sie sich als Teil der Nekropole erweisen, die der Adelsschicht der frühen Stadtgründer als Ruhestätte diente. Wer immer diese Aufgabe in Zukunft in Angriff nimmt, sollte sich keinen Illusionen hingeben. Es ist ein ungeheures Unternehmen, das viel Geduld und differenzierte technische Hilfsmittel erfordert. Mich hat das Geheimnis dieses unterirdischen Systems so fasziniert, daß ich in der dritten Saison schon in Versuchung kam, mehr Arbeiter an diesem Abschnitt einzusetzen. Aber eine überraschende und nicht weniger interessante Entdeckung an anderer Stelle zwang mich, meine Aufmerksamkeit und einen Teil unserer Arbeitskräfte auf den neuen Abschnitt zu konzentrieren, dem wir uns nun zuwenden wollen.

Eine Herausforderung an die Zukunft

5 Der letzte von vier Tempeln – Abschnitt H

Eine zufällige Entdeckung

Bei unseren Beratungen über die Ausgrabung des kleinen Quadrats 210, durch die wir die Debatte »Stadt oder Lager« (im 2. Kapitel) ein für allemal beenden wollten, beschloß ich, den Spaten bei einem anderen Quadrat weiter nördlich anzusetzen. Die Aufgabe wurde Claire Epstein übertragen, die nicht allzu glücklich darüber war. Eine Zeitlang dachte sie, woanders gäbe es »fettere Weiden«, und verlegte sich darauf, außerhalb ihrer »Grenzen« im nördlichen Teil der Einfriedung umherzustreifen. Dieses Gebiet wurde – teils wegen seines steinigen Bodens und teils wegen seiner Entfernung zur Hauptstraße – von den Bauern aus Rosh Pinah nicht bebaut. Als sie hier herumwanderte, sah sie ein paar Feldsteine aus der Erde ragen – die einzigen in diesem Gebiet, die fest im Boden hafteten; sie bat mich deshalb um zwei oder drei Arbeiter, die ihr bei der Untersuchung helfen sollten. Ich muß zugeben, daß ich nur widerstrebend einwilligte; doch schon ein paar Stunden später entwickelte sich die kleine Sondierung zu einer großen Ausgrabung. Die Feldsteine bildeten, wie sich zeigte, die Front einer ungeheuer starken – etwa zwei Meter breiten – Mauer; ihre Innenseite (die nur ein paar Zentimeter unter der Oberfläche zum Vorschein kam) war mit einer Reihe schön behauener Basaltorthostaten belegt, die an der Oberseite jeweils zwei Bohrlöcher hatten. Wir waren wie vor den Kopf geschlagen. Und tief zerknirscht über mein anfängliches Widerstreben, gratulierte ich Mrs. Epstein herzlich zu ihrer unheimlichen Intuition: Orthostaten dieses Typs hatte man noch nie in unserem Land gefunden. Sie bezeugten eindeutig, was wir schon immer vermutet hatten: nördliche – speziell hethitische – Einflüsse auf das bronzezeitliche Hazor.

Orthostaten!

Wie schon erwähnt, wendet man den Begriff Orthostat (was »aufrecht stehend« bedeutet) auf Steinplatten an, die zur Täfelung oder Verkleidung von Mauersockeln im Hausinneren dienten. Es war nicht das erste Mal, daß wir Orthostaten in Hazor freigelegt hatten. Aber diese Orthostaten mit den beiden Löchern auf der Oberkante waren interessant, weil sie im allgemeinen mit Anatolien und insbesondere mit der

gegenüber Erster Anblick der aus dem Boden auftauchenden Orthostaten
links Einige Wochen später: die Anordnung der Orthostaten

hethitischen Hauptstadt Hattuschasch (heute Bogazköy) und einigen Städten im Norden Syriens, die im hethitischen Einflußbereich lagen, in Verbindung gebracht werden. In späteren Perioden der neohethitischen Ära, zu Beginn des ersten Jahrtausends v. Chr., kamen sie zum Beispiel sehr häufig in Zinjirli und Karkemisch vor, entweder als Basis von Aufbauten oder als Verblendplatten für die Innenfläche dicker Ziegelmauern. Die Archäologen sind sich über die Funktion der Löcher an der Oberkante der Orthostaten noch nicht einig. Die Vertreter der einen Richtung halten sie für Dübellöcher, durch die die Balken der hölzernen Wandstruktur mit den Orthostaten verbunden wurden. Eine andere, von Woolley angeführte Richtung sieht sie als Lewis-Löcher an, mit deren Hilfe die Orthostaten beim Bauen im Gleichgewicht gehalten oder mit Hilfe von Haken, die als Hebel dienten, in die richtige Position manövriert wurden. Ich glaube, daß die Hazor-Orthostaten keine der beiden Theorien bestätigen können. Wenn wir uns vergegenwärtigen, daß Basalt ein sehr harter Stein ist und Eisen damals noch nicht bekannt war, dann erforderte das Bohren der Löcher eine gewaltige Kraftanstrengung (bei unseren Orthostaten haben die Löcher einen Durchmesser und eine Tiefe von fünf Zentimetern); man kann sich schwerlich vorstellen, daß lediglich für Lewis-Löcher ein solcher Arbeitsaufwand getrieben wurde. Schließlich wiegen diese Orthostaten trotz ihrer Ausmaße – in der Länge zwischen 40 Zentimetern und zwei Metern, in der Höhe zwischen 50 und 60 Zentimetern – doch nicht so viel, daß sie nicht ausbalanciert oder leicht hin und her bewegt werden könnten. Ich glaube deshalb, daß die Dübelloch-Theorie ihre Funktion eher erklärt. Wie dem auch sei, die Ähnlichkeit dieser Orthostaten mit dem in den nördlichen Territorien gefundenen Typus gab uns zu denken. Aber wir standen nicht lange herum, um sie anzustarren. Offenbar lag unmittelbar unter der ungenutzten Oberfläche ein wichtiges Bauwerk, und wir beschlossen, in diesem als Abschnitt H bezeichneten Gebiet sofort mit Grabungsarbeiten zu beginnen.

Ein Rätsel – keine Töpferware

Nach Beseitigung des Mutterbodens wurde das Graben immer schwieriger. Die Erde fühlte sich an wie harter Zement; wir mußten zu einem in der archäologischen Praxis ungebräuchlichen Mittel greifen: zu Preßluftbohrern. Später stellten wir fest, daß der Boden wie Zement wirkte, weil er aus den verwitterten Lehmziegeln der starken Mauern des Bauwerks bestand. Mehrere Tage brachten wir damit zu, einen beträchtlichen Teil des großen Raums mit den Orthostaten an der Wand freizulegen. Und bald standen wir vor einem Rätsel: Obgleich wir auf eine Fläche aus weißem Material stießen, die wie ein Fußboden aussah, fanden sich dort keine Gefäße – nicht einmal Scherben! Auch die Erde, die wir bis zu diesem Punkt – annähernd einen Meter tief – weggeräumt hatten, enthielt nicht eine einzige Scherbe – ein sehr ungewöhnliches Phänomen bei Ausgrabungen von Städten, wo man meistens mehr als genug findet. Die Erklärung für dieses Phänomen ließ nicht lange auf sich warten.

Die Lösung – ein versengter Balken

Wir beschlossen, einen Stichgraben in dem weißen Material zu ziehen, und stießen dabei auf einen gut erhaltenen versengten Balken. Nun war klar, daß wir bisher über einem eingestürzten Dach gearbeitet hatten, wo

80

natürlich keine Töpferware vorhanden sein konnte. Die Entdeckung des verkohlten Balkens und die Möglichkeit einer Erklärung für den sterilen Boden gaben uns gewaltigen Auftrieb, denn nun hatten wir Grund zu der Hoffnung, daß sich unter dem Schutz des eingestürzten Dachs alles erhalten hatte, was nach der Zerstörung und Plünderung des Bauwerks übriggeblieben war. Als erstes kam ein Opfertisch zum Vorschein, der hochkant inmitten von Ascheresten stand – wieder ein Beweis dafür, daß das Gebäude in Flammen gestanden hatte; überdies das erste Anzeichen, daß wir es mit einem Tempel zu tun hatten. Glücklicherweise fanden wir

links Unter dem eingestürzten Dach: ein versengter Balken
rechts Verkohltes Holz zeugt vom letzten Brand

Ein Kultopfertisch in der Lage, in der er gefunden wurde

tatsächlich den Fußboden des Allerheiligsten, bedeckt mit zerschlagenen und verbrannten Kultgegenständen. Obgleich die schweren Objekte sich mehr oder weniger in ihrer ursprünglichen Position befanden, tauchten große Bruchstücke absichtlich zerschlagener Steine in 4 bis 5 Meter Entfernung von ihnen auf, ein weiteres Zeichen für die bei der Zerstörung des Allerheiligsten angerichtete Verwüstung. Daß der Bau dicht unter der Erdoberfläche lag, dazu die deutlichen Brandspuren ließen in meinen Augen wenig Zweifel an der Identität der Urheber dieses Zerstörungswerks, das den Bericht im Buch Josua eindringlich bezeugte: ». . . und verbrannte Hazor mit Feuer . . . Doch verbrannten die Kinder Israel keine Städte, die auf Hügeln standen, sondern Hazor allein verbrannte Josua.« Hier hatten wir das mit gut erhaltenen Kultgegenständen reich ausgestattete Allerheiligste eines Tempels vor uns, die die letzten kanaanitischen Einwohner der Stadt Hazor benutzt hatten.

Im Nordteil des ausgegrabenen Raums entdeckten wir eine Nische, die offenbar das Herzstück des Allerheiligsten darstellte. Zwei Meter davon entfernt fanden wir das erste jener Objekte, die uns Aufschluß über die Gottheit gaben, der der Tempel geweiht war. Als es auftauchte, verschlug

Der basaltene, pfeilerähnliche Räucheraltar

es uns den Atem. Zum Vorschein kam, auf der Seite liegend, ein großer eckiger Basaltpfeiler mit einem herrlich gemeißelten Symbol im Kopfteil. Wir sahen sofort, daß es ein Räucheraltar war. Er mißt 50 mal 50 Zentimeter im Quadrat und ist 1,70 Meter hoch; zwei der mutwillig abgeschlagenen oberen Ecken lagen 4 bis 5 Meter weit weg. Die flache Oberseite wies Brandspuren auf. Wie auf dem Photo zu sehen, zeigt die Vorderseite im oberen Drittel innerhalb eines quadratischen Felds das Relief einer Scheibe mit einem vierstrahligen Symbol in der Mitte. Unterhalb dieses Emblems befinden sich zwei lange, ausgemeißelte Vertiefungen, die der Altarfront das Aussehen eines Drei-Säulen-Reliefs verleihen. Die Rückseite ist ähnlich gestaltet, nur trägt das vertiefte quadratische Feld dort kein Relief. Möglicherweise hatte es ursprünglich ein inkrustiertes Muster aus Holz oder anderem Material. Die beiden Seitenflächen haben je eine längliche Vertiefung, die wie eine Säule wirkt.

Das wichtigste Reliefelement ist jedoch das Symbol selbst. Es gilt in der orientalischen Archäologie als das Emblem des großen Gottes, des Wettergottes (der bei den Semiten zuweilen Hadad hieß). Gelegentlich erscheint er mit Flügeln zu beiden Seiten der Scheibe (die auch als

links Vier Strahlen in einer Kreisscheibe: das Emblem des Wettergottes

rechts Auf der Rückseite des Altars blieb nur der leere Rahmen einer Verzierung – vielleicht aus vergänglichem Material. Brandspuren haben sich erhalten

83

Ein Bronzestier, ursprünglich auf hölzerner Basis, wurde in der Nähe des Altars gefunden. Die Ikonographie des Nahen Ostens verbindet den Stier mit dem Wettergott

Sonnenscheibe angesehen wird), und gewöhnlich steht er im Zusammenhang mit dem Stier. Die bildende Kunst des Nahen Ostens stellt den Wettergott oft auf einem Stier stehend dar. Die von uns vermutete Identität der Tempelgottheit bestätigte sich sogleich durch den Fund eines herrlichen kleinen Bronzestiers, der ursprünglich eine Basis aus Holz hatte (wahrscheinlich ein zum Tempel gebrachtes Votivgeschenk). Den für die Identifizierung der Tempelgottheit bedeutendsten Gegenstand fanden wir später, in zwei Teile zerbrochen, außerhalb des Tempels. Er war stark beschädigt (teilweise absichtlich), ließ aber doch noch einen männlichen Torso erkennen, der auf dem Rücken des Stiers gestanden hatte. Die beiden Bruchstücke erlaubten eine genaue Rekonstruktion. Hier hatten

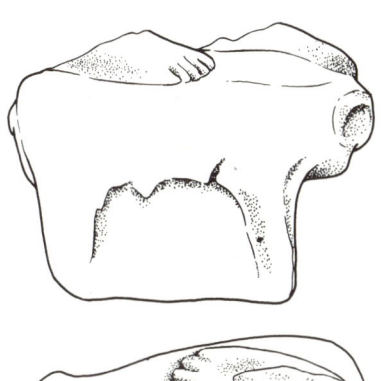

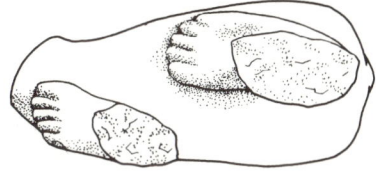

wir also eine Verbindung von Gottheit und Stier. Wichtiger noch: Das gleiche Emblem wie auf dem Altar, der Kreis mit den Strahlen, schmückt auch die Brust der Figur (siehe Abbildung); das weist eindeutig darauf hin, daß es sich hier tatsächlich um das Symbol der Gottheit handelt. So darf der Tempel mit Sicherheit als das Heiligtum des Wetter- oder Sturmgottes Hadad gelten. Aus der Art, wie der Altar den Eindruck erzeugt, als ruhte sein Kopfteil auf Säulen, läßt sich schließen, daß dieser Altartyp ursprünglich in der Tat auf Holzbeinen stand. Das Relief unseres Altars hat eine auffallende Ähnlichkeit mit der Darstellung auf einem Altar aus etwa derselben Periode – wieder mit einem Stier –, der in Alacha Huyuk, unweit der Hauptstadt des Hethiterreichs, gefunden wurde.

oben links Bruchstücke von der Statue der Tempelgottheit – des Wettergottes – der auf einem Stier stand. Man beachte die Strahlenscheibe auf der Brust des Gottes

oben rechts Aufsicht und Seitenansicht des Stierrückens mit den Füßen des Gottes

mitte rechts Ein Relief von Alacha Huyuk zeigt einen Stieraltar, ähnlich dem von Hazor

unten Ein Kultgefäß aus Basalt, in der Nähe des Altars gefunden
darunter Gesamtansicht des Allerheiligsten, in südöstlicher Richtung gesehen, mit den Kultgeräten am Fundort

Unmittelbar westlich vom Altar entdeckten wir eine runde Basaltplatte mit einer kreisförmigen Vertiefung von 50 Zentimetern Durchmesser in der Mitte. Dieses an ein Becken erinnernde Objekt fanden wir aufrecht stehend vor, so daß sich wiederum der Eindruck aufdrängte, es sei von einem Holzgestell heruntergefallen, als dieses verbrannte. Es muß eine wichtige Funktion bei Trankopferzeremonien gehabt haben, denn Tieropferungen fanden nie im Allerheiligsten statt, sondern – aus naheliegenden Gründen – immer im Hof, wie es auch im salomonischen Tempel der Brauch war. In unserem Fall diente das Allerheiligste hauptsächlich für Räucher- und Trankopferrituale. Das stellte sich einwandfrei heraus, als wir 2 bis 3 Meter südlich vom Altar eine Gruppe von fünf Objekten fanden, die alle mit Trankspenden zu tun hatten. Im Mittelpunkt der Gruppe lagen zwei Trankopfertische aus Basalt (einer verkehrt herum), die beide rechteckig waren, in der Einteilung aber geringfügige Unterschiede aufwiesen. Der eine Tisch hatte eine sehr tiefe rechteckige Einsenkung auf der einen Hälfte der Oberseite und eine flache Vertiefung auf der anderen Hälfte, während der andere eine tiefe rechteckige Einsenkung in einer Ecke und eine flache Vertiefung in einer anderen hatte. Wir kennen den Grund für die unterschiedliche Anordnung nicht, vermuten aber, daß sie mit den für die Trankspenden verwendeten Flüssigkeiten zusammenhängt. Diese Opfertische bildeten zweifellos ein

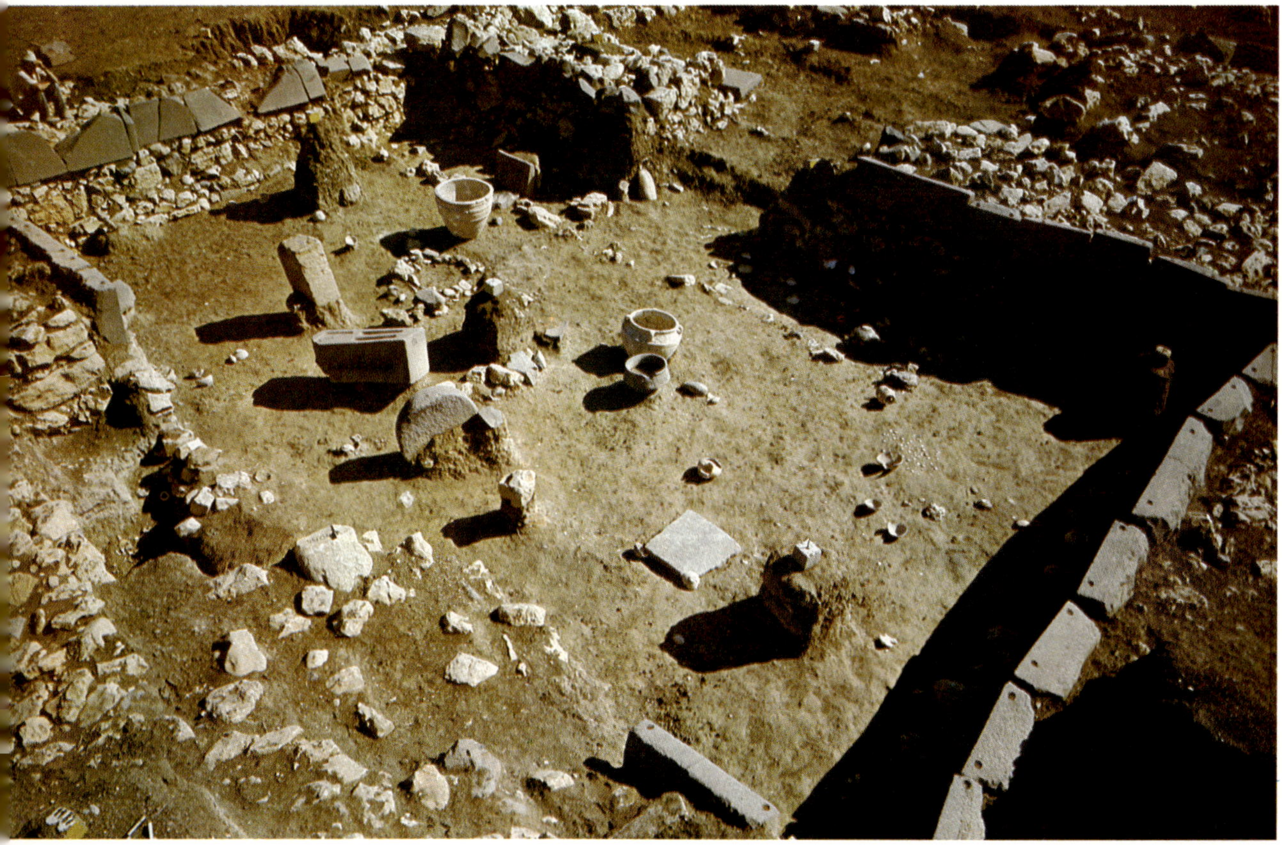

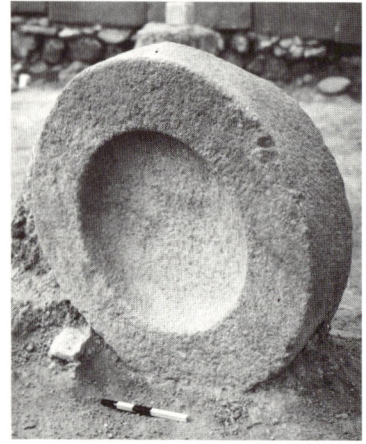

links Ein Trankopfertisch am Fundort

rechts oben Einer der beiden Trankopfertische, umgekehrt im Allerheiligsten gefunden; darunter der »negative« Abdruck auf dem Fußboden

rechts mitte Der zweite im Allerheiligsten gefundene Trankopfertisch

Einer der gewaltigen Tonkratere
für die Trankopfer; dahinter der
Opfertisch

wesentliches Element des Tempelkults, denn sie kamen in den freien Höfen außerhalb der Tempel wie auch – zerbrochen und abgestellt – in den Müllhaufen des Tempelbezirks in größerer Zahl zum Vorschein.

Flankiert wurden die beiden Opfertische von zwei riesigen irdenen Krateren, von denen der eine vier Griffe, der andere keine Griffe, aber eine Öffnung im Boden hatte. Beide waren zerschlagen (entweder von den Eroberern oder von der eingestürzten Decke), aber alle Fragmente waren vorhanden und konnten leicht zusammengefügt werden. Wieder wissen wir nicht, welche Art Flüssigkeit die Kratere enthielten – ob Wein, Öl oder nur Wasser. Ein ganz besonderes Exemplar, das mit diesem Trankopferkult zusammenhängt und bisher unter den nahöstlichen Funden eine Ausnahme darstellt, lag gleich links von der Gruppe bei dem Krater mit Griffen. Es ist aus schön gemeißeltem Basalt und im oberen Teil mit Spiralmustern im mykenischen Stil verziert. Ich muß wieder betonen, daß diese Zeit noch kein Eisen kannte und daß daher das Bearbeiten von Basalt eine handwerkliche Leistung darstellte. Der Krater ist ein Meisterwerk des 14. bis 15. Jahrhunderts v. Chr.; wahrscheinlich fand er bei speziellen Opfern, seien es Trank- oder Fruchtspenden, Verwendung. Die Flüssigkeit wurde mit Hilfe kleiner Schöpfgefäße oder Schalen von den Krateren abgefüllt und auf den Opfertisch gegossen. Tatsächlich war der Boden in der unmittelbaren Nähe und in der Umgebung dieser Objekte mit Schöpfern und Schalen bedeckt.

*Ein schöner Basalt-
krater mit Spiralen*

Der Opfertisch

Im Zusammenhang mit den Gefäßen für Trankopfer und andere Kulthandlungen ist auch der Opfertisch zu sehen, den wir unter der eingestürzten Decke und den verkohlten Balken fanden. Dieser Tisch, der in der Südostecke des Raums auftauchte, hat vier runde und zwei längliche Vertiefungen, die sich um eine rechteckige Einsenkung in der Mitte

88

links Das schöne Basaltgefäß zur Zeit seiner Ausgrabung; davor reinigt eine Studentin die Scherben eines Tonkraters *unten* Das einzigartige Basaltgefäß mit Spiralmustern in mykenischem Stil

Schmuckperlen und ein Skarabäus Amenophis' III. in Fundposition

anordnen. Diese Einteilung ist einmalig, aber ähnliche Tische kamen in reicher Zahl in Ägypten zum Vorschein, und auf vielen bildlichen Darstellungen erscheinen sie in Verbindung mit unterschiedlichen Opferzeremonien. Unser Tisch muß ursprünglich auf einem Holzschemel gestanden haben, denn wir fanden ihn inmitten von Ascheresten.

Unter den zahllosen Tonscherben, die auf dem Boden verstreut lagen, verdient eine besondere Beachtung. Sie hat die Form eines Hauseingangs mit einer Türangelvorrichtung und ähnelt der Scherbe, die wir im Tempel des Mondgottes fanden. Eine andere, die ihr ähnlich ist, wurde in Ugarit an der Nordküste Syriens entdeckt. Ich vermute, daß diese Gefäße als Käfige für die heiligen Schlangen des Tempels dienten. Tatsächlich fanden wir auch in diesem Tempel eine Bronzeschlange, wie sie schon in vielen Gegenden des Landes zum Vorschein gekommen ist.

In der Umgebung des Altars tauchten auch unzählige Perlen aus Halbedelsteinen oder spröder Fayence auf, die wir zum Teil zu Halsketten aufzogen. Wahrscheinlich gehörten sie zu den Votivgaben, die zum Tempel gebracht wurden. Unter ihnen war ein Skarabäus mit dem Namen Amenophis III. – Neb-Ma'at-Re –, dem Vater Echnatons und Sohn von Thutmosis IV. (dessen Skarabäus in Abschnitt F zutage trat), der zwischen 1402 und 1364 regierte. Dieser Skarabäus liefert zwar keine genaue Zeitbestimmung für den Tempel, aber er ermöglicht eine *post-quem*-Datierung auf das 13. Jahrhundert, nach der Regierung Amenophis' III., wie sie sich aus der Töpferware ergibt. Ähnliche Skarabäen hat man schon in vielen anderen Stätten Israels gefunden. Anfangs verleiteten sie eine Reihe von Archäologen (so auch die Ausgräber von Beth-shan) dazu, ihre Gebäudefunde zu früh zu datieren. Wir wissen jetzt, daß die

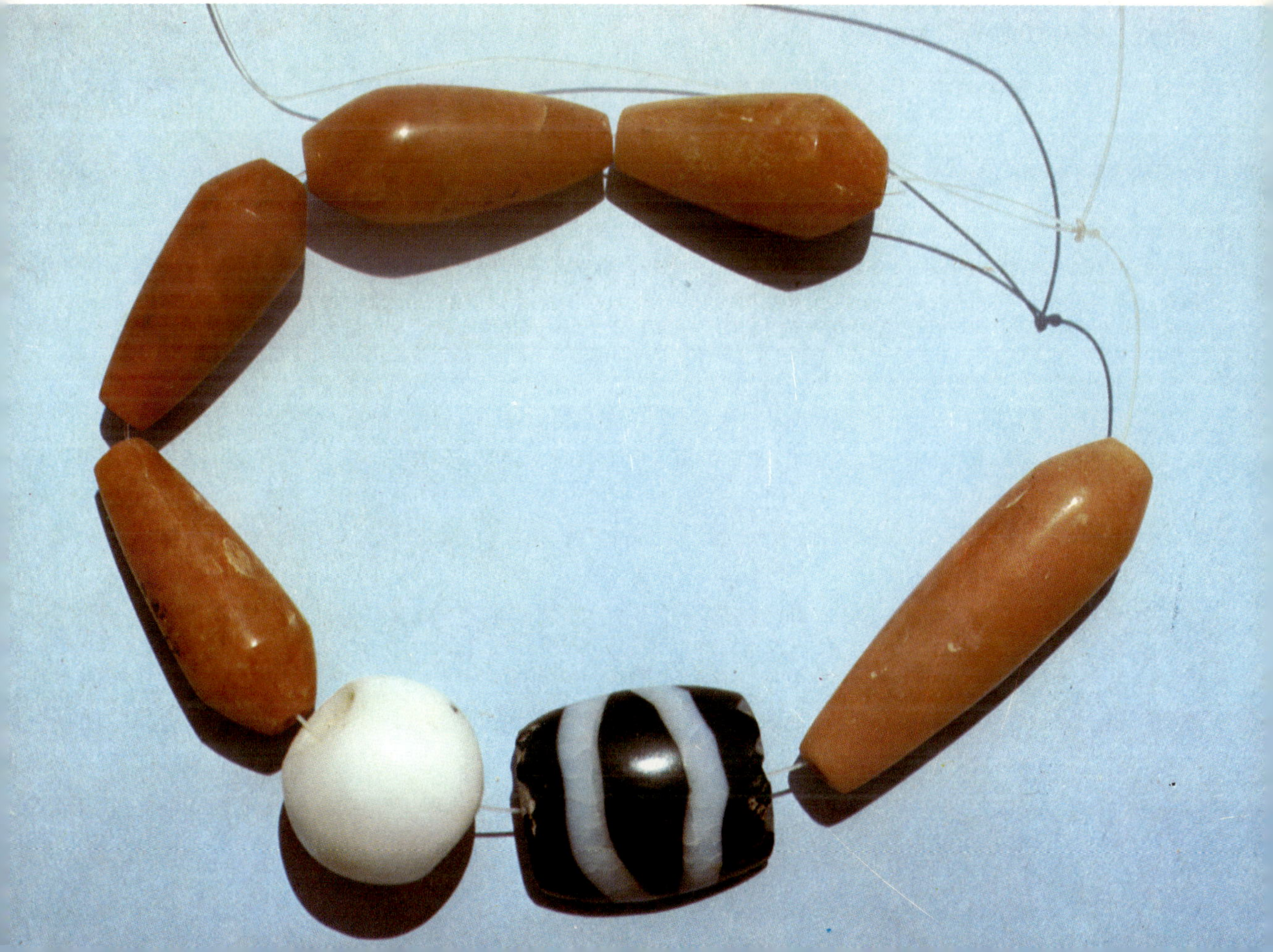

Zwei Zylindersiegel mit ihren Abdrucken, die kultische Szenen zeigen

Skarabäen Amenophis' III. sogar im 13. Jahrhundert sehr beliebt waren, wie es das Beispiel des Tempels von Lachish zeigt.

Eine höchst informative Gruppe von Objekten bildeten die neunzehn Siegelzylinder aus spröder Fayence, die zwischen den Perlen im Westteil des Allerheiligsten zum Vorschein kamen. Die Szenen, die in sehr stilisierter Form auf ihnen dargestellt sind, scheinen mit dem Tempelkult zusammenzuhängen; es handelt sich im wesentlichen um Tiere, die geopfert wurden. Auf manchen Abbildungen sind die Tiere an den Lebensbaum festgebunden; auf anderen erscheinen sie lediglich in verschiedenen symmetrischen Anordnungen, zuweilen mit stilisierten Sonnenscheiben dazwischen. Eine unmittelbare Verbindung zum Kult

ergibt sich jedoch dort, wo die Tiere mit gefesselten Beinen in kniender Stellung gezeigt werden. Dieser Typ des Siegelzylinders, im allgemeinen als volkstümlich mitannisch bezeichnet, entstand im Mitanni-Reich in Nordsyrien und gelangte möglicherweise mit nördlichen Gruppen, die sich damals im Land ansiedelten, nach Palästina. Wahrscheinlich wurden sie in ein oder zwei Zentren hergestellt: identische oder ähnliche Stücke kommen in Syrien und Palästina vor, und sie gleichen wiederum jenen aus derselben Periode, die man in Ugarit und Beth-shan, Megiddo und Lachish fand. Ein Siegel allerdings unterschied sich von den anderen: aus hartem Hämatit gemacht, stellt es eine Gottheit dar, die auf einem Stuhl oder Thron unter einer geflügelten Sonnenscheibe sitzt (ähnlich dem

oben Vier Zylindersiegel mit Abdrucken: stilisierte Fische und geometrische Muster
unten Ein vergrößerter Abdruck des Hämatit-Siegels: es zeigt den sitzenden Wettergott, zwei Cherubfiguren und eine von einem König angeführte Opferprozession

Symbol auf dem Altar) und einen König mit Gaben und sein Gefolge von Geschenkträgern empfängt. Über diesen sitzen zwei Cherubim (geflügelte Sphinxe mit Menschenköpfen) einander gegenüber. Dieses Siegel war ziemlich abgenutzt; sein Stil und Erhaltungszustand lassen auf seine Zugehörigkeit zu einer früheren Periode schließen.

Bronzefiguren   Außer dem schon erwähnten Bronzestier kamen auch kleine Bronzefiguren zum Vorschein, die weibliche Gottheiten darstellen. Eine gehörte zum sogenannten Zapfentyp, der im allgemeinen als eine bei der Grundlegung des Baus eingelassene Beigabe gilt. Eine andere aus dünnem Bronzeblech verkörpert eine nur durch Kopf und Brüste gekennzeichnete Frau. Neben dem Eingang zum Allerheiligsten machten wir einen dramatischen Fund. Hier lag inmitten einer dicken Aschenschicht die Statuette eines sitzenden Mannes; der abgeschlagene Kopf ruhte daneben, umgeben von zerbrochenen Schalen. Die Figur hat keine Embleme auf der

unten Eine bronzene Zapfenfigurine (links) und die stilisierte Bronzeblech-Figurine einer Frau (rechts)

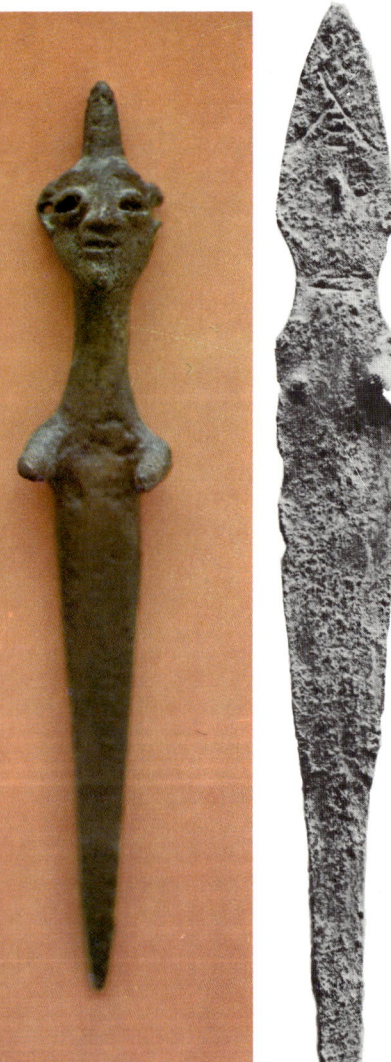

oben Die Statue (gegenüber nach der Restaurierung) im Fundzustand zwischen Asche und Gefäßscherben

rechts Die kopflose, in Abschnitt F gefundene Statue

gegenüber Die Votivstatue des Königs (?). Die auf dem Kopf der Statue sitzende Fliege vermittelt eine Vorstellung von ihrer Größe

94

Gesamtansicht des Tempels mit
Blick nach Norden; in der Bildmitte die Vorhalle mit zwei Pfo-
stenbasen

Brust und gleicht der etwas gröber gearbeiteten Plastik, die wir ohne Kopf
in Abschnitt F gefunden hatten. Meiner Meinung nach stellen beide einen
König dar. Sie demonstrieren mit eindrucksvoller Dramatik die Verwüstung, die durch den Brand der Stadt Hazor in der letzten kanaanitischen
Phase entstand.

Das Allerheiligste ist ein weitläufiger Raum von 13 mal 9 Metern mit
einer Nische in der nördlichen Mauer. Das große Dach hatte offensichtlich
eine Stütze gebraucht, und wirklich fanden wir die Überreste von zwei
Pfeilern. Im Osten stand immer noch, wenn auch etwas schief, ein 1 Meter
hoher Monolith; an der Stelle des zweiten Pfeilers entdeckten wir nur eine
Basisplatte. Vermutlich waren beide Pfeiler aus Holz gewesen und hatten
auf diesen Steinfundamenten geruht. Der Eingang zum Allerheiligsten lag
im Süden. Die Schwelle fanden wir *in situ* vor, und zu beiden Seiten davon
ein steinernes Scharnier für eine Türangel; in einem steckte noch die
Angel aus Basalt, die andere lag nahe dabei in einer dicken Aschenschicht.
Offenbar handelte es sich hier um die Gelenkstücke der verbrannten
Holztüren.

*Die anderen
Teile des Tempels*

Im Süden vor dem Allerheiligsten befand sich eine ebenso weitläufige
Halle, die ursprünglich, wie es schien, an der Westseite einen Turm hatte.
An der Ostseite entdeckten wir einen Tisch aus einer schön gearbeiteten
Basaltplatte und ein Gebilde, das wie eine Plattform oder ein winziger
Altar aussah. Südlich der Halle lag ein Vorbau von etwas schmaleren
Abmessungen als die übrigen Gebäudeteile, und unmittelbar vor seinem
Eingang zur Halle fanden sich zwei leicht konisch geformte Basaltpfeiler-
basen *in situ*. Da die Pfeiler in dieser Lage keine bautechnische Funktion
hatten, müssen sie eine kultische Bedeutung gehabt haben. Am unteren

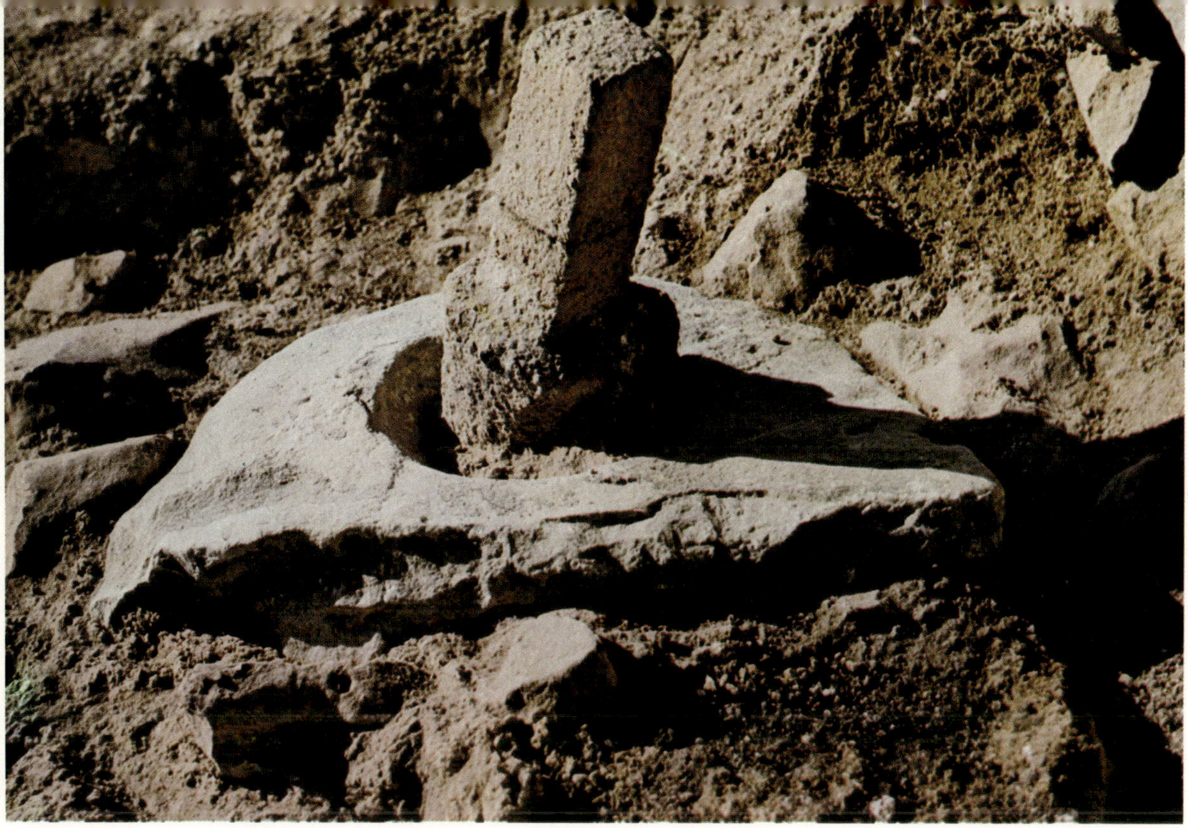

Türangel aus Basalt, *in situ*, von Asche umgeben

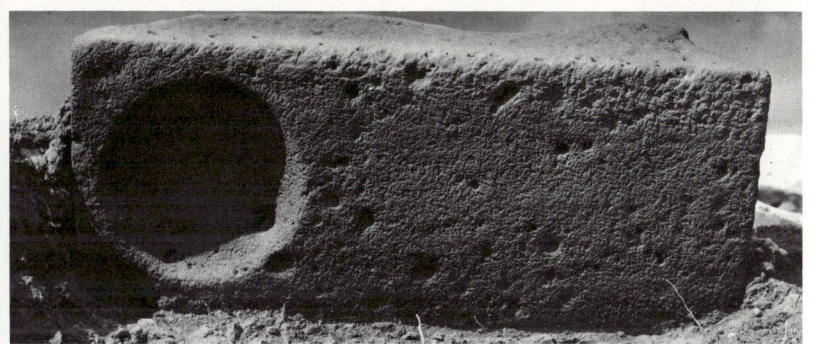

Teil der Vorbaumauer kamen Orthostaten vor, und zwar in einer derart willkürlichen Anordnung, daß wir einen Opfertisch vorfanden, der als Orthostat benutzt worden war. Warum die Haupthalle – zwischen dem Vorbau und dem Allerheiligsten – gar nicht und der Vorbau nur so dürftig mit Orthostaten ausgestattet war, stellte sich erst später heraus.

Der Grundriß des Tempels läßt sich summarisch wie folgt beschreiben: ein Gebäude mit drei ineinandergehenden Räumen – Vorbau, Haupthalle und Allerheiligstes –, deren Eingänge auf derselben Achse liegen. Diese Anordnung bildet unter den Tempeln der Periode in diesem Land eine Ausnahme, ähnelt jedoch den in Alalakh entdeckten zeitgenössischen Tempeln. Das Wichtigste an diesem Grundriß ist jedoch seine Übereinstimmung mit dem 300 Jahre später errichteten Tempel Salomos. Spuren des salomonischen Tempels wird man nie finden, weil er dem Erdboden gleichgemacht und seine Grundfläche für den Bau des zweiten Tempels

Ein basaltener Opfertisch, als Orthostat wiederverwendet

und späterer römischer, byzantinischer und islamischer Heiligtümer wiederholt abgetragen wurde. Den einzigen Nachweis seiner Bauweise hat uns die Bibel überliefert, obgleich es schwierig ist, sich von einem nur mit Worten beschriebenen Gebäude eine anschauliche Vorstellung zu machen. Dennoch haben die Experten im 1. Buch der Könige und im 2. Buch der Chroniken noch genug Material gefunden, um sich über das Grundschema des Bauwerks zu einigen, wenn auch eine Rekonstruktion im Detail nicht mehr möglich ist. Das Ringen der Archäologen um eine bildhafte Vorstellung vom salomonischen Tempel hat W. F. Albright treffend als »Tantalusqual« bezeichnet. Der Grundriß enthält eine Vorhalle mit zwei rätselhaften kultischen Pfeilern (in der Bibel »Jachin« und »Boaz« genannt), die zur Haupthalle des Tempels führen und im Anschluß daran zum Allerheiligsten. Alle Einheiten sind gleich breit, ihre Eingänge liegen auf derselben Achse. Die beiden Pfeiler ohne architektonische Funktion, die wir im Vorbau unseres Tempels fanden, erinnern auffallend an Jachin und Boaz.

Man kann sich leicht zusammenreimen, daß der Tempel von Hazor der Prototyp des salomonischen Tempels war. Und die Tatsache, daß der letztere entfernte Ähnlichkeit mit einem kanaanitischen – insbesondere nordkanaanitischen – Tempel hat, sollte uns nicht überraschen: sogar die Bibel sagt, Salomo habe phönizische Baumeister, Künstler und Architekten für die Errichtung des Bauwerks heranziehen müssen. Der Unterschied zwischen Salomos Tempel und denen der kanaanitischen Heiden lag natürlich nicht in der Bauweise, sondern in der Auffassung. Im Heiligtum Salomos gab es keine Bildwerke der Gottheit; die einzig sichtbaren religiösen Elemente waren die Bundeslade und die Cherubim. Das einzige Gegenstück zum salomonischen Tempel war bisher ein in Tell

Ein Prototyp des salomonischen Tempels

links Schematischer Grundriß des IA-Tempels mit seinen drei Teilen: der Vorhalle (unten), der Haupthalle und dem Allerheiligsten (oben), ähnlich dem Grundriß des salomonischen Tempels *rechts* Grundriß des Tempels von Tell Ta'ayanat, in der Anlage ähnlich, aber einige hundert Jahre später erbaut

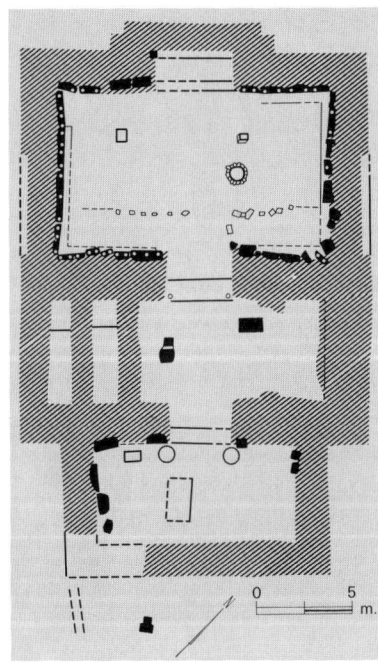 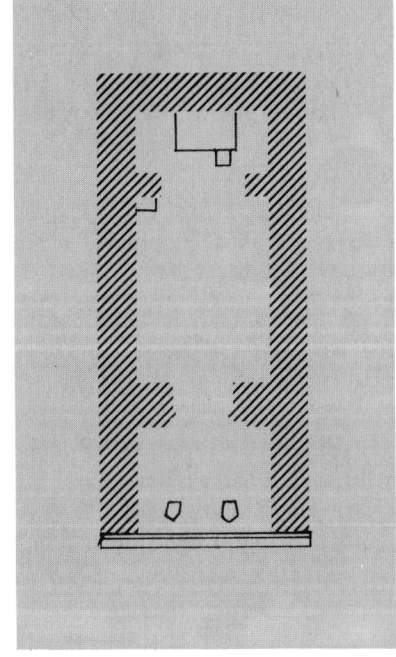

Ta'ayanat in Nordsyrien freigelegter Tempel, der aber 200 Jahre später als der salomonische datiert.

Unser Tempel kam in der höchsten Schicht von Abschnitt H zum Vorschein. Über ihm fanden wir nichts, und er selbst lag, vollständig niedergebrannt und in Trümmern, ein paar Zentimeter unter der unbebauten Oberfläche. Schon aufgrund dieser Tatsache hätten wir ihn derselben Stufe wie Schicht IA in den anderen Abschnitten zuordnen, die Datierung auf das 13. Jahrhundert v. Chr. festsetzen und seine Zerstörung auf Josua zurückführen können. Glücklicherweise steht uns noch ein anderes Zeugnis zur Verfügung. Die auf dem Fußboden gefundene Töpferware stimmt mit der von Schicht IA überein, einschließlich der für das 13. Jahrhundert typischen Gefäße. Das ausschlaggebende Stück tauchte in Gestalt einer Tierfigur aus Ton auf, die wie durch ein Wunder unbeschädigt auf dem Boden der Haupthalle stand. Was ist das für ein Tier? Vorsichtige Archäologen definierten es als einen Vierbeiner, was zweifellos richtig ist, aber nicht weiterhilft. Meiner Ansicht nach läßt das Vorkommen dieser Kleinplastik in einem Tempel des Wettergotts die Schlußfolgerung zu, daß sie dessen Tiersymbol – den Stier – verkörpert; diese Annahme wird durch die, wenngleich stilisierte, Gestalt des Tiers hinlänglich gestützt. Vor allem aber handelt es sich eindeutig um eine von vielen Ausgrabungsstätten der Ägäis und Syriens bekannte mykenische Statuette vom Typ IIIB, also aus dem 13. Jahrhundert. So blieb kein Zweifel, daß dieser Tempel aus dem 13. Jahrhundert stammte.

Ein mykenisches Tier

unten Das Allerheiligste des Orthostatentempels mit seinen
zwei Schichten
gegenüber Ein Pfeiler des IA-
Tempels und die Pfeilerbasis des
IB-Tempels, die später als Plattform für den großen Libations-
krater benutzt wurde

6   Noch drei darunter!

Es gab sicherlich genug Gründe für die Annahme, daß an diesem Platz frühere Tempel existiert hatten. Einmal hatten wir schon in Abschnitt F das beharrliche Festhalten an einer durch Tradition geheiligten Stätte erkannt, die immer wieder für Tempelbauten benutzt wurde. Zum zweiten wies die Anordnung der Orthostaten am Vorbau des Tempels in IA darauf hin, daß es sich im wesentlichen um wiederverwendete Orthostaten handelte. Wir entschlossen uns deshalb, unter den Fußböden des höchsten Tempels tiefer zu graben, und wirklich fanden wir hier nicht nur einen Tempel, sondern drei – einer unter dem anderen! Als wir die Scherben eines der großen Tonkratere aus dem Allerheiligsten wegräumten, sahen wir, daß er auf einer schönen Säulenbasis gestanden hatte, die von einer Reihe kleiner Steine umgeben war. Der Fund einer Säulenbasis unter dem Boden des Tempels von IA deutete auf das Vorhandensein eines noch älteren Fußbodens. Aus diesem Grund gruben wir den gesamten Boden auf, um zu sehen, was darunterlag. Und tatsächlich fanden wir 50 Zentimeter unter dem Boden von IA einen tieferen Boden aus Stampferde mit zwei Säulenbasen: eine, auf der der Krater gestanden hatte, und eine andere (links davon), die nicht so schön, aber auch aus Basalt war. Offenbar hatten beide Holzpfeiler getragen, und da sie im Mittelpunkt des Allerheiligsten standen, konnte es durchaus sein, daß sie die Dachstützen getragen hatten.

Zwischen den beiden Basen, in der Mitte des Raums, war eine Grube

Zwei Ansichten der kopflosen
Statue, die in der Grube des
Allerheiligsten gefunden wurde

von 70 Zentimeter Durchmesser und etwa 3,50 Meter Tiefe (der obere
Teil bestand aus Feldsteinschichten). Hier kamen keine nennenswerten
Funde vor; auf dem Grund jedoch entdeckten wir ein sehr wichtiges
Objekt: die Basaltstatue eines Mannes ohne Kopf (den Kopf, der im
Altertum abgebrochen war, fanden wir nicht). Die Figur ähnelte in groben
Umrissen der Statue im Stelentempel von Abschnitt C, aber sie war
größer und trug kein Emblem auf der Brust. Anscheinend hatten die
Besitzer des Tempels IB die zerbrochene Statue in die Grube geworfen.
Vielleicht stammte die Statue – die möglicherweise einen früheren König
darstellt – aus einem Vorgängertempel und wurde dort aus Ehrfurcht
verwahrt. Einzelheiten, die über die Grube hätten Auskunft geben
können, ergaben sich nicht, aber aus ihrer Lage können wir schließen, daß
sie als Abfluß für die in diesem Teil des Tempels zelebrierten Trankopfer
diente. Daß die Statue in der Grube lag, vergraben oder weggeworfen,
mag manchem Leser merkwürdig vorkommen; aber dasselbe Phänomen
begegnet uns in Alalakh, wo eine Statue des Königs Idrimi in einer Grube
abgelegt oder vergraben worden war. Außer dieser Figur fanden wir auf
dem Grubenboden so gut wie nichts, mit Ausnahme von ein paar
kultischen Siegelzylindern, die mit der Sonnenscheiben-Gottheit zusammenhingen. Wie im Fall des Stelentempels verwerteten die Bewohner von
Schicht IA anscheinend den größten Teil der Ausstattung des Vorgänger-
tempels, der zerstört worden war, für ihren eigenen, schütteten dann

102

einfach den Boden auf und bauten neue Säulen. Ein paar Scherben wiesen eindeutig auf das 14. Jahrhundert, gleichbedeutend mit Schicht IB in anderen Abschnitten. Mit Sicherheit entstammten auch die Orthostaten, zumindest in ihrer gegenwärtigen Lage, dieser Schicht.

Vor dem Allerheiligsten lag der mittlere Raum oder die Haupthalle, ähnlich angelegt wie die Halle in Tempel IA, aber mit einem interessanten

Der Grundriß

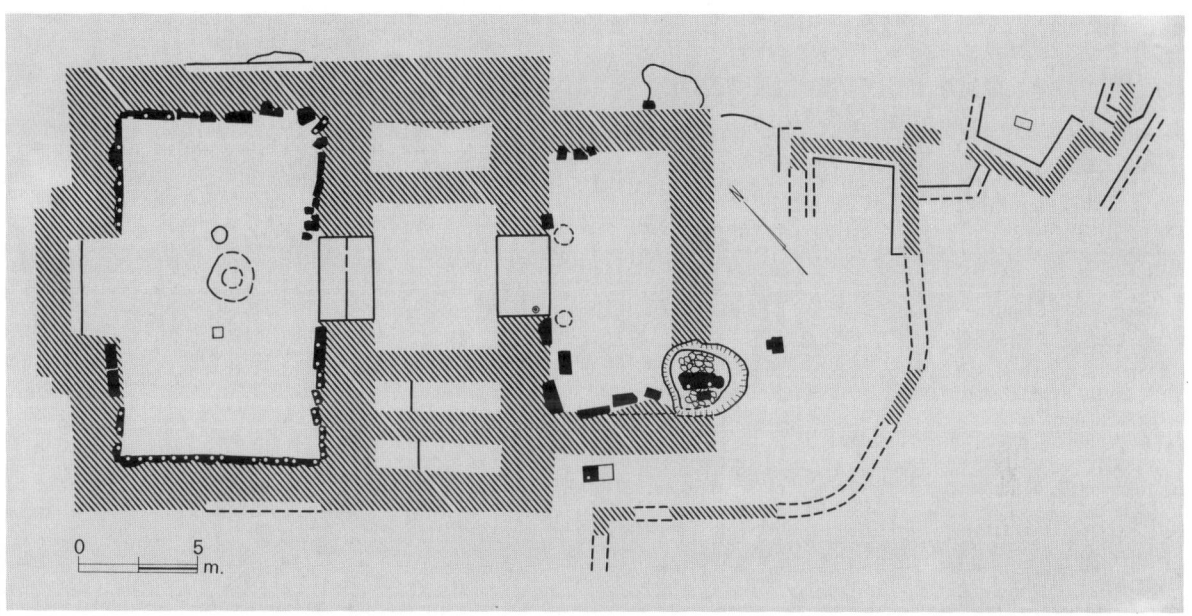

Grundriß des IB-Tempels; zur Rechten die Tempelhöfe

Unterschied. Der weitläufige Zentralraum wurde im Westen von zwei schmalen Gängen und im Osten von einem Einzelraum begrenzt. Die beiden Gänge, die im Tempel IA wiederkehrten, dienten als Treppenhaus, das zum zweiten Stock oder zum Dachgeschoß hinaufführte. Der Raum im Osten hatte möglicherweise als Teil eines Turms oder einer Vorratskammer Verwendung gefunden. Die Mauer dieses Raums in Schicht IA (man vergleiche die Grundrisse) war niedergerissen, um die Hauptfläche zu erweitern. (Auf dieser zerstörten Mauer fanden wir den Opfertisch.) Der Tempel IB hatte ebenfalls eine Vorhalle, die in den Grundriß des Nachfolgetempels einging. Zwischen dem Eingang des Vorbaus und der Haupthalle fanden sich keine Säulen; man darf jedoch annehmen, daß die zwei Sockel oder Säulen von IA ursprünglich aus diesem Tempel stammten. Mit anderen Worten: Der gesamte dreiteilige Grundriß von Tempel IA entstand in IB; oder, wieder anders ausgedrückt, der Tempel IA ist eine Rekonstruktion des Tempels IB, ähnlich der Situation, die wir in Abschnitt C vorgefunden hatten.

Im Süden der drei Räume entdeckten wir noch weitere Teile dieses Tempelkomplexes. Unmittelbar vor dem Eingang zum ummauerten Hof stießen wir auf einen Basaltobelisken mit einer flachen Platte davor: offenbar war es ein heiliger Stein. Nicht weit entfernt davon hatten wir die beschädigte Statue der Tempelgottheit mit dem Emblem auf der Brust gefunden. Überall kamen *favissae* (Abfallplätze für Kultgegenstände) zum

Vorschein, auf denen zerbrochene Gefäße und Einrichtungsobjekte des Tempels lagen. Auch der Obelisk bezeugt, daß gewisse Kultrituale – höchstwahrscheinlich Opferungen – außerhalb des Tempels stattfanden, obgleich in diesem Bereich kein Tieropferaltar zutage trat. Aber an der Westseite des Vorbaus entdeckten wir einen gut erhaltenen Trankopferaltar und darauf einen Trankopfertisch (noch *in situ*), der dem im Allerheiligsten des Tempels IA ähnelte.

Den obersten Tempel (IA) gruben wir hauptsächlich in der Saison 1956 aus. 1957 hielten wir es für nötig, unsere Arbeit dort fortzusetzen; die meisten Funde im Tempel IB sowie diejenigen, die ich noch beschreiben werde, wurden 1957 (unter der Leitung von Trude Dothan) gemacht. Es war eine wirklich aufregende Saison! Beim Ausgraben des Tempelvorbaus entdeckten wir eine Lücke im Westteil der Stirnmauer, die aussah, als ob dort ein Stück fehlte. Als wir mit dem Freilegen dieser Stelle begannen, hielt ich mit meinem Photoapparat jede Stunde der Arbeit fest. Damit der Leser an unserer Erregung teilnehmen und den Prozeß schrittweise verfolgen kann, geben wir hier einige Bilder wieder. Sie lassen auch erkennen, warum wir solche Schwierigkeiten hatten, die Bedeutung unserer Entdeckung zu verstehen. Kaum hatten wir den Mutterboden beseitigt, sahen wir einen Löwenkopf aus einem Steinhau-

oben Überblick über den Tempel, vorn die Vorhalle mit ihren beiden Pfeilern. Man beachte die Lücke links in der Frontmauer
unten links Unter dem Steinhaufen kommt der Löwenkopf ans Licht
unten rechts Der Löwe erweist sich als riesiger Orthostat. Ringsum der zerstörte Kopfsteinboden

fen herausragen. Nach weiterem Abräumen und tieferem Graben stellte sich heraus, daß der Löwe in einer runden Grube lag, die anscheinend in ein früheres Kieselsteinpflaster geschlagen worden war. Was da hervorkam, war ein Teil eines Löwen-Orthostaten, 1,90 Meter lang und 90 Zentimeter hoch, mit zwei in die Oberkante gebohrten Löchern wie bei den Orthostaten, die wir zuvor schon in diesem Abschnitt gefunden hatten. Nachdem die Steine beiseitegeräumt waren, kam der Löwe in seiner vollen Länge zum Vorschein; wir sahen ihn vorerst nur von der Rückseite. Er war sehr schwer zu bewegen, wir mußten ihn deshalb mit einem Wagenheber umdrehen. Erst dann wurde er in seiner ganzen Pracht sichtbar.

Das Stück war einwandfrei ein Türgewände-Orthostat, ähnlich dem kleineren Löwen-Orthostaten aus Schicht IA im Abschnitt H. Die großartige bildhauerische Bearbeitung wird einem erst richtig bewußt, wenn man sich vor Augen hält, daß er vor dem Auftreten von Eisenwerkzeugen aus hartem Basaltstein geschlagen wurde. Eine Langseite zeigt das Relief eines kauernden Löwen, Kopf und Vorderbeine erscheinen als Vollplastik an der vorderen Schmalseite. Die Mähne ist stark stilisiert und läuft in eine Spitze aus. Der Schweif liegt zwischen Hinterbein und Körper, ein charakteristisches Merkmal dieser Reliefs.

oben links Der Orthostat wurde auf der Seite liegend gefunden; man sieht die beiden Löcher in der oberen Fläche

oben rechts Die unbearbeitete Seite des Orthostaten

unten links Der Orthostat wird mit einem Wagenheber gewendet

unten rechts Kopf und Bildseite des Tür-Orthostaten, wie er beim Betreten des Tempels zu sehen war. Auch hier sieht man die zerstörten Kopfsteinböden der Schichten 2 und 3.

umseitig Der Löwe, *in situ* aufgenommen. Die Mähne ist stilisiert, der Schwanz liegt zwischen Bein und Körper

Der Löwe verläßt die Bühne

Den Löwen aus dem Ausgrabungsabschnitt wegzuschaffen, war ein Problem, das wir schließlich nur mit Hilfe eines großen Krans bewältigen konnten. Heute gehört dieser Löwe zu den wichtigsten Ausstellungsstükken des *Israel Museum* in Jerusalem.

Der Stil des Reliefs weist den Orthostaten als Vertreter des nördlichen Typs aus. Interessant ist jedoch, daß ein Löwe von dieser Schönheit weder im hethitischen Anatolien (Bogazköy) noch in Syrien (Alalakh) auftauchte. Es gibt ein ziemlich ähnliches Gegenstück zu unserem Löwen in Alalakh, wo Sir Leonard Woolley Türgewände-Orthostaten in Gestalt kauernder Löwen fand; aber ein Vergleich unter künstlerischen Gesichtspunkten fällt eindeutig zugunsten des Hazor-Löwen aus. Die Konzeption mag dieselbe sein, doch ist die Ausführung der Löwen aus Alalakh ungleich gröber. Wir suchten vergeblich nach dem Löwen für das zweite Türgewände. Vielleicht liegt er noch irgendwo vergraben. Eine andere

Ein Tür-Orthostat aus Alalakh – ähnlich im Entwurf, aber gänzlich anders in der Ausführung

108

Möglichkeit deutete unwissentlich unser Vorgänger bei der Ausgrabung Hazors an. In seinem ersten Artikel berichtete Garstang eine Geschichte über »einen schwarzen Stein mit einem eingemeißelten Löwen«, die er von den Arabern des Nachbardorfs gehört hatte. Vielleicht handelte es sich hier um den anderen Löwen, der irgendwann an der Oberfläche gefunden und dann versteckt, beiseite geschafft oder zerschlagen wurde.

Im Zusammenhang mit dem Löwen fällt mir ein anderer Orthostat ein, den wir auf dem eigentlichen *Tell* fanden; wir nehmen damit schon einige unserer Entdeckungen in der oberen Stadt vorweg. Als wir die Spätbronze-Schicht auf dem Hügel ausgruben, stießen wir auf einen zerbrochenen Tier-Orthostaten aus Basalt, von dem nur das Vorderteil erhalten war. Er glich dem ersten Orthostaten, nur daß er, nach der Mähne zu urteilen, eine Löwin darstellte. Beide Orthostaten stammten wahrscheinlich aus derselben Werkstatt, wenn nicht vom selben Künstler. Hier hatte der Künstler mit verfeinertem Stil, aber sehr sparsamen Mitteln einen höchst ausdrucksvollen weiblichen Löwenkopf geschaffen. Es handelt sich allerdings nicht um das fehlende Exemplar des Orthostatenpaars im Tempel. Aber es zeigt die große Beliebtheit von Löwen-Orthostaten in Hazor. Als wir damals so verzweifelt (und bis heute vergeblich) nach dem verschollenen Teil des Orthostaten suchten, kam der Witz auf, daß wir ebenso wie der Löwe aus Abschnitt H viel darum geben würden, das Hinterteil der Löwin zu finden!

Um zum Löwen im Tempel zurückzukehren: schon bald hatten wir erhebliche Schwierigkeiten, die in dem Fund enthaltenen Informationen zu interpretieren. Offensichtlich war der Löwe mit Bedacht vergraben und dann mit Steinen bedeckt worden. Unsere Fragen lauteten: wann, durch wen und warum geschah das? Da der Boden von Schicht 2 aufgebrochen worden war (zweifellos zur Zeit der beiden oberen Tempel, entweder in Periode IA oder IB) und da die Mauerfront des Vorbaus ebenfalls einen Durchbruch aufwies, muß der Löwe nach der Errichtung

Die Löwin

oben Der Kopf der Löwin wird gefunden; das Loch an der Oberseite des zerbrochenen Orthostaten ist deutlich zu sehen
links Ein Löwinnen-Antlitz voll gesammelter Kraft

des Tempels IB vergraben worden sein. Aber wie lange danach? Nach der Zerstörung von IB und vor dem Bau von IA? Oder nach der Zerstörung von IA? Der stratigraphische Befund gibt uns darüber keine Auskunft. Der Löwe kann nach der Zerstörung des Tempels IA vergraben worden sein – entweder von den Eroberern, die den Tempel verwüsteten, dann den Löwen verscharrten und ihm ein symbolisches Denkmal setzten, indem sie ihn mit Steinen bedeckten, oder, und das ist wahrscheinlicher, von den Überlebenden der Vernichtung – vielleicht Mitgliedern des Tempelpersonals –, die geflüchtet und später zurückgekehrt waren, um den Löwen ehrfurchtsvoll zu begraben, in der Hoffnung, ihn eines Tages hervorzuholen und den Tempel wieder aufzubauen. Parallelen zu diesem Phänomen gibt es bei anderen Funden des 13. Jahrhunderts und späterer Perioden, doch sind die Beweggründe schwer zu erkennen. So fand Woolley zum Beispiel die Statue des Königs Idrimi von Alalakh zerbrochen und vergraben in einer Grube der höchsten Tempelschicht. Einer meiner ehemaligen Studenten, D. Ussishkin, beobachtete einen ähnlichen Fall in Zinjirli, wo Löwen-Orthostaten – allerdings zu einer späteren Zeit – vergraben worden waren. In allen diesen Fällen, wie auch in dem unseren, blieb die Frage der Motivation ungeklärt. Außerdem sahen wir uns noch dem Problem der Herkunft der Orthostaten gegenüber. Waren sie alle für den Tempel IB des 14. Jahrhunderts geschaffen und dann in der höchsten Stufe wiederbenutzt worden? Das dachten wir jedenfalls während unserer Ausgrabungen. Doch angesichts einiger Entdeckungen, die wir in der letzten Saison (1968) auf dem *Tell* machten, glaube ich, daß wir unsere Meinung ändern und annehmen müssen, daß sie in einer noch früheren Periode entstanden. Um das zu verstehen, wollen wir uns nun den Funden unterhalb der beiden oberen Tempel zuwenden.

Kaum hatten wir mit der Grabung unter den Böden des Tempels IB begonnen, stellte sich schon heraus, daß dort ein weiterer Tempel gestanden hatte. Da wir die Mauern der oberen Tempel nicht abtragen

Grundriß des Schicht-2-Tempels. Man beachte vor allem den Hof (2149) mit Kultgeräten (2534, 2554), das Propylon (2169) und das Entwässerungssystem

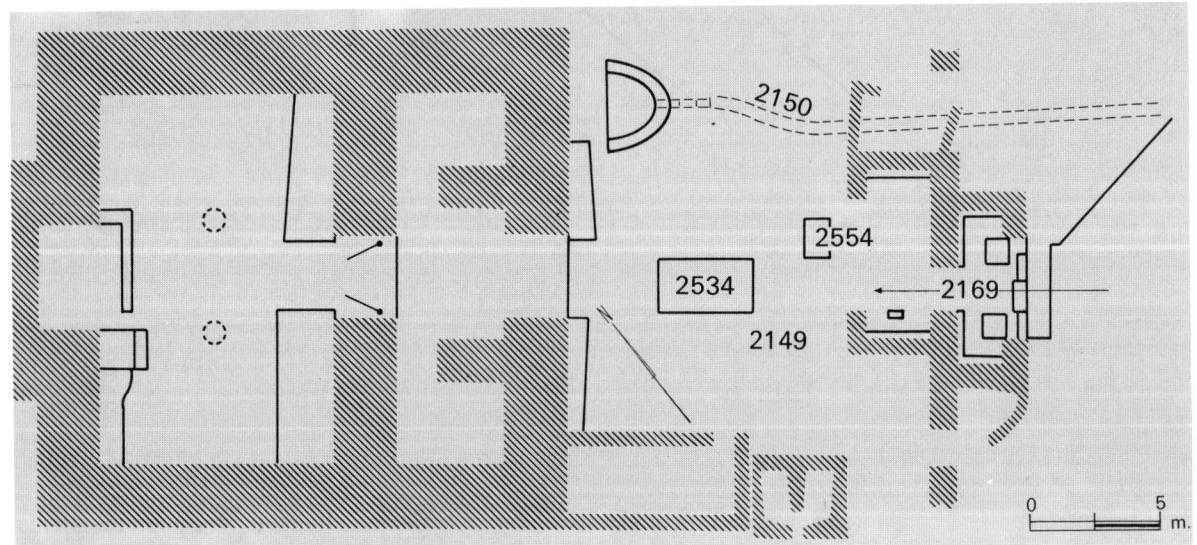

wollten, sahen wir uns gezwungen, zwischen ihnen zu graben und dicht an
den Fundamenten Schnitte und Gräben anzulegen. Mit dem Material, das
wir fanden, konnten wir nicht nur den genauen Lageplan des Tempels aus
Schicht 2, sondern auch viele interessante Einzelheiten ermitteln. Der
Grundriß dieses Bauwerks unterscheidet sich von denen der darüberliegenden. Zum leichteren Verständnis sei jedoch gesagt, daß Schicht 2 im
wesentlichen den gleichen Grundriß hat wie IB ohne dessen Vorbau. Mit
anderen Worten, er besteht aus zwei Hauptelementen: erstens einem
Hauptraum (dem Allerheiligsten) mit Nische, der von Westen nach Osten
13,50 Meter und von Norden nach Süden 8,90 Meter mißt und Mauern
von 2,30 Meter Dicke hat; zweitens einem Vorbau mit je einem Turm zu
beiden Seiten des Haupteingangs. Wir stellten aber nicht nur den genauen
Grundriß und die Stärke der Mauern fest, sondern fanden auch den
Fußboden des Tempels (der vorwiegend aus schweren Kopfsteinen
bestand) sowie seine Schwellen und Türscharniere. Diese Elemente fielen
besonders im Durchgang vom Vorbau zum Allerheiligsten auf, wo sich
die Scharniere der Schicht 2 unter denen des Tempels IB befanden. Die
Lage der Scharniere zeigt, daß der Eingang zum Allerheiligsten durch
zwei sich nach innen öffnende Türflügel geschlossen wurde. Falls es in
diesem Tempel Gewände-Orthostaten gegeben hatte, konnten sie keinesfalls an diesem Eingang gestanden haben; sie mußten also zum Haupteingang des Tempels gehören. Leider konnten wir dort nicht unter dem
höchsten Tempel graben; wir wissen deshalb nicht, ob er Scharniere
hatte, und wenn ja, wo. Aber wenn wir den Grundriß von Schicht 2 mit
dem von IB und IA vergleichen, erkennen wir wieder die absichtsvolle
Hinzufügung eines dritten Elements bei den späteren Tempeln: Der
ursprüngliche Vorbau war in eine Haupthalle verwandelt worden. Dieser
Aspekt machte die späteren Tempel zu einer Art Prototyp des salomonischen Tempels.

Kehren wir nun zu dem wichtigen Problem der Orthostaten zurück.
Die Lage der Orthostaten in IB und IA war in zweifacher Hinsicht
beunruhigend und verdächtig: Erstens fanden wir sie nicht in Bodennähe
von IB oder IA, sondern hoch darüber, im Gegensatz zu der üblichen
Position an Mauersockeln; zweitens waren nur das Allerheiligste und der
Vorbau in Schicht IB und IA mit Orthostaten geschmückt, nicht aber die
Haupthalle. Überdies erschienen die Orthostaten, wie wir im Vorbau
festgestellt hatten, in ziemlich willkürlicher Anordnung. Sie paßten nicht
sehr gut zusammen; in einem Fall diente sogar ein Opfertisch als Ersatz.
Zum Zeitpunkt der Ausgrabung fehlten uns Anhaltspunkte, um ihr Alter
zu bestimmen oder diese sonderbaren Phänomene zu erklären. Erst 1968
entdeckten wir beim Ausgraben des *Tell* Bauten mit identischen
Orthostaten – anscheinend von denselben Handwerkern und zur selben
Zeit gemacht – *in situ!* Und auf dem *Tell* fanden wir überzeugende
Beweise, daß sie mindestens in der späten Bronzezeit I (16. bis 15.
Jahrhundert) entstanden.

Nun können wir unsere Entdeckungen in Abschnitt H kritisch
überprüfen. Die Orthostaten müssen spätestens in Schicht 2 entstanden
und später in den Tempeln IB und IA wiederverwendet worden sein.

Die Türangeln des Tempels von
Schicht 2 liegen unterhalb derer
des IB-Tempels

Diese Schlußfolgerung erklärt meiner Meinung nach nicht nur das eigenartige Phänomen ihrer Lage und ihrer regellosen Anordnung, sie erlaubt uns auch, Vermutungen über die Position der Orthostaten in ihrem Primärzustand anzustellen. Wenn wir jetzt annehmen, daß sie ursprünglich mindestens zu Schicht 2 gehörten, dann schmückten die im Allerheiligsten von IB gefundenen Orthostaten ursprünglich das Allerheiligste von Schicht 2 (beide Räume hatten annähernd dieselben Ausmaße). Ebenso müssen die Orthostaten, die im Vorbau des Tempels IB wiederbenutzt worden waren, ursprünglich zum Vorbau von Schicht 2 gehört haben. Jetzt können wir verstehen, warum die Haupthalle der Tempel IB und IA keinen Orthostatenschmuck aufwies. Diese Halle bildete einen Zusatz zur ursprünglichen Tempelform, die in der Periode IB entstand. Die von den Leuten aus IB vorgefundenen Orthostaten reichten aber nur für zwei Räume aus: Allerheiligstes und Vorbau. Darum schafften sie die Orthostaten des früheren Vorbaus (unter der Haupthalle) zum neuen Vorbau und schmückten die Haupthalle nicht aus. Ich glaube, das ist die einzige Erklärung für das eigenartige Problem ihres Standorts in den Tempeln der oberen Stufen. Unsere Orthostaten stammen also mindestens aus dem 16. bis 15. Jahrhundert und gehören demgemäß zu den bisher ältesten Exemplaren des Nahen Ostens!

Der Tempelhof

Im Altertum waren die Tempel Häuser der Gottheiten und nicht kultische Opferstätten. Daher stellte der große Platz oder offene Bezirk vor den Tempeln und um sie herum, wo die Opferzeremonien stattfanden, ein sehr wesentliches Element dar. Wir hatten das Glück, vor dem Tempel aus Schicht 2 nicht unbeträchtliche Teile dieser offenen Hofanlage und darin wichtige Kulteinrichtungen zu finden. Der Hof bestand aus einer

Innenfläche beim Tempel und einer Außenfläche weiter südlich, die durch ein monumentales Propylon (frei stehendes Eingangstor) getrennt wurden. Den Boden des Innenhofs wie auch den des Gebäudes selbst bedeckt ein grobes Kopfsteinpflaster, das sich im Norden nach Süden und im Süden nach Norden neigt. Auf diese Weise bildete sich in der Mitte eine flache, durch eine Rinne betonte Mulde zum Ableiten der Flüssigkeiten aus den Opferungen und Trankspenden nach Südosten. Wie es schien, spielten sich die entscheidenden Kulthandlungen in diesem Innenhof ab. Überall lagen Tierknochen und Asche herum – ein weiteres Anzeichen dafür, daß es sich hier um den eigentlichen Opferbezirk handelte. Im Mittelpunkt des Innenhofs – auf der Achse des Propylon und des Eingangs zum Vorbau – fanden wir eine auf dem Boden errichtete große rechteckige Plattform (3,50 Meter breit, 2 Meter lang und 30 Zentimeter hoch). Sie sah wie ein *bamah*, eine Gebetsstätte, aus; zwei Meter südlich davon entdeckten wir ein ähnliches, aber kleineres Gebilde.

Im Ostteil des Innenhofs, etwa fünf Meter östlich vom *bamah*, lag unmittelbar unter dem Hofboden ein interessanter Abflußkanal. Der südliche Abschnitt dieser Leitung bestand aus Feldsteinen und war mit unbehauenen Platten abgedeckt, der nördliche Abschnitt jedoch erregte unser Interesse, weil er aus abgelegten Räuchergefäßen zusammengesetzt war. Nur Tempel konnten sich eine solche Kanalisation leisten! Sie waren

oben Die Abwasserleitung des Tempels, aus unbrauchbaren Weihrauchgefäßen zusammengesetzt
unten Zwei dieser Weihrauchgefäße mit dreieckigen »Fenstern«

oben Die *favissa*, Ablage für zerbrochene Kultgefäße, in der der unten abgebildete Gegenstand gefunden wurde

unten Das einzigartige Tonmodell einer Rinderleber, mit Keilschriftzeichen beschrieben, wurde zu Weissagungen benutzt

riesig, ähnelten denen, die wir auf dem Boden des Tempelhofs gefunden hatten, und hatten dreieckige Öffnungen oder »Fenster«. Die südwärts verlaufende Kanalstrecke kennen wir nicht, weil wir den Abschnitt noch nicht ausgegraben haben. Wir nehmen aber an, daß diese Leitung sich schließlich mit dem Hauptabflußsystem der unteren Stadt, das wir in Abschnitt F fanden, vereinigte. Die Kanalisation begann offenbar rechts vom Tempeleingang in einer halbkreisförmigen Anlage (siehe Grundriß), die zwei sekundär verwendete Pfeilersockel miteinander verband. Dieser Kanal leitete anscheinend Blut und Wasser der Opferungen ab.

Im Südteil des Hofs fanden wir über dem Kanal in einem großen Haufen weggeworfener Gefäße (der *favissa*) ein ungewöhnliches Objekt: ein kleines Tonmodell einer Kuhleber mit Prophezeiungen in Keilschrift. Es wurde von den Tempelwahrsagern verwendet und ist das einzige Exemplar mit solchen Inschriften, das in Israel zum Vorschein gekommen ist. Weissagungen aus Lebern waren in Babylon allgemeiner Brauch; dieser Fund aus dem 15. Jahrhundert v. Chr. bezeugt wieder die engen Bande zwischen Hazor und Mesopotamien. Das Modell besteht aus zwei Fragmenten, die auf der Vorder- und Rückseite Inschriften tragen. Die rätselhaften Texte zeichnen sich nicht eben durch Präzision aus, wie die nachfolgende Teilinterpretation durch den verstorbenen Professor B. Landsberger und Professor Haim Tadmor zeigt:

»Ein König wird den anderen niederzwingen.
Ein Feind wird mein Land angreifen
. . .
Der Gott [wird] den Menschen Vergebung [gewähren]
Ein Diener wird sich gegen seinen Herrn erheben.«

Die Inschriften auf dem anderen Fragment lauten:

»Ischtar [?] wird das Land essen
Nergal wird . . .
Die Götter der Stadt werden zurückkehren.«

Wir wissen natürlich nicht, wann diese bösen und guten Prophezeiungen sich erfüllen sollten; das zu erkennen, war der Weisheit der Tempelpriester vorbehalten, die diese Mitteilungen nach ihrem Ermessen dem König und den Andächtigen aus den Lebern geopferter Tiere zukommen ließen.

Auch dieser Tempel hatte, wie der in Abschnitt C, seinen eigenen Töpfer, der die Votivgefäße zum Verkauf an die Gläubigen herstellte. Wir fanden seinen Ofen mit zweiundzwanzig kleinen Votivschalen noch auf dem Boden. Dieser Fund zeigt, wie viele andere auch, daß ein Feind den Tempel aus Schicht 2 zerstörte und daß die Menschen ihn in Eile verließen.

oben Winzige Opfergefäße, gefunden im Brennofen des Tempeltöpfers
links Die Gefäße nach der Reinigung

Die großartige Bronzeplastik eines kanaanitischen Würdenträgers

gegenüber oben Eine Bronzefigurine à la Picasso

gegenüber unten Grundriß des Schicht-3-Tempels

Schließlich gab der Tempel aus Schicht 2 noch zwei Metallfiguren frei, die erheblich voneinander abweichen, aber beide eine hohe künstlerische Bedeutung haben. Das erste Objekt ist interessanter und – soviel ich weiß – einmalig: eine winzige, 5 Zentimeter hohe Frauenfigur aus dünnem Bronzeblech. Es ist die vereinfachte Darstellung eines mit wenigen spezifischen Merkmalen ausgestatteten Frauenkörpers: einem Auge, einer halben Nase und einem halben Mund, einer Brust und der Vulva. Ich kenne keine ähnliche Figur im Nahen Osten; mit Picasso wird sie nichts zu tun haben. Wahrscheinlich verkörpert sie Leben und Tod oder Geborenes und Ungeborenes, und ebenso wahrscheinlich wurde sie als Votivgabe zum Tempel gebracht. Ich wüßte gern, ob die Hazoriter sie als ungewöhnlich empfanden; für unseren modernen Geschmack ist sie eines der originellsten Kunstwerke des zweiten Jahrtausends v. Chr. Das zweite Stück, eine besonders schön gearbeitete Bronzeschmuckplatte, lag an der Grenze zwischen dem Innen- und Außenhof. Sie ist aus dünnem Bronzeblech und 9,4 Zentimeter lang. Aus den Nieten an der Rückseite geht hervor, daß sie einmal an einem Holzpaneel befestigt war; ihre Haltung läßt vermuten, daß sie zu einer Figurenreihe gehörte. Sie ist gehämmert und an einigen Stellen zusätzlich graviert. Allem Anschein nach stellt sie einen kanaanitischen Würdenträger dar, der seinen rechten Arm zum Gruß erhebt: eine Pose, die man häufig bei ägyptischen Denkmälern findet. Er trägt ein langes, unten mehrfach umgeschlagenes Gewand, das ebenfalls an die Abbildungen kanaanitischer Würdenträger in ägyptischen Wandmalereien des 15. Jahrhunderts erinnert, und darüber einen ponchoähnlichen Umhang, der in Bändern mit Fransen endet. Auch dieses Stück steht in der orientalischen Archäologie einzig da und ist zweifellos eine der schönsten Bronzefiguren der Zeit. Diese beiden Objekte, wie auch andere Funde im Tempel aus Schicht 2, beweisen einerseits, daß Hazor in dieser Periode einen sehr hohen Entwicklungsstand erreicht hatte, und andererseits, daß Schicht 2 in die Zeit Thutmosis' III. zurückreichen muß und wahrscheinlich in der ersten Hälfte des 15. Jahrhunderts zerstört wurde.

Unter dem Tempel aus Schicht 2, dem dritten Tempel von oben, fanden wir die Reste des ältesten auf jungfräulichem Boden errichteten Tempels. Sein Grundriß hatte Ähnlichkeit mit dem des Tempels aus Schicht 2 – oder vielmehr umgekehrt, denn dieser Tempel aus Schicht 3 hatte als erster an dieser Stätte gestanden. Seine Überreste lagen alle unter den späteren Bauten. Hier und da konnten wir – mit Hilfe von Stichgrabungen im rechten Winkel zu den Mauerzügen – die Umrisse der Mauern verfolgen, und oft nicht einmal das. Aus diesem Grund gelangten wir nur zu einer unvollständigen Kenntnis des Tempelplans und blieben vielfach auf Vermutungen angewiesen. Immerhin reichte das freigelegte Material zur Feststellung der Hauptmerkmale und der Schichtung aus. Der Grundriß bildet in diesem Land eine Ausnahme, obgleich er dem Tempel aus Schicht VII in Alalakh, mit dem er auch chronologisch übereinstimmt, auffallend ähnelt. Er verrät ferner Einflüsse des Nordens auf die Architektur (und andere Lebensformen) in Hazor seit der mittleren Bronzezeit II. Die beiden einzigen Tempel in Palästina, die sich mit ihm

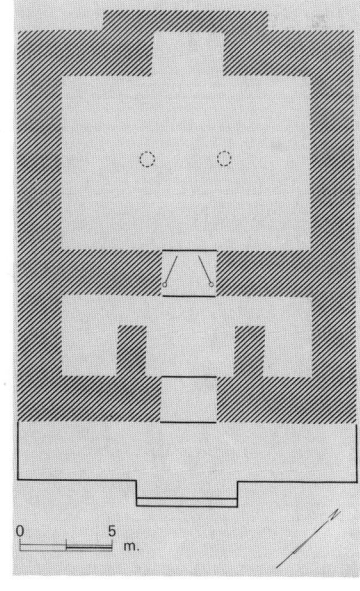

vergleichen lassen, sind die in Shechem und Megiddo vom Ende der mittleren Bronzezeit oder möglicherweise dem Beginn der späten Bronzezeit. Beide haben einen von Türmen flankierten Vorbau, der in das Allerheiligste führt. Der grundlegende Unterschied besteht jedoch darin, daß das Allerheiligste in Hazor ein breiter Raum ist, in Megiddo und Shechem hingegen ein länglicher. Dieser Sachverhalt mag dem Leser trivial erscheinen, aber da wir es hier mit einer grundsätzlichen Architekturkonzeption zu tun haben, muß dem architektonischen Unterschied auch eine kulturelle Abweichung zugrundeliegen – sei es in der religiösen Tradition oder vielleicht in der ethnischen Zusammensetzung.

Außer dem Tempelfußboden fanden wir wiederum Türscharniere an den Schwellen zwischen dem Vorbau und dem Allerheiligsten, direkt unter denen des Tempels aus Schicht 2. Doch auch hier wissen wir wieder mehr über den Tempelhof und seine Anlage als über den Tempel selbst. Höchst eindrucksvoll präsentierten sich die Quaderstufen aus Basalt, die den Eingang zum Vorbau bilden und zu einer Plattform führen. Die schön behauenen Stufen bezeugen, daß die Menschen von Hazor schon in der mittleren Bronzezeit – genauer: gegen Ende der mittleren Bronzezeit II (etwa im 17. bis 16. Jahrhundert) – ein hohes handwerkliches Niveau erreicht hatten. Vielleicht darf man daraus schließen, daß die Orthostaten in diesem Zeitraum entstanden (eine keinesfalls stichhaltige Annahme). Wie im Tempel aus Schicht 2 bestand die gesamte Fläche südlich des Tempels aus einem großen offenen Hof, diesmal mit einem eleganten Kieselsteinpflaster bedeckt, das fast wie ein Mosaikboden wirkte. Aus der Überlieferung wissen wir auch, daß dieser Tempel nach dem Erdwall errichtet wurde, denn die Arbeiter ebneten den unteren Wallabschnitt ein, um ihn in eine Art Plattform für das Heiligtum zu verwandeln.

Nachdem wir uns nun einen Überblick über die Tempel der unteren Stadt – von der mittleren Bronzezeit bis zum Ende der späten Bronzezeit – verschafft haben, ist es angebracht, ein paar Worte über Tempel im allgemeinen zu sagen. Als erstes fällt bei unseren Entdeckungen auf, daß sich die an verschiedenen Stätten liegenden zeitgenössischen Hazor-Tempel so wenig ähneln – ich meine hier nicht die an einer bestimmten Stelle übereinandergebauten Tempel, sondern zum Beispiel einen Tempel in Abschnitt C im Vergleich zu einem in Abschnitt H, oder beide im Vergleich zu einem in Abschnitt F. Da Tempelgrundrisse einem streng konservativen Muster folgen, erklärt sich die Unterschiedlichkeit in der

oben Das mosaikartige Kieselpflaster im Hof des Tempels von Schicht 3
rechts Die glatten Basaltquadern am Eingang des Tempels

Anlage am ehesten aus den verschiedenen in den Tempeln verehrten Gottheiten, die alle ihre eigene Tempeltradition hatten. Vielleicht rührt sie auch daher, daß die Bevölkerung der gewaltigen Stadt Hazor sich aus verschiedenen ethnischen Gruppen zusammensetzte, die zu einem pluralistischen Ganzen mit eigenen Gruppentraditionen verschmolzen. Die zuerst genannte Erklärung erscheint mir allerdings einleuchtender.

Ein weiterer interessanter Aspekt bietet sich in der Tempelorientierung – der Terminus bezeichnet die Lage des Eingangs gegenüber dem Allerheiligsten, sei es von Süden nach Norden oder von Westen nach Osten. Die Orientierung ist schon deshalb sehr wichtig, weil sie gewisse Erscheinungsformen der kultischen Gottesverehrung offenbart, namentlich die Ostwest-Orientierung, die unmittelbar mit der Bedeutung der Sonne im Kult zusammenhängt. Zuweilen haben die Orientierungen auch mit der Herkunft eines Volkes zu tun, da es beim Beten das Gesicht seinen ursprünglichen heiligen Stätten oder den Bergen zuwendete (so richten sich noch heute die Mohammedaner beim Gebet nach Mekka, die Juden nach Jerusalem). Die Hazor-Tempel haben verschiedene Orientierungen. Der Stelentempel weist eine Ostwest-Orientierung auf; die Orthostatentempel sind im großen und ganzen südnördlich orientiert, der Doppeltempel in gewisser Hinsicht westöstlich; ein anderer Orthostatentempel, den wir auf dem *Tell* fanden, ist ebenfalls ostwestlich orientiert. Wir entdeckten in Hazor jedoch noch einen weiteren wichtigen Orientierungsaspekt. Es stellte sich heraus, daß alle Tempel – ungeachtet der Position ihres Eingangs gegenüber dem Allerheiligsten – so angelegt waren, daß die *Ecken* der Gebäude mit den vier Himmelsrichtungen übereinstimmten, eine typisch mesopotamische oder nördliche Eigenart. Im Gegensatz dazu zeigen Tempel anderer Stätten in Palästina, wie zum Beispiel Lachish, Megiddo und Beth-shan, eine Mauerorientierung; das bedeutet, wenn sie südnördlich orientiert sind, daß auch ihre Mauern südnördlich und ostwestlich verlaufen. Das scheint eher auf ägyptische Einflüsse zu deuten.

Orientierung der Tempel

Da es sich bei den meisten unserer Entdeckungen um Tempel handelt, könnte der Leser am Ende den Eindruck gewinnen, daß die ganze untere Stadt aus Tempeln bestand. Das wäre ein völlig falscher Eindruck. Ich habe mich bei diesem Thema so lange aufgehalten, weil wir in einem Fall das Glück hatten, zufällig einen Tempel zu finden (Abschnitt C), und auf die Spur der anderen stießen (in Abschnitt F und H), weil Reste von ihnen aus dem Boden ragten. Andererseits gibt es keinen Grund zu der Annahme, daß die von uns ausgegrabenen Tempel die einzigen im Gebiet der »Einfriedung« waren. Schließlich hatte diese untere Stadt eine Bevölkerung von womöglich 30 000 Einwohnern, die eine erhebliche Anzahl von Heiligtümern für die verschiedenen Gottheiten brauchten. Und da wir nur einen Bruchteil der fast 200 Hektar umfassenden unteren Stadt ausgruben, ist es durchaus möglich, daß in Zukunft noch weitere Tempel zum Vorschein kommen. In den Abschnitten D und E der unteren Stadt jedoch legten wir Wohnstätten frei, und die Funde, die wir dort machten, gaben uns Aufschluß über die Lebensgewohnheiten im präisraelitischen Hazor.

7 Zisternen und Wohnungen
– Abschnitte D und E

Während der Arbeit im Abschnitt C der unteren Stadt forschten wir auch nach anderen Plätzen, die sich für eine Ausgrabung eignen mochten. Ein paar hundert Meter nordöstlich von Abschnitt C fesselte eine Stelle unsere Aufmerksamkeit, an der mehrere senkrecht abfallende, behauene Felsen aus dem Boden ragten. Wir kamen auf den Gedanken, daß uns hier – weit abseits vom Zentrum der Stadt – vielleicht Gräber erwarten könnten. Claire Epstein wurde mit der Grabung betraut, die sich in stratigraphischer Hinsicht als äußerst schwierig erwies, weil ein großer Teil der Überreste auf den Felsen von Wind und Wetter abgetragen oder von ansässigen Bauern zerstört worden war. Überdies stieg das Gelände terrassenförmig an, und es war nicht einfach, zwischen einer Terrassenschicht und der nächsten direkte Verbindungen zu erkennen. Dennoch lohnten sich die Ausgrabungen.

Die erste und wichtigste Entdeckung hatte mit dem Charakter des umwallten Gebiets zu tun, das wir damals gerade als eine richtige Stadt anzusehen begonnen hatten. Das gesamte Areal war mit Bauresten bedeckt, und die Stufenfolge der Bewohnung stimmte mit der schon in Abschnitt C vorgefundenen überein: fünf Wohnschichten, die zwei unteren (4 und 3) zur mittleren Bronzezeit II, die mittlere (2) zur späten Bronzezeit I, und die beiden oberen (IB und IA) zur späten Bronzezeit II (14. und 13. Jahrhundert) gehörig.

Im südlichen Teil des Abschnitts konnten wir schon vor Beginn der Ausgrabung eine behauene Felswand erkennen. Kaum hatten wir den Spaten angesetzt, trafen wir auf eine Stachelschweinfamilie, die sich in einer Höhle unterhalb des Felsens häuslich eingerichtet hatte. Wir nannten sie die »Stachelschweinhöhle«. Sie war ordentlich ausgehauen und hatte einen gewölbten Eingang, der zu einem Gang und einem Raum führte, von dem wir nur die Ostseite freilegten. Die Decke der Höhle war eingestürzt. Bei Höhlen dieses Typs, die in Hazor und in der weiteren Umgebung nicht selten vorkommen, scheint es sich um Begräbnisstätten zu handeln. Wir fanden in dieser Höhle und in einigen kleineren in der Nähe, die mehr nach Naturhöhlen aussahen, mehrere Schädel. Die künstlichen Höhlen repräsentieren die frühesten Spuren menschlicher Aktivität in der Gegend. Folglich war das gesamte Gebiet vor den Höhlen mit Wohngebäuden bedeckt, von denen wir, wie gesagt, fünf Schichten freilegten.

Von den frühesten Wohnstätten waren nur einige Mauerreste übriggeblieben. Sie verliefen parallel zueinander und ermöglichten uns eine Rekonstruktion des allgemeinen Schichtenaufbaus. Der ursprünglich offene Hof vor der Höhle war in einen Wohnplatz verwandelt und in

Abschnitt D

Die »Stachelschweinhöhle«

Abschnitt D am ersten Grabungstag: schrägliegende Steinblöcke erscheinen an der Erdoberfläche

Die »Stachelschweinhöhle«
während der Ausgrabung

mehrere Räume aufgeteilt worden. Für die Bewohner dieser Schicht war
der Eingang zur »Stachelschweinhöhle« und anderen teilweise sichtbar,
und es ist möglich, daß sie die Höhlen benutzten. In Schicht 3 fanden wir
eine neue Wohnanlage. Der Grundriß der Räume unterschied sich,
obgleich er noch aus der mittleren Bronzezeit II stammte, völlig von dem
in Schicht 4 vorherrschenden Muster. In dieser Schicht hatte man den
sichtbaren Eingang zur »Stachelschweinhöhle« auf eine Höhe von 1,30
Meter reduziert und eine Türschwelle aus unbehauenen Steinen über die
der voraufgegangenen Periode gelegt. Im großen und ganzen bewies die
Töpferware – typische sogenannte Hyksosware –, daß diese Schicht wie
ihre Entsprechung in Abschnitt C dem letzten Jahrhundert der mittleren
Bronzezeit II angehörte. In der Ansiedlung darüber (Schicht 2) war der
Aufbau des gesamten Gebiets wieder verändert; die Töpferware zeigte,
daß es vorwiegend in der späten Bronzezeit I bewohnt worden war. Die
letzte Besiedlung fand in der späten Bronzezeit II statt und bestand
wahrscheinlich aus zwei Phasen. Von der oberen (späteren) hatte sich
infolge der durch den Pflug und die Elemente angerichteten Verwüstun-
gen nur sehr wenig erhalten, aber die Vielfalt der Töpferware (darunter
mykenische Tonfragmente) wies eindeutig darauf hin, daß sie mit der
letzten Besiedlung in Abschnitt C übereinstimmte. Diese Reihenfolge der
Besiedlung trat auf allen Terrassen zutage; es hätte keinen Sinn, hier auf
Einzelheiten einzugehen. Ich möchte aber einen ungewöhnlichen Fund
beschreiben, den wir nördlich der »Stachelschweinhöhle« machten.

Brennöfen   Unmittelbar unter der Oberfläche fanden wir zwei Brennöfen – der eine

122

rund, der andere länglich – mit sehr interessanten Lüftungssystemen. Der runde bestand aus rohen Steinen, die an der Innenseite deutliche Brennspuren aufwiesen. Seine Lüftungsvorrichtung wies nach Norden, zweifellos um den ständigen Wind aus dieser Richtung auszunutzen. Ein großer waagerechter Stein, Bestandteil der Ofenwand, fand sich über einem Luftkanal, der zu einem Punkt außerhalb des Ofens führte; und ein großer Feldstein mit vier natürlichen Löchern, durch die die Luft von oben strömte, lag auf ihm. Die Reste einer Wand aus unbehauenen Steinblöcken, die eine Art Schornstein bildeten, umgaben diesen Stein auf drei Seiten. Der längliche Ofen daneben hatte ein etwas anderes Lüftungssystem. Den spitz zulaufenden Teil bedeckten große Steine, so daß ein Kanal mit einer senkrechten Öffnung am Ende entstand. Der eigentliche Zweck dieser beiden Öfen läßt sich nur schwer feststellen. Offenbar dienten sie verschiedenen Zwecken, da sie sich in der Anlage und in den Vorrichtungen unterschieden. Im runden Ofen fanden wir Kupferschlacke, vielleicht ein Zeichen dafür, daß er zum Schmelzen von Kupfer benutzt wurde; der andere wurde möglicherweise bei der Keramikherstellung verwendet. Da die Öfen nahe der Oberfläche auftauchten, war es schwierig, sie präzise in die mittlere oder späte Bronzezeit zu datieren. Ein paar Scherben der letzten Besiedlung lagen in der Nähe – wenn sie Rückschlüsse auf die Periode zulassen, dann weisen die Anzeichen auf die späte Bronzezeit. Aber es besteht immer die Möglichkeit, daß sie nichts mit den Öfen zu tun haben. Wie dem auch sei, die beiden Öfen sind in technischer Hinsicht und als Zeugnis der von den Einwohnern Hazors ausgeübten Tätigkeiten hochinteressant. Wenn sie wirklich der mittleren Bronzezeit angehören, haben wir eine Bestätigung für die auch in einigen Mari-Briefen erwähnte Bronzeherstellung in dem Gebiet.

Das Aufregendste an den Ausgrabungen in diesem Abschnitt waren die vielen flaschenförmigen, in den Fels gehauenen Zisternen (einige bis zu 9 Meter tief), die dort überall vorkamen. Es war sehr schwierig, sie auszugraben, eine richtige Untertagearbeit – die vielen Dreifußgerüste, die oberhalb der Eingänge zu den Zisternen aufgestellt waren, um die Funde heraufzuholen, waren oft die einzigen Lebenszeichen. Diese Funde – Hunderte von Gefäßen aus allen Perioden – bilden eine der reichhaltigsten Keramiksammlungen, die Hazor uns überliefert hat. Ursprünglich dienten einige Zisternen als Wasserspeicher, andere als Begräbnisstätten. Bei einer Zisterne waren die oberen, poröseren Teile des Felsens sogar vergipst. Sie wurde schon in der späten Bronzezeit I nicht mehr als Wasserdepot benutzt. Sie ist eines der frühesten bekannten Exemplare dieser Art in Israel und widerlegt die Behauptung, die Israeliten hätten im 12. und 11. Jahrhundert v. Chr. als erste verputzte Zisternen eingeführt.

Wie wurden diese Zisternen mit Wasser gefüllt? Der felsige Untergrund und das Fehlen großer Zuleitungen schließen die Möglichkeit aus, daß auf dem Boden gesammeltes Regenwasser die Zisternen versorgte. Die Vermutung liegt nahe, daß sie das Wasser von den Dächern der bei oder über ihnen errichteten Wohnbauten auffingen. Wenn die durchschnittliche Regenmenge damals – wie heute – etwa 600 Millimeter im Jahr betrug, genügte eine Dachfläche von 25 bis 30 Quadratmetern, um

oben Der runde und der längliche Brennofen
mitte Einige der Hunderte von Gefäßen, die in den Zisternen gefunden wurden
unten Querschnitte der beiden Zisternen

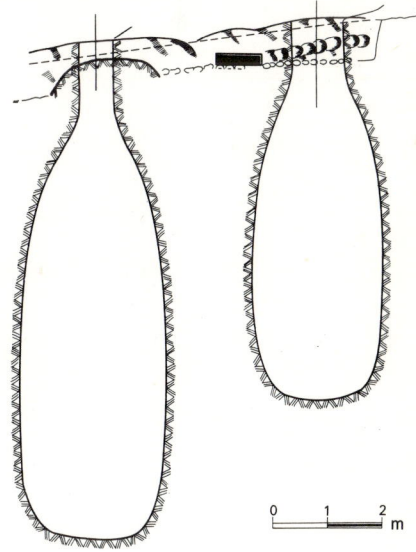

123

die meisten Zisternen zu füllen. Aus den Bauresten in der Umgebung der Zisternen geht hervor, daß die Grundfläche einiger Häuser annähernd diesen Ausmaßen entsprach. Allerdings wurde dieses ursprüngliche Schema anscheinend aufgegeben, entweder weil es an Regen fehlte, oder weil die Zisternen nicht zufriedenstellend funktionierten. Alle Zisternen, die wir ausgruben, waren schließlich in Grabstätten oder Vorratslager umgewandelt worden. In einer von ihnen (9024) fanden wir direkt über einer Schlammschicht zahlreiche Skelette mit einer Fülle von Grabbeigaben und Skarabäen. Die meisten hier vorgefundenen Skarabäen gehören zur Erstbesiedlung in der mittleren Bronzezeit II. Über ihnen entdeckten wir eine Schicht, die hauptsächlich Keramik der späten Bronzezeit I enthielt, darunter sogenannte Bichrom-Ware, die wir in Kapitel 4 beschrieben haben. Die oberste Schlammschicht barg eine Vielzahl von Keramikscherben der späten Bronzezeit II, einschließlich der in Kapitel 3 erwähnten »groben« Tonmaske.

In der benachbarten, verputzten Zisterne (9027) bot sich uns ein ergreifendes Bild. Unter der obersten Schuttlage, fünf Meter unter dem Zisternenrand, lag in ostwestlicher Richtung, den Kopf an einen Stein gelehnt, das Skelett einer jungen Frau mit über der Brust gekreuzten Händen. Neben dem Skelett fanden wir Gefäße, die über sein Alter Auskunft gaben – so zwei mykenische Pyxiden, eine Milchkumme und einen dekorierten Krug, alle typisch für den Übergang des 14. zum 13. Jahrhundert. Die junge Frau muß mehrere Jahrzehnte vor dem endgültigen Untergang Hazors in der Zisterne begraben worden sein. Die letzte Zisterne, die wir hier behandeln wollen (9017), gab den umfangreichsten Keramikbestand der letzten zwei Jahrhunderte der unteren Stadt frei, insbesondere des 13. Jahrhunderts. Hoch über dem Boden, doch immer noch ungefähr fünf Meter unter dem Rand, entdeckten wir in einer etwa 70 Zentimeter dicken Schicht Dutzende fast unbeschädigter Gefäße. Die Vielzahl der auf so engem Raum versammelten Objekte zeigt, daß die Zisterne in dieser Phase als Vorratslager diente. Bei den Gefäßen handelt es sich in erster Linie um Haushaltskeramik, wie Schüsseln und Kochtöpfe, Krüge in allen Größen und Vorratsbehälter; aber es war auch

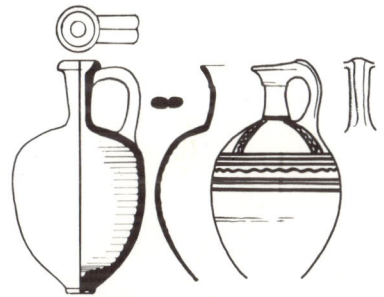

oben Zwei Krüge der mittleren Bronzezeit II aus den Zisternen in Abschnitt D

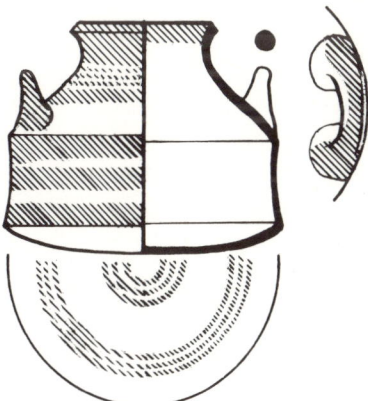

links und oben Die beiden pyxides, mykenisch IIIB, gefunden im Grab der Frau

eine ansehnliche Menge dekorativer Stücke darunter.

Bevor wir den an Töpferwaren so reichen Abschnitt D verlassen, möchte ich noch ein Objekt erwähnen, das wir an der Oberfläche fanden: die winzige Scherbe eines einheimischen Topfes aus der späten Bronzezeit II, deren Bedeutung im umgekehrten Verhältnis zu ihrer Größe steht. Zu unserer Überraschung trug die Scherbe zwei Buchstaben in der sogenannten protokanaanitischen Schrift. Die Buchstaben dieser Schrift – Vorläufer unseres modernen Alphabets – haben einige der ursprünglichen Bildelemente der vorangegangenen protosinaitischen Schrift bewahrt. Protosinaitisch wie Protokanaanitisch waren akrophonisch, d. h. der erste Konsonant des in dem Bild repräsentierten Wortes diente als Buchstabe. So wurde der Ochse (im kanaanitischen Hebräisch *aluph*) für den Buchstaben *aleph* ⱏ (später *alpha*, dann »A«) verwendet; die Handinnenfläche (im kanaanitischen Hebräisch *kaph*) stand für den Buchstaben *kaph* ⅄ (später *kappa* und »K«) und so fort. Die beiden Buchstaben auf unserer Scherbe, in dunkelbrauner Farbe aufgemalt, lauteten: . . . *lt*. Diese Aufschrift, das bisher einzige aus Nordpalästina stammende Zeugnis jener Schrift, erlaubt einen Vergleich mit den Buchstaben, die auf einer in Lachish gefundenen Kanne aus dem 13. Jahrhundert stehen und mit dem Wort *'elt*, Göttin, enden.

Ein paar Worte verdient auch der kleine Abschnitt E, weil seine Wohnstufen Ähnlichkeit mit denen in Abschnitt C haben und wir dort eine Fülle von Entdeckungen machten, die einer bestimmten Periode entstammen. Abschnitt E liegt im südlichen Mittelteil der unteren kanaanitischen Stadt, unmittelbar nördlich vom eigentlichen *Tell*. Da er nicht weit von Abschnitt C entfernt war, erhielt Jean Perrot, der den letzteren beaufsichtigte, den Auftrag, sich dieser Erweiterung seines Gebiets anzunehmen. Zwei Dinge veranlaßten uns, dort zu graben: erstens hatte Garstang in seinem Bericht erwähnt, er habe dort Gräber mit Töpferware aus der Eisenzeit entdeckt, was uns einigermaßen seltsam vorkam, da die untere Stadt keine Anzeichen einer Besiedlung in der eigentlichen Eisenzeit aufwies; zweitens ahnten wir, daß in dem behauenen steilen Felsgestein Gräber zum Vorschein kommen könnten. Ich will diesen kleinen Abschnitt nicht ausführlich beschreiben, sondern es mit der Bemerkung bewenden lassen, daß die Höhlen, die wir hier fanden, wie in Abschnitt C in der mittleren Bronzezeit II entstanden. Eine der Zisternen jedoch, die auch in der Endphase der mittleren Bronzezeit angelegt worden war, bildete stratigraphisch eine Art Einschub zwischen den Schichten der mittleren Bronzezeit II und der späten Bronzezeit II und war von höchster Bedeutung. In ihr fand sich keine Keramik der mittleren Bronzezeit II, weil die späteren Bewohner sie völlig leergeräumt hatten. Andererseits hatten die Menschen der letzten zwei Schichten der späten Bronzezeit II (14. und 13. Jahrhundert v. Chr.) ihre Häuser über der verschlossenen Öffnung der Zisterne gebaut, so daß alles in ihr Vorhandene archäologisch »in der Falle saß«. Im unteren Teil der Zisterne fanden wir Hunderte von Gefäßen, und aus den an ihnen haftenden Schlammablagerungen und Krusten konnten wir schließen, daß sie in die Zisterne geworfen worden oder gefallen waren. Alle diese Gefäße

oben Scherbe mit zwei proto-kanaanitischen Lettern
mitte Votivgefäß aus Lachish mit proto-kanaanitischer Inschrift
unten Die Vorgänger der Buchstaben A und K

A	ⱏ	🖑
K	⅄	🖐

gehörten einer einzigen Periode an, der späten Bronzezeit I. Das war ein unschätzbarer Vorteil, denn die späte Bronzezeit I ist die Periode Thutmosis' III., der Hazor in seinen Dokumenten erwähnt. Die hier versammelten Keramikbestände sind das Beste, was Hazor aus dieser Periode zu bieten hat, zumal der hauptsächliche Beitrag ein im Lande sonst noch nicht aufgetretener sehr schöner Töpferwarentyp ist – wie ihn die Vierpaßschale repräsentiert (von der sich Exemplare mit und ohne Henkel erhalten haben). Die ähnlichsten, wenn auch nicht völlig übereinstimmenden Gegenstücke dazu stammen aus Anatolien, was möglicherweise auf Beziehungen zwischen Hazor und der hethitischen Einflußsphäre jener Periode hinweist. Da wir keinen Gräbern mit eisenzeitlicher Töpferware begegneten – und keine Sicherheit über Garstangs Funde gewinnen konnten –, beschlossen wir, die Grabung hier abzubrechen, trotz der zahlreichen Überreste gut gebauter Mauern mit polygonalen Steinen. Vielleicht werden künftige Ausgrabungen mehr über ihren Charakter enthüllen.

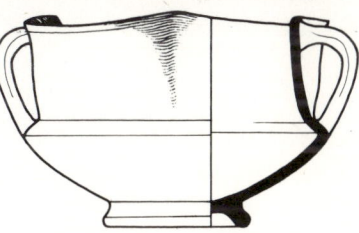

Zwei Ansichten der einzigartigen Vierpaßschale aus dem 15. Jh. v. Chr.

127

8 Die Befestigungsanlage der unteren Stadt

Nachdem sich erwiesen hatte, daß die Einfriedung eine gewaltige, durch Erdwälle befestigte Stadt war, stellte sich uns die Aufgabe, diese Verteidigungsanlage besonders in technischer Hinsicht zu untersuchen. Bevor ich die Ergebnisse dieser Erkundungen mitteile, halte ich es für angebracht, ein paar Worte über das Festungsbauwesen der mittleren Bronzezeit II zu sagen. Wir wollen mit den Befestigungen von Städten auf kleinen *Tells* beginnen, deren bebautes Gebiet im Durchschnitt 10 bis 15 Morgen umfaßte, wie im Fall von Lachish, Shechem, Megiddo und anderen. Ein sehr charakteristisches, wenn auch rätselhaftes Verteidigungssystem in Städten der mittleren Bronzezeit II entdeckten Archäologen zu Beginn der Ausgrabungstätigkeit in diesem Teil der Welt; sie benannten es mit den französischen Wörtern *glacis* oder *terre pisée* (Stampferde). Diese Begriffe meinen zwei unterschiedliche Merkmale des Festungsbaus. Glacis bezieht sich auf die Form – nämlich den Hang oder das schräge Vorfeld unterhalb der Festungsmauern – und stammt aus dem mittelalterlichen Französisch, wo dieser Terminus die Schutzböschungen vor den Befestigungen bezeichnete. *Terre pisée* verweist auf die eigenartige Zusammensetzung dieser Aufschüttungen, die aus Stampferde, zerkleinerten Steinen und häufig aus aufeinanderfolgenden Schichten verschiedener Erdarten bestanden. Einige Archäologen nennen diese Methode »Sandwich-Glacis«.

Da diese Befestigungen in der Periode der Hyksos verbreitet waren – jenem asiatischen Eroberervolk, das damals Ägypten und Palästina beherrschte und als Meister im Reiten und Wagenlenken galt –, nahm man lange Zeit an, daß die Verteidigungsanlagen zum Schutz gegen den Ansturm der Streitwagen dienten. Diese Erklärung jedoch ist völlig unhaltbar, weil man eine Stadt einfach nicht mit Wagen angreift. Im Altertum war der Streitwagen – anders als der moderne Panzer – ein leichtes Gefährt, dessen Angriffswucht der Stärke des Pferdekopfes entsprach, mehr nicht. Vor vielen Jahren äußerte ich die Vermutung, daß diese Befestigungswerke gegen den Sturmbock entwickelt wurden, der damals gerade, wie wir aus Dokumenten und Denkmälern wissen, voll

Das Festungsbauwesen der mittleren Bronzezeit

gegenüber Die gewaltige Mauerverblendung der mittleren Bronzezeit unterhalb des Stadttors *unten* Wandmalerei aus Beni Hassan, Ägypten: die erste Darstellung eines Rammbocks (um 1900 v. Chr.)

Ein schönes Beispiel des Inein-
andergreifens der Erdschichten
eines »Glacis« (Geser, 17. Jh. v.
Chr.)

zum Zuge kam. Diese Deutung wird heute, wie ich mit Genugtuung feststellen darf, von vielen Archäologen geteilt. Um sie besser zu verstehen, sollten wir uns vergegenwärtigen, daß das Glacis der Städte auf vorhandenen Hügeln die *Hänge* des Hügels schützte; nur oberhalb des Glacis hatten die Städte zusätzlich noch Schutzmauern. Der Grund für diese doppelten Sicherheitsvorkehrungen leuchtet ein: da die Abhänge aus Ruinen früherer Städte bestanden und deshalb ziemlich locker waren, hatten Angreifer keine Schwierigkeiten, die oben errichteten Mauern zu unterhöhlen und zum Einsturz zu bringen. Deshalb mußte man die Abhänge mit einem Mantel – einer Kruste aus harter, festgestampfter Erde – bedecken, der ein Eindringen unter den Mauern hindurch erschwerte. Zu diesem Zweck benutzte man verschiedene Erdlagen – ein Verfahren, das die gewaltigen Erdmassen der Böschung besser zusammenhielt und auch das Ableiten des Wassers begünstigte. Zuweilen wurden die unteren Teile eines Erdglacis durch Steine verstärkt, und manchmal ersetzte ein Steinglacis die Erdaufschüttung, was sicherlich eine Verbesserung bedeutete.

Das Rätsel der unteren Stadt

Kehren wir nun zur unteren Stadt zurück. Nachdem sich herausgestellt hatte, daß die Einfriedung tatsächlich eine Stadt gewesen war, die zeitlich zum Glacis auf dem *Tell* gehörte, erhoben sich zwei Fragen: Warum wurde diese untere Stadt gebaut, und warum erhielt sie ein solches Bollwerk? Diese Fragen drängen sich nicht nur wegen der Entdeckungen in Hazor auf, sondern auch, weil es Städte ähnlichen Typs in Syrien (Qatna, Karkemisch und Tell Mardikh) und sogar, wenn auch in geringerem Maß, in Kanaan (Hazors kleinere Nachbarstadt Dan) gab.

Das Südende von Erdwall und
Graben (unten) und der flaschenförmige *Tell* (Bildmitte)

Warum bestand die Notwendigkeit, eine untere Stadt in einem vom
Verteidigungsstandpunkt aus benachteiligten Gebiet zu bauen, obwohl es
ungleich vorteilhafter gewesen wäre, auf dem *Tell* eine strategisch günstig
gelegene Stadt zu errichten? Ich glaube, die Antwort liegt in den
damaligen Massenwanderungen einzelner Gruppen, die durch Stammes-
traditionen oder ethnische Überlieferungen miteinander verbunden
waren.

Wenn zu jener Zeit eine Gruppe von etwa 20 000 bis 30 000 Menschen
nach Nordpalästina zog und in einer Stadt zusammenbleiben wollte,
entstanden natürlich Schwierigkeiten. Die vorhandenen *Tells* – in der
Nähe von Wasserquellen gelegen – boten nicht genug Raum für alle; ein
Tell konnte nicht mehr als ungefähr 5000 bis 6000 Menschen aufnehmen.
So blieb nur die Möglichkeit, daneben eine untere Stadt zu bauen und sie,
so gut es ging, zu befestigen. Im Falle Hazor wählte die Bevölkerungs-
gruppe das einzig mögliche Gelände – ein Plateau nördlich des *Tell*. Seine
östliche Seite hatte natürliche Hänge, die nur eines zusätzlichen Schutzes
durch ein Glacis bedurften. Die anderen Seiten jedoch, die keine
natürlichen Verteidigungsgelegenheiten aufwiesen, mußten künstlich
befestigt werden. Im Westen mußten die Einwohner das für die Stadt
vorgesehene Plateau erst vom übrigen Terrain abteilen. Zu diesem Zweck
zogen sie einen riesigen Graben. Indem sie also Erdmassen zum
Stadtinneren hin aufhäuften, schlugen sie zwei Fliegen mit einer Klappe
und schufen eine doppelte Verteidigungslinie: Graben und Festungswall.

Zunächst sahen wir uns also vor die Aufgabe gestellt, diese Schutzwälle
zu untersuchen. Waren es lediglich Erdhaufen, oder hatte man sie – wie

Die Schutzwälle

das Glacis – mit Bedacht angelegt? Mit anderen Worten: stammte die Erde aus dem Graben und anderen Quellen, und war sie aufs Geratewohl aufgeschüttet worden – oder lag ihrer Anhäufung ein planender Wille zugrunde, der die Abhänge des Plateaus einerseits unzugänglich machen und sie andererseits so zu befestigen gedachte, daß sie Regengüssen und anderen Witterungseinflüssen standhielten? Schon in der ersten Saison gehörte die Erforschung der Erdwallanlagen zu unseren vordringlichsten Zielen; dicht an ihrer breitesten Stelle hatten wir den Abschnitt C für die Ausgrabung vorgesehen. Doch als wir dann im Erdwall einen Schnitt anlegten, hatten wir den Stelentempel entdeckt, der unsere Aufmerksamkeit vom Wall ablenkte. Aber schon das wenige, das wir in Abschnitt C vom Wall ausgruben, hatte gezeigt, daß er aus Stampferde und Basaltsteinen bestand, dem Material, das aus dem Graben ausgehoben, dort hingeworfen und dann fest zusammengedrückt worden war. Der durch den Schnitt erbrachte Befund bestätigte, was zu erwarten stand: Die Erdwälle waren ähnlich zusammengesetzt wie das Glacis oder der eigentliche *Tell.* Schon das war eine wichtige Entdeckung: Sie zeigte, daß die Bewohner des *Tell* und der Einfriedung beim Bau ihrer Verteidigungsanlagen – Wall und Glacis – dieselben Methoden anwendeten. In der Tat könnte man behaupten – und ich halte es für recht wahrscheinlich –, daß die Idee, *Tells* in dieser eigentümlichen Sandwichbauweise durch ein Glacis zu schützen, den Verteidigern aufgrund ihrer Erfahrungen beim Bau der riesigen Erdwälle in den Sinn gekommen war. Der Schnitt in Abschnitt C hatte allerdings keine Beweiskraft, da wir nur ein paar Meter tief in den Erdwall eindrangen.

Als wir später den Orthostaten-Tempel in Abschnitt H ausgruben, konnten wir einen Blick auf die sich überlagernden inneren Teile des Walls werfen, auf denen der früheste Tempel errichtet worden war. Aber da das Plateau hier im Norden einen natürlichen Abhang hat, der zu einem tiefen Wadi, einem Wasserlauf, führt, bestand keine Notwendigkeit, einen Graben zu ziehen oder einen großen Erdwall zu bauen. Der Wall erreichte dort eine Höhe von 8 Metern über dem jungfräulichen Boden der Stadt, sein Rücken hatte eine Breite von etwa 6 Metern. Überdies stellte sich heraus, daß die Länge der Wallböschung in der Vertikalen mindestens 30 Meter betrug. Dieser Sachverhalt zeigt deutlich, daß das Plateau hier durch eine Kombination von Wall und Glacis geschützt war. An dieser Stelle bestand der Wall aus Lagen eines gelblichen, kreideartigen Materials, dessen Außenseite eine Schicht kleiner Basaltfeldsteine bedeckte. Auch war die Innenböschung des Walls steiler als die Außenböschung. Doch selbst die Ergebnisse dieser Schnitte genügten uns nicht, da wir nicht zum Kern der Befestigung vordrangen.

Die Gelegenheit dazu bot sich 1965, acht Jahre nach Abschluß der vierten Ausgrabungssaison, als der Kibbuz Ayelet Hashahar am Nordhang des östlichen Zipfels der Einfriedung ein öffentliches Gebäude errichten wollte. Auf unsere Empfehlung erteilte die Altertümerverwaltung die Genehmigung nur unter der Bedingung, daß vor Baubeginn ein Graben gezogen würde, um diese Stelle zu erforschen. Die Untersuchung nahm drei Tage in Anspruch und erbrachte wichtiges Material über die

Ostteil des Walls mit Einschnitt
AA, von Norden gesehen

Art der Befestigungen. Wir erkannten, daß die Erdwallanlage mindestens in diesem Bereich sehr viel komplizierter aufgebaut war, als wir bis dahin angenommen hatten. Wir zogen zwei Gräben, die 140 Meter voneinander entfernt lagen. Zuerst möchte ich den östlichen Einschnitt behandeln, den wir als Abschnitt AA kennzeichneten. Mit Hilfe von Maschinen wurde unser Graben bis auf 5,50 Meter vertieft, weitere 2 Meter wurden mit der Hand ausgehoben; selbst dann hatten wir den Boden des Walls noch nicht erreicht. Zuerst schien es, als bestünde der Wall hier – wie in den Abschnitten H und C – nur aus Stampferde. Es gelang uns jedoch, in diesem Abschnitt einen so tiefen Schnitt anzulegen, daß wir zum erstenmal seine »Eingeweide« zu Gesicht bekamen. Bei der Lektüre der nun folgenden Beschreibung empfiehlt es sich, die graphische Darstellung

Nahaufnahme des Einschnitts
AA bei Beginn der Grabungen

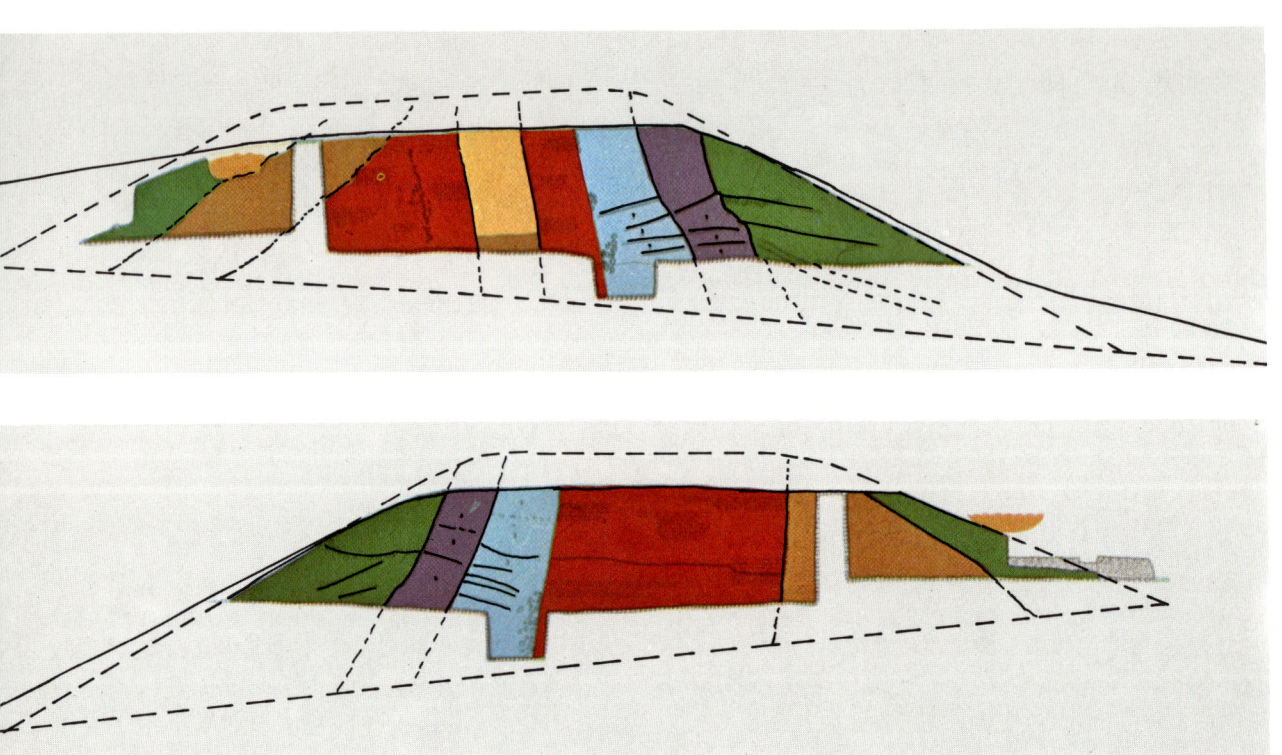

Schematisches Diagramm des Einschnitts AA mit Ziegelkern und Erdschichten, oben westwärts, unten ostwärts gesehen

zu betrachten. Die obere Abbildung zeigt den Wall in Richtung nach Westen, zum *Tell;* die untere lenkt den Blick von der Stadt weg nach Osten.

Der Graben offenbarte, daß der Wall in der Mitte einen Ziegelkern hatte (in der Abbildung rot), der oben 8 Meter und an der Basis zwischen 11 und 16 Meter breit war. Dieser Kern bestand aus einer Kasematte (gelb) von 3 Meter Breite und 5 Meter Tiefe, die mit Basaltkieseln, anderen Steinen und Stampferde gefüllt war. Diese Technik, mit einem Kasemattenkern zu beginnen, wendet man beim Aufschichten riesiger Mengen von Ziegelsteinen an, um der Gefahr eines Einsturzes zu begegnen. Indem man innerhalb des Kerns erst einen Hohlraum schafft und diesen dann füllt, erhält das fertige Bauwerk eine viel größere Festigkeit. Der Kern setzte sich aus sonnengebrannten (40 mal 30 mal 15 Zentimeter großen) Ziegeln zusammen, deren Farbe von sehr dunkel bis sehr hell variierte. Seine nördliche, äußere Seite verlief fast senkrecht und war an einigen Stellen mit Gips verputzt. Unser Interesse galt jedoch vor allem der Bauweise des Walls selbst. Wir fanden heraus, daß drei aus unterschiedlichen Erdarten bestehende, annähernd senkrechte Blöcke (verschiedene Farben) gegen den Kern geschüttet worden waren. Die beiden dem Kern zunächst liegenden Blöcke (blau und lila) neigten sich nach innen, d. h. in die dem natürlichen Gefälle entgegengesetzte Richtung. Die einzelnen Lagen der beiden Erdblöcke waren unmittelbar nacheinander aufgeschüttet worden, so daß in den verschiedenen Ebenen (dünne Linien) identisches Material in derselben Reihenfolge vorkam. Sobald eine Lage fertiggestellt war, wurde ihre Außenseite verputzt. Schließlich wurde der Außenblock (grün), der ebenfalls aus einzelnen Lagen bestand, am Abhang entlang geschüttet. Seine Außenseite wurde sodann mit einer etwa 15 Zentimeter dicken Lage einer gestampften, kreidigen Substanz überzogen, die die gegenwärtige Oberfläche der Außenböschung ergab. Auf der der Stadt zugewendeten Innenseite der Wallanlage konnten wir nur zwei gegen den Kern geschüttete Blöcke erkennen, die eine Innenböschung von 35–45 Grad bildeten (hellbraun und grün). Betrachtet man den östlichen Querschnitt (untere Zeichnung), so sieht man links die Außenseite des Abhangs und rechts die Innenseite. Dieser Schnitt unterscheidet sich von dem oberen, insofern er nicht bis zur Kasematte durchdringt, sondern nur bis zum Ziegelkern reicht. Die Struktur des Walls selbst jedoch ist unabhängig von dem Blickpunkt, von dem aus man den Querschnitt betrachtet.

Im Gegensatz zum hier ermittelten Befund hatte der Wall in Abschnitt BB (etwa 140 Meter weiter westlich) keinen Ziegelkern; er bestand in der Hauptsache aus einem Stampferdekern, der durch die Hinzufügung mehrerer Lagen verstärkt wurde. Seine Nähe zum Tor (das ich noch beschreiben werde) mag diese Änderung der Bauweise erklären. Zwischen dem Stampfbauschutt fanden wir große Mengen Keramik der frühen Bronzezeit und der mittleren Bronzezeit II, ein Zeichen dafür, daß die Erde von vormals bewohnten Teilen des *Tell* stammte. Mit ihrer Hilfe können wir zudem die Entstehung der Wallanlage auf das Ende der mittleren Bronzezeit II datieren. Vor allem vermittelt sie uns einen überwältigenden Eindruck von der phänomenalen Arbeitsleistung, die zum Schutz dieser 1 Kilometer langen, 700 Meter breiten unteren Stadt in den Bau des 3 bis 4 Kilometer langen Erdwalls investiert wurde. Wie immer richten sich die Bemühungen des Menschen vor allem auf die Verteidigung seiner eigenen Welt, und keine Anstrengung scheint zu groß für dieses Ziel. Die Existenz dieses immensen und technisch hochkomplizierten Bollwerks bezeugt, daß die Menschen von Hazor von einem starken Herrscher regiert wurden, der es verstand, sie für den Bau eines derart gewaltigen Befestigungswerks zu organisieren.

Der interessanteste Aspekt an den Festungsbauten alter Städte sind ihre Tore. Das Tor ist seinem Wesen nach die schwache Stelle in jedem Befestigungssystem. Auf die Torkonstruktion wurde seit jeher viel Einfallsreichtum verwandt. Sie ist gerade in diesen eingefriedeten unteren Städten von Interesse, weil man bisher kaum etwas über sie wußte. Ich wollte den Aufbau der Tore schon gleich zu Beginn erforschen, mußte es aber zugunsten dringenderer oder vielversprechenderer Aufgaben verschieben. In der letzten Saison jedoch (1958) beschloß ich, den Abschnitt K zu untersuchen, der nach einem Tor aussah, und beauftragte Moshe Dothan mit der Leitung.

Abschnitt K (siehe Karte oben links) liegt am Nordostrand der unteren Stadt, nicht weit von ihrer nördlichsten Ecke. Aus Luftaufnahmen und einer genauen Prüfung der gesamten Einfriedung hatten wir die Überzeugung gewonnen, daß eines der Tore im Nordostteil der Stadt auftauchen müßte, eine auch von Garstang vor langer Zeit geäußerte Vermutung. Wir

Die Tore der unteren Stadt

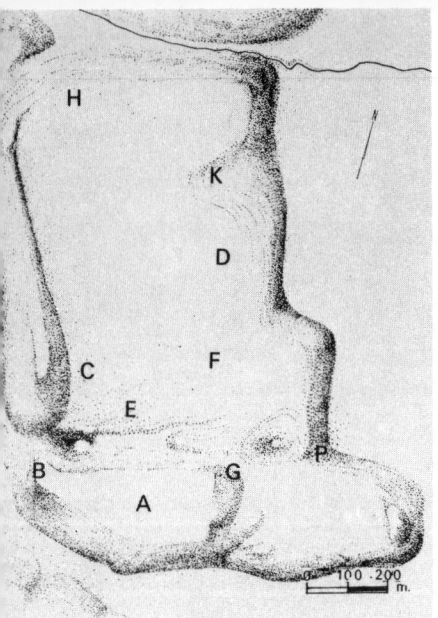

links Lage der Abschnitte K und
P, in denen Tore gefunden
wurden
rechts Ein Tor bei Beginn der
Grabung

begannen mit der Ausgrabung riesiger, aus dem Boden ragender
Quadersteine, die uns den Eindruck eines Torpfostens machten. Es war
eine schwierige Grabung, weil der Abschnitt weit weg von unserem
Haupttätigkeitsfeld, dem *Tell*, lag und weil wir überdies auf dem Abhang
graben mußten. Wir hielten aber durch, und da es schwierig ist, Tore und
Befestigungen zu datieren, ohne ihre Beziehung zu den Schichten der
Stadt festzustellen, nahmen wir uns vor, auch einen Teil der unteren Stadt
in der Nähe des Tors freizulegen. Da wir aber andererseits nicht alles
Beweismaterial zerstören wollten, beschlossen wir, nur die südliche
Hälfte des Tors auszugraben und die nördliche Hälfte künftigen
Archäologen zur Überprüfung unserer Funde zu überlassen. Das heißt
nicht, daß wir nur halbe Arbeit leisten wollten; Torbauten sind in jedem
Fall symmetrisch, und durch die Verifizierung von Aufbau und Stratigra-
phie der einen Hälfte konnten wir auch die andere ohne weiteres
rekonstruieren.

Fünf Tore

In den ersten Grabungsstunden fanden wir, unmittelbar nach dem
Abtragen des Mutterbodens, schon zwei riesige Basaltplatten, die die
Außenschwelle des Tors gebildet hatten. Nach dem Ende der Grabung
hatten wir die Überreste von fünf übereinandergebauten Toren vor uns,
die die fünf hauptsächlichen Besiedlungschichten der unteren Stadt

Zwei mächtige Basaltplatten der
äußeren Schwelle *in situ*

repräsentierten: zwei aus den Schichten 4 bis 3 der mittleren Bronzezeit II; eins aus Schicht 2 der späten Bronzezeit I; und zwei aus den Schichten IB und IA – eine verblüffende Bestätigung der Ergebnisse unserer Ausgrabungen in der unteren Stadt. Diesmal möchte ich die Beschreibung von unten nach oben führen, das heißt vom frühesten bis zum spätesten Tor.

Das früheste Tor

Vom Tor der Schicht 4, das zur Entstehung der unteren Stadt gehörte und auf jungfräulichem Boden gebaut war, weil es teilweise unter den Nachfolgetoren lag, deckten wir nur sehr wenig auf. Aber das Wenige genügte, um einen allgemeinen Aufbau erkennen zu lassen: der einfache Tordurchgang wurde zu beiden Seiten von einem massiven Turm in Ziegelsteinausführung flankiert, der auf ungefähr 8 Quadratmeter großen Steinfundamenten ruhte. Einzelne Steine des Fundaments, roh zugehauene Feldsteine, hatten eine Höhe von 60 Zentimetern! Das Tor selbst lag ungefähr 22 Meter von der Böschung entfernt; der Zugang führte über einen sanften Stampferdeabhang, der aus alternierenden Lagen eines Gemischs von Ton und Basaltsplittern einerseits und zerkleinerter gelber Kreide und Lehmziegeln andererseits bestand. Das Tor war, da es in einer Senke stand und die Wälle die Schultern des Terrains bildeten, auf sehr interessante Weise mit dem Erdwall verbunden. Die Verbindung wurde durch eine Quermauer hergestellt, die aus zwei über 1,50 Meter dicken parallel laufenden Mauern bestand. Es war keine richtige Kasemattenmauer (eine durch Trennwände unterteilte Doppelmauer): der Zwischenraum zwischen den Mauern war mit Stampferde gefüllt – ähnlich dem Kern des Walls in Abschnitt AA. Wichtiger als diese technische Information war die Entdeckung, daß das Tor zur gleichen Zeit wie der Erdwall entstanden war.

Das zweite Tor

Das nächste Tor, teilweise über dem ursprünglichen, zerstörten errichtet, unterschied sich von seinem Vorgänger in Grundriß, Konstruktion und Lage. Im Aufbau gleicht es den »klassischen« Toren der Periode, die in den meisten auf *Tells* errichteten palästinensischen Städten und auch in den eingefriedeten Städten (wie Qatna und – seit unseren Ausgrabungen – Tell Mardikh) zutage getreten sind. Im Tordurchgang standen drei Pilasterpaare, die inneren und äußeren mit Türen (die natürlich die Verteidigung des Torbaus erleichterten). Diese Pilaster verengten den Durchgang (von 7,50 auf 3 Meter) für den Feind, ließen aber genug Raum, um die Wagen der Verteidiger in Friedenszeiten durchzulassen. Überdies

links Das früheste Tor (schwarz) bestimmt die Lage des darüberliegenden Tors (weiß)
rechts Das Tor von Schicht 3; man beachte die Kasemattenmauer

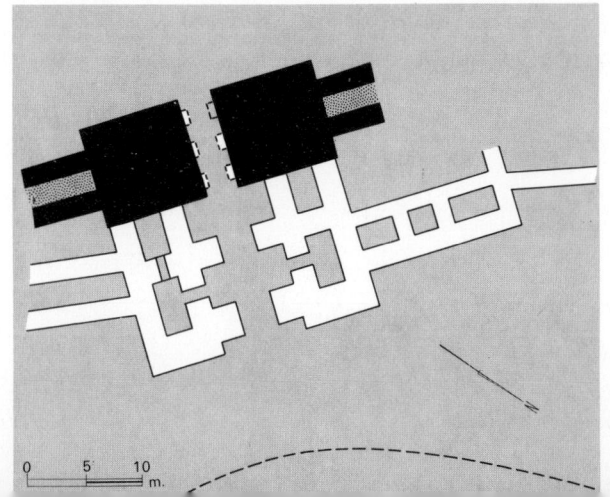

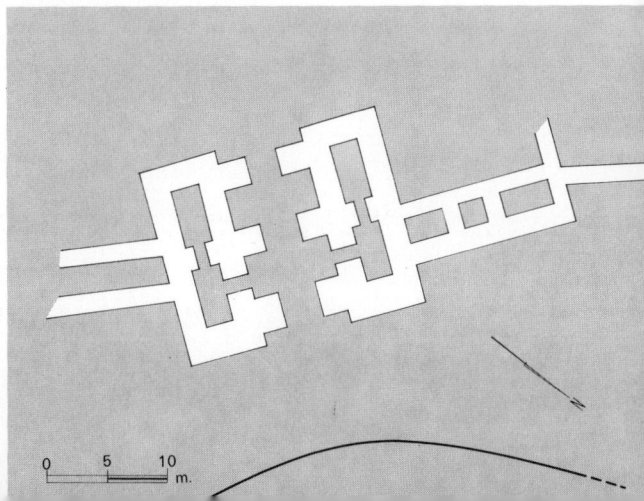

Teil der mächtigen basaltenen Stützmauer in Abschnitt K

Die Stützmauer

So sieht ein Maler das Tor in Abschnitt K

konnten die Verteidiger den Platz zwischen den Pilastern als Wachstuben oder zusätzliche Truppenunterkünfte benutzen. Die Pilaster hatten außerdem eine architektonische Funktion, da sie das Tor in der Breite abstützten und den Bau des zweiten Stockwerks und der Türme ermöglichten, die sehr wichtige Elemente darstellten. Zu beiden Seiten des Durchgangs stand ein großer Turm von 16 mal 16 Metern. Der Südturm – der einzige, den wir vollständig ausgruben – war in zwei miteinander verbundene Zimmer unterteilt. Insgesamt hatte der Torbau eine Länge von 20 und eine Breite von 16 Metern. Dieser Grundriß war vom taktischen und architektonischen Gesichtspunkt aus außerordentlich geschickt entworfen; seine Grundprinzipien bildeten das Muster für die Torbauten der folgenden Perioden, einschließlich der Eisenzeit. Schließlich war das Torhaus mit den »Schultern« des Walls noch durch eine gewaltige echte Kasemattenmauer, der frühesten dieses Typs in Palästina, verbunden.

Die wohl eindrucksvollste architektonische Leistung der mittleren Bronzezeit II entdeckten wir etwa 10 Meter unterhalb des Kamms der Böschung. Hier fanden wir eine gewaltige Stütz- oder Futtermauer aus großen, polygonal zusammengefügten Basaltblöcken. Die Mauer stützte den Dammweg, der an der Böschung entlang von Norden und Süden zum Tor führte. Vor dem Tor befand sich eine große künstliche Plattform, auf der die Wagen eine Wendung um 90 Grad machen mußten, um vom Dammweg in die Einfahrt zu gelangen. Ein über 5 Meter hohes und 50 Meter langes Stück der Stützmauer war erhalten geblieben – es zählt zu den schönsten Zeugnissen des Festungsbaus in der mittleren Bronzezeit II. Die hier abgebildete Rekonstruktion des Tors gibt natürlich nur Umrisse wieder; sie vermittelt aber, wie ich glaube, dem Betrachter von außen einen genauen Eindruck von der großartigen Anlage des Tors.

Das Tor aus Schicht 2 gleicht im Grundriß dem der vorangegangenen Phase, besteht aber aus riesigen, schön behauenen Quadersteinen – ein

weiterer Beleg für die hohe Kultur und Handwerkskunst im Hazor der späten Bronzezeit I. Die letzten zwei Tore (aus Schicht IB und IA) stimmen im Grundriß ebenfalls mit ihrem Vorgänger überein, weisen aber hier und da kleinere Ausbesserungen und Zutaten auf. Zu den letzteren gehören die zwei gewaltigen Basaltplatten, die die äußere Schwelle des Tors bildeten, und der gehobene, nun mit Kopfsteinen gepflasterte Boden im Durchgang. Eine wichtige Veränderung war jedoch mit der Quermauer vor sich gegangen: Eine neue, 3 Meter dicke Ziegelmauer hatte die Kasemattenmauer (jedenfalls im südlichen Ausgrabungsfeld) ersetzt. In der letzten Besiedlungsphase (Schicht IA) fanden wir – zusätzlich zu den geringfügigen Ausbesserungen am Fußboden – Spuren vom endgültigen Untergang des Tors. Der Boden war mit einer dicken Schicht aus Asche und Schutt bedeckt, der vom Mauerwerk des Tors und der Türme stammte – ein deutliches Zeichen für die Zerstörung

Die letzten zwei Tore

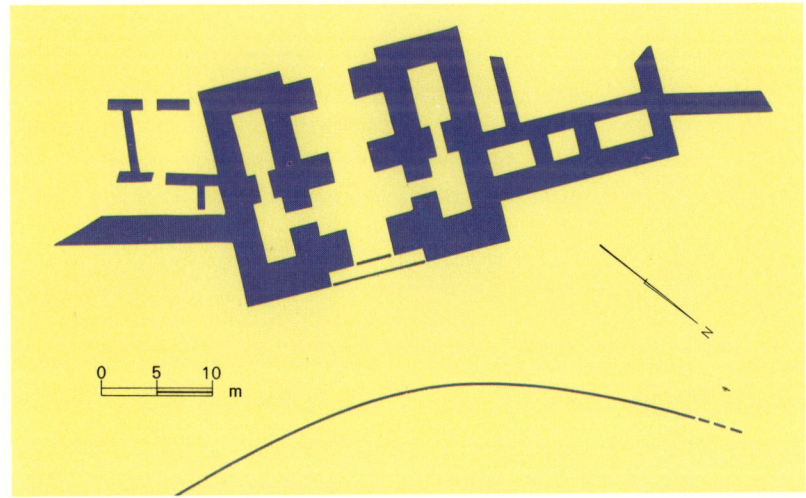

Grundriß des Tors von Schicht 2

Eine Lage von Asche und Ziegelschutt auf dem Boden des letzten Tors in Abschnitt K

Ein anderes Tor – Abschnitt P

des Stadttores durch eine gewaltsam hervorgerufene Feuersbrunst, ähnlich dem Schicksal des Tempels aus Schicht IA in Abschnitt H.

Durch die Luftaufnahmen und die Vermessung des Geländes waren wir von Anfang an zu der Überzeugung gelangt, daß in der Ecke zwischen der östlichen und nördlichen Seite des Ostzipfels (siehe Karte auf Seite 136) ein anderes Tor der unteren Stadt existiert haben mußte. Heute führt eine Straße an dieser Stelle vorbei; als sie in den zwanziger Jahren gebaut wurde, fielen großräumige Bauten (deren Überreste im Graben am Straßenrand noch sichtbar sind) der Zerstörung anheim. Als wir die Ausgrabungsarbeiten 1968, zehn Jahre nach der Freilegung des Tors in Abschnitt K, wiederaufnahmen, plante das Amt für öffentliche Arbeiten eine Erweiterung der Straße, und die Altertümerverwaltung bat uns, das Gebiet durch Ausgrabungen »aufzuräumen«. Die Grabungen, die Amichai Mazar leitete, erwiesen sich wegen der Nähe der Straße in technischer Hinsicht als besonders schwierig. Dazu gab es noch ein anderes Problem: einen vor kurzem gepflanzten Gedenkhain, den wir nicht abholzen wollten. Trotzdem gelang es uns hier, Fragmente eines Tors freizulegen, seinen Aufbau zu erfassen und zusätzliche technische Daten über das Bindeglied zu ermitteln, das dieses wie das in Abschnitt K in einer natürlichen Vertiefung gebaute Tor mit den »Schultern« des Erdwalls verband. Der Westturm dieses Tors stand westlich der neuen Straße; der größte Teil des Tordurchgangs und des Ostturms jedoch war beim Bau der Straße zerstört worden. Dennoch konnten wir auch hier Überreste von fünf aufeinanderfolgenden Toren entdecken, die in ihren Perioden mit den Toren aus Abschnitt K vollkommen übereinstimmten. Den Grundriß des frühesten Tors konnten wir nicht verifizieren, weil das Tor wie zuvor tief unter späteren Trümmern begraben lag. Immerhin bestätigte der Schnitt, daß es existiert hatte. Der Grundriß der Nachfolge-

Das Tor von Abschnitt P mit Straße (unten) und Gedächtnishain. Man sieht die beiden Turmkammern, das Kopfsteinpflaster der Tordurchfahrt und (links) die Schwelle

tore ist im allgemeinen klar und stimmt mit denen in Abschnitt K überein: ein Torhaus mit 3 Pilasterpaaren und je einem großen Turm mit Doppelräumen an beiden Seiten. Die Tore selbst hatten auf Steinfundamenten ruhende Ziegelmauern. Wir konnten erkennen, daß der obere Teil der Fundamente planiert und gepflastert war, um als Basis für die Ziegelmauer zu dienen.

Vom Tor der Schicht IB (aufgrund der Funde mykenischer Töpferware in das 14. Jahrhundert zu datieren) fanden wir eine gut erhaltene Schwelle aus Basaltplatten am inneren Pilasterpaar. In der Nähe entdeckten wir eine Türangel, die erkennen läßt, daß bei Toren dieses Typs sowohl an den äußeren wie inneren Pilastern Türen angebracht waren – wie im Fall der vor kurzem entdeckten Tore in Tell Mardikh. Anders als in Abschnitt K, wo das Tor aus IA mit geringfügigen Restaurierungen dem Tor aus IB genau entsprach, war hier ein neues Tor – oder zumindest eine neue Schwelle an und über dem Tor aus IB – aus groben weißen Steinblöcken in der Periode IA entstanden. Weitere Veränderungen zeigten sich im inneren Teil des Torhauses. Interessant ist, daß wir in den höchsten Schichten der späteren Tore eine beträchtliche Anzahl zerbrochener Basaltorthostaten fanden. Das läßt vermuten, daß Orthostaten die unteren Teile der früheren Tore (späte Bronzezeit I) geschmückt hatten und nach der Zerstörung des Tors in zerbrochenem Zustand als Baumaterial verwendet worden waren.

Die wichtigsten Ergebnisse dieser Grabung traten östlich der Straße zutage, wo wir das Verbindungsstück zwischen dem Tor und dem Ostwall fanden, die im rechten Winkel aufeinandertrafen. Die hier angewandte Technik unterschied sich von der in Abschnitt K, weil sie das Gelände zu berücksichtigen hatte. Der Bau dieser Verbindungsglieder war in zweifacher Hinsicht schwierig, weil das Tor tiefer lag als der Wall, und weil in der Konstruktion von Tor und Wall ein technischer Unterschied bestand. Hier im Abschnitt P erwiesen die Ausgrabungen, daß das Verbindungsstück durch eine Reihe steinerner Terrassen geschaffen wurde, die sich allmählich vom Niveau des Tors bis zum Kamm des Walls erhoben und das Fundament für eine mächtige Ziegelmauer abgaben.

Die durch den Wall gezogenen Gräben und die Freilegung der Tore erbrachten den Nachweis, daß die Menschen der mittleren Bronzezeit II über ein hohes bautechnisches Können verfügten. Sie benutzten niemals eine einzige stereotype Methode, sondern paßten ihre Techniken unter Aufbietung komplizierter und einfallsreicher Konstruktionsweisen den Erfordernissen der Topographie und des Geländes an. Bei alledem habe ich das Gefühl, daß wir immer noch nicht genug über das beim Bau der Wallanlage angewendete Verfahren wissen. Das ist eine Herausforderung für künftige Ausgräber, und als der geeignetste Platz für eine Grabung bietet sich die Gegend bei Abschnitt C an, wo der Wall am breitesten und höchsten ist. Es wird eine schwierige Aufgabe sein, einen Schnitt durch den Wall und den westlich angrenzenden Graben zu legen; aber es wird sich gewiß ungemein lohnen, neues Licht auf das bedeutende Befestigungswerk der unteren Stadt zu werfen.

oben Eine Türangel nahe der inneren Schwelle
unten Das Stufenfundament für die Verbundmauer des Tors

Zusammenfassung

9 Aufstieg und Fall der unteren Stadt

Weitreichende Folgen

Nachdem wir durch den Spaten nun die wichtigsten Züge der unteren Stadt kennengelernt haben, wollen wir uns den Aspekten unserer Entdeckungen zuwenden, die eine weit über die Grenzen Hazors hinausreichende allgemeine Bedeutung haben. Die entscheidende Entdeckung unserer Ausgrabungen erbrachte – wie auf den vorangegangenen Seiten schon wiederholt hervorgehoben – den Nachweis, daß die sogenannte Einfriedung (das befestigte Lager oder der Streitwagen-Parkplatz, wie diese Stätte früher genannt wurde) in Wirklichkeit eine voll ausgebaute Stadt mit gewaltigen Festungswerken, öffentlichen Gebäuden, Privatwohnungen und Tempeln war. Das Gebiet der unteren Stadt einschließlich des Ostzipfels umfaßte 200 Morgen, eine zehn- oder zwanzigmal größere Fläche als die der größten *Tells*, auf denen im Altertum gewöhnlich die Städte dieses Landes lagen. Nimmt man – wie Garstang es tat – eine Bevölkerungsdichte von 250 Einwohnern je Morgen an, dann konnten in der unteren Stadt 50 000 Menschen leben. Und selbst wenn wir diese Proportion um die Hälfte reduzieren, wäre die Einwohnerzahl immer noch erstaunlich hoch; es gibt nur sehr wenige Städte dieser Größenordnung im gesamten Bereich des Fruchtbaren Halbmonds. Die biblische Beschreibung Hazors als »Hauptstadt all dieser Königreiche« ist darum nicht nur historisch richtig, sondern auch sehr scharfsinnig. Nicht zufällig erwähnen die Mari-Dokumente Hazor in Verbindung mit Qatna, Babylon und anderen Städten gleicher Größe. Aus unserer Entdeckung ergibt sich aber noch eine weitere wichtige Tatsache, und zwar der Zeitpunkt der Gründung Hazors. Dieser Aspekt unserer Funde berührt eines der bedeutendsten und immer noch umstrittenen Probleme der nahöstlichen Chronologie.

Hazor und die Chronologie

Wie ich schon sagte, kommt Hazor in den Mari-Dokumenten nicht nur vor, es ist auch die einzige Stadt in Palästina, die dort *häufig* Erwähnung findet – ein Zeichen für ihre Bedeutung. (Ein- oder zweimal verweisen die Mari-Dokumente auf die ebenfalls von Erdwällen umgebene, aber kleinere Stadt Dan nördlich von Hazor.) Meiner Ansicht nach erklärt sich dieser Sachverhalt dadurch, daß das in den Mari-Dokumenten zitierte Hazor die untere Stadt einschloß. Nur dann konnte Hazor als vergleichsweise wichtige Stadt gelten. Mit anderen Worten: zur Zeit der Mari-Dokumente muß Hazors untere Stadt schon existiert haben. Diese Schlußfolgerung hat einen unmittelbaren Einfluß auf die lange, mittlere und kurze Chronologie im Nahen Osten; alle diese Chronologien hängen davon ab, wie die Zeit des Samsi-Adad I. und des großen Hammurabi festgesetzt wird. Aus ihrer Epoche stammen die Hazor erwähnenden Mari-Briefe. Man muß sich auch vergegenwärtigen, daß Samsi-Adad I., zumindest in

Luftbild der oberen und unteren Stadt, in nördlicher Richtung aufgenommen; rechts der Kibbuz Ayelet Hashahar

den letzten Jahren seiner Regierung, ein Zeitgenosse Hammurabis war.

Unsere Ausgrabungen haben gezeigt, daß es nirgendwo in der unteren Stadt Spuren der mittleren Bronzezeit IIA gab (gewöhnlich zwischen 1900 und 1750 v. Chr. angesetzt); anders ausgedrückt: die Stadt entstand und blühte in der sogenannten mittleren Bronzezeit IIB. Diese Datierung wurde durch zahlreiche Scherbenfunde im Kern und in den Erdblöcken der Festungswälle zusätzlich gestützt. Die folgende Tabelle gibt die hauptsächlichen Zeiten wieder, die die verschiedenen Schulen der Regierung Hammurabis zuordnen:

	v. Chr.	
ganz lange Chronologie	1900	Mittlere Bronzezeit IIA 1900–1750
lange Chronologie	1848–1806	
mittlere Chronologie	1792–1750	
kurze Chronologie	1728–1686	Mittlere Bronzezeit IIB 1750–1650
sehr kurze Chronologie	1704–1662	

Wenn wir, allgemeiner Übereinkunft folgend, den Beginn der mittleren Bronzezeit IIB auf 1750 v. Chr. festlegen, müssen wir die ganz lange, lange und mittlere Chronologie notgedrungen aufgeben. Wenn wir andererseits den Anfang der mittleren Bronzezeit IIB auf 1800 heraufsetzen – wie es einige Wissenschaftler tun –, können wir die mittlere Chronologie beibehalten (allerdings mit großen Schwierigkeiten, weil Hazor schon zur Zeit Samsi-Adads I. genannt wird). Ferner muß man einer solchen Stadt eine gewisse Zeit nicht nur für den Aufbau, sondern auch für die Organisation und das Bekanntwerden konzedieren. Das neue Beweismaterial unterstützt daher meiner Meinung nach die von William F. Albright vertretene kurze Chronologie. Eines ist vollkommen klar: man kann nicht die mittlere Chronologie akzeptieren und zugleich den Beginn der mittleren Bronzezeit IIB auf 1750 ansetzen, wie es in einer Reihe wissenschaftlicher Publikationen jüngeren Datums geschieht. Deshalb weist die Bedeutung der Entdeckungen in Hazor weit über die Funde als solche hinaus, und eine intensive Beschäftigung mit Hazor und der nahöstlichen Chronologie wird sicherlich auch in Zukunft nicht fehl am Platze sein.

Verbindungen mit dem Norden

Als weiteres wichtiges Moment deckten die Ausgrabungen den Einfluß der hethitisch-mitannischen Kultur auf Hazor in der späten Bronzezeit auf. Unsere Funde liefern den ersten konkreten Beweis dafür, daß sich die Bevölkerung von Kanaan vor der israelitischen Eroberung aus verschiedenen ethnischen Gruppen zusammensetzte. Diese Ergebnisse kamen nicht unerwartet; sie bestätigen Tatsachen, die in der Bibel häufig wiederkehren und die durch die El-Amarna-Briefe belegt sind, wo die »Könige« oder »Stadtbürgermeister« von Kanaan hurrische oder mitannische Namen trugen. So auch Abdi-Tirshi, der Herrscher von Hazor.

Schließlich ergab sich die Gewißheit, daß diese gewaltige Stadt mit

Ramses II. besiegt die Hethiter in der Schlacht von Kadesh. Wahrscheinlich eroberte Josua Hazor in der zweiten Hälfte der langen Regierungszeit dieses Königs

Tausenden von Einwohnern in der zweiten Hälfte des 13. Jahrhunderts in Flammen unterging und nie wieder aufgebaut wurde. Scherbenfunde – mykenisch IIIB – in der höchsten Schicht zeigen, daß die Stadt noch existierte, als solche Keramik vorkam, nämlich bis 1230 v. Chr. Höchstwahrscheinlich wurde die Stadt irgendwann im zweiten Drittel des 13. Jahrhunderts (in der Regierungszeit Ramses' II.) zerstört. Wir dürfen auch annehmen, daß die IB-Stadt, die der El-Amarna-Periode zugehört, von Pharao Seti I. oder jedenfalls zur Zeit des Gebrauchs von mykenisch IIAB, um 1303 bis 1290, zerstört wurde. Die auffallende Übereinstimmung der Größe Hazors, wie sie durch unsere Ausgrabungen hervortrat, mit der Dimension, die die Bibel durch die Beschreibung »Hauptstadt all dieser Königreiche« andeutet, sowie die Behauptung des biblischen Chronisten, daß Hazor – und nur Hazor – von Josua zerstört und in Brand gesetzt wurde, lassen kaum einen Zweifel, daß wir tatsächlich Jabins kanaanitische Stadt, von Josua zerstört, gefunden hatten. Wenn das so ist, hat die Ausgrabung von Hazor zum erstenmal archäologisches Material für die Datierung der Lebenszeit Josuas und, indirekt, des Auszugs aus Ägypten erbracht.

Aber wie stand es um Hazor zur Zeit der Debora (die wahrscheinlich im 12. Jahrhundert, etwa 100 Jahre nach der Zerstörung der unteren Stadt, lebte)? In welcher Beziehung stehen die in der Debora-Erzählung geschilderten Ereignisse zu der Beschreibung im Buch Josua? Wo ist überhaupt die nach biblischer Überlieferung von Salomo wieder aufgebaute Stadt Hazor? In der unteren Stadt fanden sich keine Spuren, die darüber Auskunft geben. Um diese Fragen zu beantworten, müssen wir uns nun auf den *Tell* – in die obere Stadt – begeben. Hier wurden im Verlauf der Ausgrabungen die wichtigsten Probleme durch weitere Entdeckungen geklärt.

Hazors Zerstörung und Josua

Debora und Salomo

oben Die Pfeilerreihe von Schicht VIII, ausgegraben von Garstang
unten Zwischen Gebäuden späterer Strata wird eine parallele Reihe von Pfeilern sichtbar

146

10 Hazor nach Salomo – von Ahab bis Pekah

Bei der Schilderung unserer Ausgrabungen auf dem *Tell* müssen wir wie in der unteren Stadt mit dem Anfang beginnen, also – vom Standpunkt des Archäologen – mit der Kuppe. Die höchste Schicht der unteren Stadt repräsentierte die letzte kanaanitische Besiedlung Hazors. Mit dem Aufstieg zum Hügel machen wir zugleich einen Sprung über 500 Jahre nach vorn in die Periode des israelitischen Königreichs und arbeiten uns dann in die Schichten herunter und in die Zeit zurück. Ich hatte von Anfang an vor, zwei Abschnitte auf dem *Tell* auszugraben – und zwar weil Garstang sich dort ausgiebiger betätigt hatte, weil die Überreste seiner Entdeckungen zum Teil an der Oberfläche lagen und weil die mageren Berichte über seine Entdeckungen hier mehr hergaben.

Der erste und einladendere Abschnitt lag direkt in der Mitte des Hügels. Hier hatte Garstang eine Reihe monolithischer Pfeiler in einem tiefen, schmalen Graben entdeckt. Er hatte angenommen, daß sie zu »einem durch eine Reihe vierkantiger Steinmonolithe gestützten Gebäude, vielleicht einem Stall« gehörten, und sie zeitlich Salomo zugeordnet, wahrscheinlich aufgrund des Bibelverses, der besagt, Salomo habe Hazor wiederaufgebaut, und wegen seines Umgangs mit Pferden. Anfangs gab es keinen Grund, an Garstangs Schlußfolgerung zu zweifeln. Wir kennzeichneten den Abschnitt bei der Pfeilerreihe mit A (unter der Leitung von Y. Aharoni), räumten Schutt und Steine, die sich seit Garstangs Grabungen dort angehäuft hatten, beiseite und legten die Reihe der schön erhaltenen Monolithe frei. Dann beschlossen wir, hauptsächlich südlich des Abschnitts zu graben; ein Blick auf die Seite des Grabens zeigte uns deutlich, daß Garstang beim Versuch, die Monolithenbasen freizulegen, mehrere Schichten durchschnitten hatte. Diese Entdeckung zügelte unser Tempo. Wir begannen langsam und systematisch von oben nach unten zu graben.

Zuerst mußten wir die Überreste eines arabischen Turms wegräumen. Bald stellte sich heraus, daß das Gebiet in der persischen Ära (538–332 v. Chr.) als Friedhof gedient hatte, was bei der Erweiterung des Abschnitts im Jahr 1968 besonders deutlich hervortrat. Mehrere Gräber waren mit Steinplatten bedeckt, die Skelette lagen auf dem Rücken, daneben ein kleiner Krug, zuweilen sogar ein Glasgefäß. Münzenfunde wiesen darauf hin, daß die Leichen vorwiegend im 4. Jahrhundert v. Chr. beerdigt worden waren. Funde der persischen Periode kamen in anderen Abschnitten unter einer späteren Besiedlungsschicht der hellenistischen Periode, die wir als Schicht I kennzeichneten, noch reichlicher vor; die persische Periode erhielt die Markierung Schicht II. Unmittelbar nach dem Abtragen der Gräber stießen wir auf eine völlig zerstörte Schicht, bedeckt

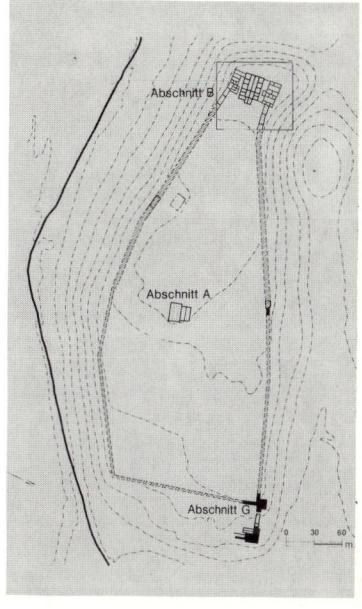

oben Skizze des *Tell* mit den Abschnitten A, B und G
unten Persische Glasflasche, gefunden in einer Grabstelle

147

oben Vorder- und Rückseite eines tyrischen Silberstaters aus der persischen Zeit (4. Jh. v. Chr.)

oben links Grabstelle der Perserzeit im Fundzustand

oben rechts Anderes Grab der gleichen Zeit nach Entfernung der Deckplatten

rechts Ein eingestürztes Dach und Kettgewichte zeugen von der Zerstörung durch Tiglath-Pileser III. (Schicht V in Abschnitt A)

Die Zerstörung durch Tiglath-Pileser III.

mit dicken Asche- und Keramikschichten, die sie dem Ende des 8. Jahrhunderts zuwiesen. Es bestand kein Zweifel, daß es sich hier um die Überreste der von dem Assyrerkönig Tiglath-Pileser III. 732 v. Chr. zerstörten Stadt handelte, von der die Bibel berichtet. Die Folgen der Zerstörung traten hier deutlich und in anderen Abschnitten sogar noch auffälliger hervor. Die Entdeckung diente als Meilenstein, denn sie verhalf uns zu einer absoluten Datierung dieser Schicht, die wir später als Schicht V von oben kennzeichneten (die Schichten III und IV, die in anderen Abschnitten zutage traten, fanden wir hier nicht).

148

Nachdem wir mit dem Freilegen der Überreste aus Schicht V, die aus der Zeit Pekahs, des Sohnes von Remalja, stammte, begonnen hatten, sahen wir, daß das mit Pfeilern versehene Gebäude, wie erwartet, eine parallel laufende zweite Pfeilerreihe etwas südlich der ersten besaß. Außerdem stellte sich heraus, daß das Gebäude zu einer viel älteren Schicht gehörte und daß die Bewohner von Schicht V die Pfeiler in ihre Mauern einfügten, sobald sie den Schnittpunkt einer Mauer bildeten, sie abschlugen, wenn sie dem neuen Grundriß im Wege standen, oder sie nach Belieben wiederverwendeten. Die nördliche Pfeilerreihe, die Gar-

Garstangs Reihe monolithischer Pfeiler (rechts) findet eine Parallele zwischen Mauern der Schichten VI – V (von Osten gesehen)

links Zeugnis für ein Erdbeben: eine verschobene Mauer in Schicht VI

rechts Gefäße unter einem eingestürzten Dach in Schicht VI

stang entdeckt hatte, war offenbar unangetastet geblieben und diente als Dachstütze für den neugeschaffenen Hof. Wir sahen auch, daß die Häuser der letzten befestigten israelitischen Stadt aus Schicht V in vielen Fällen Rekonstruktionen von Häusern der vorangegangenen Schicht waren; oft fanden wir zwei Fußbodenebenen in Verbindung mit derselben Mauer vor. Da ein solcher Fund nicht zu den Alltäglichkeiten zählt, fragten wir uns nach dem Warum. Als wir den angehäuften Schutt und die Böden von Schicht V wegräumten, fielen uns zwei Dinge auf: Erstens hatten sich die Mauern der unteren Schicht geneigt, als hätte ein schreckliches Erdbeben sie erschüttert, und zweitens lagen auf den Fußböden vieler Häuser Trümmer aus der Decke, die sich plötzlich gelöst hatten – ein weiteres ungewöhnliches Phänomen bei archäologischen Grabungen. Da diese Schicht unter der Schicht von Pekah, dem Sohn Remaljas, lag und ihre Keramik noch typische Züge des 8. Jahrhunderts aufwies, war es nur logisch, diese Zerstörung auf ein Erdbeben zurückzuführen, das tatsächlich in der Bibel erwähnt wird: »Und ihr werdet fliehen in solchem Tal zwischen meinen Bergen . . . und ihr werdet fliehen, wie ihr vorzeiten

flohet vor dem Erdbeben zur Zeit des Usias, des Königs Judas« (Sacharja 14,5). Dieses Erdbeben muß eine absolute Katastrophe gewesen sein, die der ganzen Periode ihren Stempel aufdrückte, denn es diente zur Errechnung der Jahre, wie wir aus den Anfangszeilen des Buches Amos wissen: »Dies ist's, das Amos, der unter den Hirten zu Thekoa war, gesehen hat über Israel zur Zeit Usias, des Königs in Juda, und Jerobeams, des Sohns des Joas, des Königs Israels, zwei Jahre vor dem Erdbeben.« So konnten wir diese Schicht (VI) den Tagen des Königs von Israel, Jerobeam II., zuordnen, der etwa zur gleichen Zeit regierte (789–748 v. Chr.) wie Usia, der König von Juda (785–733). Dieses für das Volk Israel tragische Ereignis war für uns eine glückliche Entdeckung. Sie ermöglichte uns, diese Schicht absolut auf wenige Jahre vor die darüberliegende zu datieren. An ihren Bauten gemessen, erlebte die Stadt Hazor – wie das ganze Land Israel – unter der langen Herrschaft König Jerobeams II. eine Blütezeit. Die Gebäude mit ihren Ladenreihen und Werkstätten zählen zu den schönsten der gesamten israelitischen Periode. Zwei Häuser in Abschnitt A verdienen besondere Erwähnung wegen ihrer ungewöhnli-

oben Das eingestürzte Dach von Ja'els Haus

unten Fragment eines Plafonds mit Schilf-Abdrücken

151

chen Bauform und wegen der interessanten Objekte, die wir in ihnen entdeckten.

Ja'els Haus

Ja'els Haus (so genannt nach dem Studenten, der die Ausgrabungen hier leitete) liegt südwestlich des älteren Pfeilergebäudes; es ist der am besten erhaltene und schönste der israelitischen Bauten in Hazor. Wir wurden durch Steinpfeiler, die mit dem Kopfende aus dem Boden ragten, auf diese Stelle aufmerksam; bald stellte sich heraus, daß es sich um eine Pfeilerreihe im Hof eines Hauses handelte. Wir fanden die Pfeiler in Schräglage vor, ein erstes Zeichen für das Erdbeben. Das Haus selbst bestand aus einem großen Hof (9 mal 8 Meter) und einer Zimmerflucht an zwei Seiten. Den östlichen Teil des Hofes bedeckte ein Dach, das von sechs sorgfältig behauenen vierkantigen Steinpfeilern gestützt wurde, von denen drei

links Ja'els Haus, typisches
Beispiel eines israelitischen
Wohnbaus
unten Grundriß von Ja'els Haus

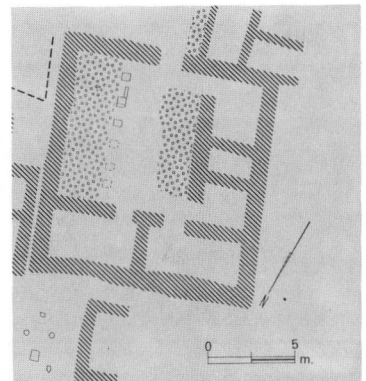

noch *in situ* standen. Der Hauseingang, von Süden durch den Hof zu
erreichen, führte zu den Zimmern: zwei großen im Norden und drei
kleineren im Westen. Der kleine Raum an der Westseite war besonders
interessant; er hatte keinen Eingang und enthielt eine Fülle von Gefäßen,
darunter viele Vorratskrüge. Vermutlich diente er als Lagerraum und
hatte einen Zugang von einer höheren Ebene, die nicht mehr erhalten war.
Das Haus mit dem Eckhof, als »Eckhof-Säulenhaus« bezeichnet, ist
typisch für viele israelitische Wohnbauten. Sein Grundriß und die
»exklusive Adresse« mitten im Herzen der Stadt lassen erkennen, daß sein
Besitzer zu den vermögenden Bürgern gehörte. Bei der Zerstörung durch
das Erdbeben hatten sich nicht nur die Pfeiler und Mauern geneigt, auch
der Deckenverputz hatte sich gelöst und über die Fußböden verteilt. Wenn

153

*Das Boudoir der
Madame Makhbiram*

die zahlreichen Olivenkerne, die auf dem Boden herumlagen, etwas aussagen, hatte das »letzte Abendmahl« der Bewohner, kurz vor dem Beben eingenommen, unter anderem aus Oliven bestanden.

Das andere Haus nannten wir »das Haus des Makhbiram«, weil ein Vorratskrug, den wir drinnen gefunden hatten, die Inschrift »gehört Makhbiram« trug. Es lag unmittelbar östlich von Ja'els Haus an einer Gasse. Hier hatten wir es mit der Teilrekonstruktion eines älteren Gebäudes aus Schicht VII zu tun. Zwei Läden gingen zur Gasse hinaus; hinter ihnen befand sich ein Hof mit Kopfsteinpflaster, der zu den beiden einzigen, hintereinanderliegenden Räumen des Hauses führte. Die Fülle der Gefäße und Objekte in den verschiedenen Teilen der Räume gibt über deren Funktion Auskunft. Im Hof fanden wir, wie erwartet, Kochtöpfe, ein Becken, eine Basaltschale und sechs Basaltmühlsteine. Anscheinend wurde, wie bei vielen orientalischen Familien noch heute, im Hof gekocht. Die reichsten Funde, darunter Haushaltsgeräte und persönliche Habe, ergaben sich in den beiden Zimmern des Hauses. Im Außenraum, der auf den Hof blickte, fanden wir einen Ofen (aus dem Oberteil eines umgedrehten Vorratskrugs gemacht und mit kleinen Steinen umgeben), tiefe Schüsseln, Kratere, kleine Krüge, eine Karaffe, Flaschen, eine Lampe und viele Vorratskrüge, einige klein und schmal (für Flüssigkeiten), andere eiförmig (einer trug die oben erwähnte Inschrift). Dieser Raum diente wohl als Hauptaufenthaltsraum und Wohnzimmer.

Der innere Raum muß das Schlafzimmer der Familie gewesen sein, obwohl wir auch hier Vorratskrüge und Kochtöpfe fanden. Der Hauptfund aber war ein schöner Kosmetiklöffel aus Elfenbein, den wir zusammen mit drei kleinen Krügen und Eisenwerkzeugen unter einem Haufen am Türeingang entdeckten. Der Kosmetiklöffel ist, obgleich er einen bekannten Typ repräsentiert, ein ungewöhnliches Exemplar, das nicht seinesgleichen hat. Madame Makhbiram wird keine Mühe gescheut haben, um ihn zu erwerben. Stiel und Höhlung nehmen jeweils drei Viertel und ein Viertel der Gesamtlänge ein. Der Griff ist mit aufwärts gebogenen Palmetten verziert. Dieser Palmettentyp, aus Ahabs Elfenbeinhaus in Samaria und auch aus Elfenbeinsammlungen in Syrien und Mesopotamien gut bekannt, stellt möglicherweise einen stilisierten Lebensbaum dar. Die Rückseite der Höhlung schmückt ein geschnitzter Frauenkopf, eine Taube scheint sich zu beiden Seiten in seinen Locken verfangen zu haben. Hier handelt es sich wohl eher um eine Verkörperung der Fruchtbarkeitsgöttin als um ein Porträt der Madame Makhbiram. Wenn auch die Familie Makhbiram nicht unbedingt die israelitische Aristokratie des nördlichen Königreichs repräsentieren muß, so kann dieser Löffel doch sicher als Beweis für ihren Wohlstand gelten und Verständnis für die flammenden Scheltworte des Propheten Amos wecken: »Und schlaft auf elfenbeinernen Lagern und pranget auf euren Ruhebetten« (6,4).

Besaß Madame Makhbiram einen elfenbeinernen Kosmetiklöffel, so

Vorder- und Rückansicht des elfenbeinernen Löffels

Der Spiegel des Nachbarn konnte ihr Nachbar mit einem anderen Gegenstand prahlen; und war er auch nicht aus Elfenbein, sondern aus einem Knochen, so war er doch ebenso schön geschnitzt. Wahrscheinlich ein Spiegelgriff, zeigt er (auf der gewölbten Vorderseite) das Relief eines Zwitterwesens mit vier ausgebreiteten Flügeln (zwei auf jeder Seite) und seitlich ausgestreckten Händen, die die geöffneten Voluten des Lebensbaums umfassen (auf der flachen Seite des Knochens). Diese Schnitzereien lassen den Einfluß der heidnischen phönizischen oder kanaanitischen Kunst auf das nördliche Israel erkennen.

Die ungeheure Wirkung des Erdbebens, das sich 763 v. Chr. ereignete, zeigt sich an den vielen wertvollen Objekten und den zahlreichen Gegenständen des täglichen Gebrauchs, die unter der eingestürzten Decke auf den Fußböden zum Vorschein kamen. Die Worte des Propheten Amos beschwören mit machtvoller (durch unsere archäologischen Forschungen nachträglich erhellter) Eindringlichkeit die durch das Erdbeben über das Volk verhängte Strafe:

>»Sollte nicht um solches willen
>   das Land erbeben müssen
>   und alle Einwohner
>   trauern?
>Ja, es soll ganz
>   wie mit einem Wasser
>   überlaufen werden,
>   wie mit dem Fluß in Ägypten.
>Zur selbigen Zeit,
>   spricht der Herr,
>   will ich die Sonne
>   am Mittag untergehen lassen
>   und das Land
>   am hellen Tage lassen finster werden.
>Ich will eure Feiertage
>   in Trauern
>   und alle eure Lieder
>   in Wehklagen verwandeln;
>ich will über alle Lenden
>   den Sack bringen
>   und alle Köpfe kahl machen,
>   und will ihnen ein Trauern schaffen,
>   wie man über einen einzigen Sohn hat;
>   und sollen ein jämmerlich Ende nehmen« (8,8–10).

Nun waren wir überzeugt, daß wir die Stadt Jerobeams II. entdeckt hatten, die uns zum Anfang des 8. Jahrhunderts v. Chr. führte. Die nächste Schicht darunter mußte folglich dem 9. Jahrhundert v. Chr. angehören.

Beim Graben unter den Böden und Fundamenten von Schicht VI stießen wir auf Überreste einer anderen, durch ein Feuer schwer verwüsteten Schicht (als VII bezeichnet). Töpferwaren und stratigraphischer Aufbau wiesen sie dem Ende des 9. Jahrhunderts v. Chr. zu; diese letzte Brandschatzung war auf die Aramäer aus Damaskus zurückzuführen, die biblischer Überlieferung zufolge in dieser Periode ständig Nordisrael angriffen. Die Schicht ergab keine nennenswerten Funde, Zeichen für eine Periode des Niedergangs. Sie hat aber insofern eine Bedeutung, als sie enthüllte, daß das Pfeilergebäude einer noch früheren

Drei Ansichten des knöchernen Spiegelgriffs (gegenüber) und eine Zeichnung der Szene (oben)

Stufe, etwa der Mitte des 9. Jahrhunderts, angehörte, ein unschätzbarer chronologischer Faktor für die Datierung der Schichtfolge in Hazor.

Nachdem wir die Böden der Schicht VII weggeräumt hatten, tauchte das Pfeilergebäude wie ein von den Zeitläuften zerstörtes Gerippe früherer Pracht empor. Aufgrund stratigraphischer Befunde und der Töpferware konnten wir es in die Regierungszeit von Omris oder besser seines Sohnes Ahab (berühmt wegen Isebel) datieren, der von 873 bis 852 v. Chr. regierte. (Auf dem Boden dieser Schicht fanden wir vier Gefäßfragmente mit hebräischen Inschriften, und wenn auch nicht mehr viel leserlich ist, haben sie ihrer frühen Entstehung wegen einen hohen paläographischen Wert. Auf einem besonders reizvollen Fragment sind nur die ersten drei hebräischen Buchstaben erhalten: לאי. Es wäre verlockend, das als לאיזבל, »gehört Isebel«, zu entziffern, aber natürlich wären auch andere Interpretationen denkbar.) Später tauchten noch zahlreiche Funde aus Ahabs Periode an anderen Stellen Hazors auf, deshalb möchte ich die Schilderung seines Wirkens und eine Neubewertung seiner historischen Bedeutung für eine geeignetere Gelegenheit aufsparen. Das in dieser Periode errichtete Pfeilergebäude verdient jedoch

Ahabs Größe

oben Das Pfeilergebäude, gesehen in südöstlicher Richtung, in Schicht VIII, der Zeit Ahabs
unten »Gehört I[sebel]«?

158

wegen seines Einflusses auf ähnliche Bauten weitere Beachtung.

Der Bau setzte sich aus zwei Elementen zusammen: einer großen rechteckigen Halle (etwa 20 mal 30 Meter), die sich von Westen nach Osten erstreckte und mit zwei Reihen monolithischer Pfeiler ausgestattet war, und einem angrenzenden Raum, der aus zwei Hallen bestand. Die nördliche Reihe mit neun Pfeilern hatte schon Garstang entdeckt. Von der südlichen Reihe fanden sich noch sechs Pfeiler sowie das Fragment eines umgestürzten Pfeilers *in situ*. Aus der Zahl der anderen Fragmente und den Zwischenräumen zwischen den Pfeilern ging hervor, daß die südliche Reihe ursprünglich zehn Pfeiler hatte. Sie waren vierkantig, roh behauen und im Durchschnitt 2 Meter hoch. Ihre Basen waren ungefähr einen halben Meter unter den Boden gesunken; unter ihnen fanden wir die verbrannten Reste einer noch früheren Schicht (IX). Die Pfeilerzwischenräume waren von zwei Reihen aus Bruchsteinen eingefaßt und bildeten zellenartige kleine Kammern, in denen wir Vorratskrüge und Kratere fanden. Wie schon erwähnt, hatte Garstang diese Pfeiler für Architekturteile eines Stalls gehalten. Seine Vermutung klang plausibel, weil das Gebäude den berühmten Ställen in Megiddo auffallend ähnelt; unsere Ausgrabungen erbrachten jedoch keine Belege, die diese Schlußfolgerung hätten stützen können. Im Gegenteil, die Art der Gefäße, die wir in dem Gebäude fanden, deutet auf seine Verwendung als Vorratshaus. Die Pflasterung der Hallen im Norden des Baus läßt vermuten, daß dieser Bezirk als Getreidespeicher diente, wo Korn in Säcken oder ähnlichen Behältern lagerte. Wir dürfen daher annehmen, daß das Pfeilergebäude im Zentrum von Ahabs Stadt ein königliches Vorratshaus für die Versorgung der in dieser strategisch wichtigen Stadt stationierten Garnisonstruppen war, die von hier aus die aus Damaskus und dem Norden zum Herzen Israels führenden Straßen bewachten.

Die Pfeiler hatten eindeutig eine Decke gestützt und vielleicht sogar ein zweites Stockwerk. Ähnliche, wenn auch kleinere Bauten wurden vor und nach den Ausgrabungen in verschiedenen Teilen Israels entdeckt – so in Beth-shemesh und Beersheba im Süden, in Tell abu Hawam im Norden und in Tell e-Saidiyeh am anderen Jordanufer. Die Entdeckung eines solchen Gebäudetyps in Hazor führte später zu einer heftigen archäologischen Debatte über den Charakter ähnlicher Bauten in Megiddo, die die Ausgräber als Ställe definiert hatten. Wir werden dieses außerordentlich wichtige Problem in Kapitel 14 im Zusammenhang mit Megiddo behandeln. Inzwischen sei nur gesagt, daß nach unserer Auffassung der Architekturplan des Gebäudes allein nicht zur Bestimmung seiner Funktion ausreicht. Die Pfeiler sind lediglich ein Mittel, um das Dach eines großen rechteckigen Baus zu stützen, während der Zweck des Gebäudes an anderen dort aufgefundenen Einrichtungen zu erkennen ist. Eines ist klar: das israelitische Hazor erreichte – mit einem so herrlich gebauten Lagerhaus – seinen Höhepunkt unter der Herrschaft Ahabs im zweiten Viertel des 9. Jahrhunderts. Die präzise Datierung des Gebäudes in Ahabs Ära und die Art der Pflasterung der beiden nördlichen Hallen spielten eine ausschlaggebende Rolle bei unseren Ausgrabungen – und später bei der Suche nach Salomo.

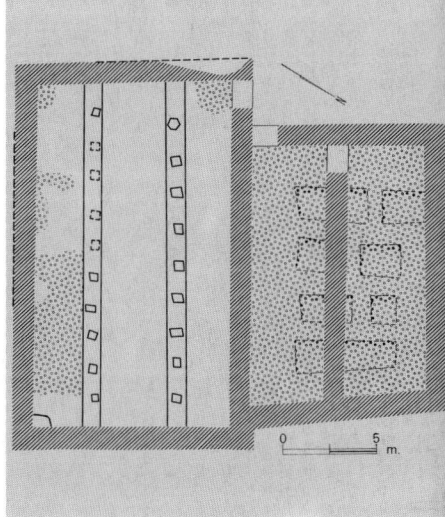

Grundriß des Pfeilergebäudes mit zwei anschließenden Räumen; man beachte die rechteckigen Vertiefungen im Kopfsteinboden (vgl. nächstes Kapitel)

11 Mehr über das israelitische Hazor

Bisher habe ich die Ergebnisse der Ausgrabungen in Abschnitt A beschrieben, wie sie sich uns von oben nach unten darstellten. Aber wie ich schon sagte, ist dies die Umkehrung des tatsächlichen chronologischen Ablaufs. Ich habe mich dieser Methode bedient, um zu zeigen, wie die Entdeckungen vor sich gingen und wie wir den chronologischen Aufbau ermittelten. Da uns das chronologische Gerüst für Hazor von Ahab (d. h. nach Salomo) bis zur endgültigen Zerstörung der Stadt nun vorliegt, wollen wir die Resultate in anderen Abschnitten auf dem eigentlichen *Tell* in der richtigen zeitlichen Abfolge betrachten und von Schicht VIII nach oben fortschreiten, um so ein klareres Bild jeder Periode zu gewinnen.

Von Anfang an erregten zwei Abschnitte auf dem *Tell* unsere Aufmerksamkeit: Abschnitt A (den wir im vorangegangenen Kapitel behandelten) und die äußerste Spitze vom Westteil des *Tell*, gewissermaßen der Hals des flaschenförmigen Hügels. Diese Gegend hatte auch Garstang erforscht. Der kurze Bericht über seine Ergebnisse enthielt folgende Beschreibung: »Auf dem Westteil des Tell stand ein palastartiger Bau oder Tempel, dessen Ursprung nicht festgestellt werden konnte; er war aber, wie es scheint, schon in der frühen Eisenzeit II in Gebrauch und bestand bis zur hellenistischen Zeit.« Als wir 1955 ankamen, waren noch Mauerreste dieser Strukturen an der Oberfläche sichtbar. In der Regel gehen Archäologen sehr ungern an die Wiederausgrabung schon untersuchter Bereiche heran, weil ihre Grabungsvorgänger leicht die Schichtfolge in Unordnung gebracht haben können. Aber manchmal ist man dazu

links Die steilen Abhänge des »Flaschenhalses«: der *Tell* mit der Zitadelle (Abschnitt B)
unten Abschnitt B, wie Garstang ihn hinterließ

gezwungen, wie im Fall der Pfeilerreihe in Abschnitt A und hier auf der Westseite (nachfolgend Abschnitt B genannt). Ein weiterer – vom technischen Standpunkt sehr wichtiger – Grund, der uns veranlaßte, hier zu graben, war die Tatsache, daß die interessante Struktur an einer Stelle lag, die die Westspitze des Hügels und das gesamte Gebiet südwestlich und nordwestlich davon beherrschte. Noch bevor wir mit den Ausgrabungen begannen, besuchte ich die Stätte mit einem Bauern aus der Nachbarsiedlung Rosh Pinah, dem das Land auf dem Tell Hazor gehörte. Beim Spaziergang auf dem Hügel fragte er mich, was wir hier suchten, und ich antwortete, daß wir unter anderem gern das Fort oder den Palast der Stadt finden würden. »Wo hätten Sie Ihren Palast hingesetzt«, fragte ich ihn, »wenn Sie der Herrscher von Hazor gewesen wären?« Ohne zu zögern, sagte er: »Genau hier«, und zeigte auf die Westspitze des Hügels. Als ich ihn nach dem Warum fragte und annahm, er würde sagen, daß er diese Stelle für den strategisch günstigsten Punkt halte, brachte er ein ganz anderes Argument vor: »Ich lebe hier nun schon viele Jahre«, sagte er, »und daher weiß ich, daß dies der einzige Platz ist, wo selbst in den glühendsten Sommertagen eine angenehme Brise von Westen weht. Ich würde meinen Palast *bestimmt* hier bauen.«

Von Ahab bis Colonel Teggart

Unsere Ausgrabungen erwiesen, daß in diesem Gebiet ständig Palastgebäude oder große Zitadellen gestanden hatten, wobei offenblieb, ob taktische Erwägungen den Ausschlag gaben oder das Streben nach Komfort. Wir entdeckten eine Folge von neun Zitadellen – eine über der anderen –, nicht eingerechnet die höchste Schicht der »britischen Periode«, in der Colonel Teggart während der Aufstände 1936–39 einen Bunker zum Schutz gegen arabische Marodeure errichtete. Wenn Abschnitt A die Festlegung der Chronologie der israelitischen Schichten ermöglichte, so erbrachte Abschnitt B (unter Ruth Amirans Leitung) wesentliche Belege für die Lebensformen von der Zeit Ahabs bis zum Untergang Hazors – und selbst noch für die Jahre nach der Zerstörung der israelitischen Stadt. Außer Abschnitt B gruben wir später noch einen anderen Bereich am Ostende des Hügels aus, den wir Abschnitt G nannten. Dieser Abschnitt lieferte wertvolle Informationen über die Befestigungen der Stadt und über die materielle Kultur Hazors. In der nun folgenden Beschreibung des Abschnitts B, die mit Ahab beginnt, werden wir gelegentlich auf die Entdeckungen in Abschnitt G verweisen.

Das andere Ende von Hazor – Abschnitt G

Während der Regierungszeit Ahabs wurde der ganze Abschnitt B von einer großen Zitadelle oder einem Fort eingenommen, dessen Verwaltungsgebäude sich bis zum Rand des Hügels hinzogen; ihre Mauern dienten dort auch als Verteidigungsanlagen der Stadt. Der Abhang ist hier sehr steil; eine zusätzliche Stadtmauer schien sich deshalb zu erübrigen. Das Fort selbst ist ein rechteckiger, symmetrischer Bau (25 mal 21 Meter), dessen von Westen nach Osten verlaufende Hauptmauer die Achse bildet. Das charakteristische Merkmal des Forts ist seine Konstruktionsweise: extrem (bis zu 2 Meter) dicke Mauern und ein paar schmalere nehmen etwa 40 Prozent der Gesamtfläche – oder vielmehr, wie wir jetzt wissen, des Kellergeschosses und der tiefen Fundamente unter dem Boden des Forts ein. Die Ecken des Gebäudes bestanden aus mächtigen, schön behauenen

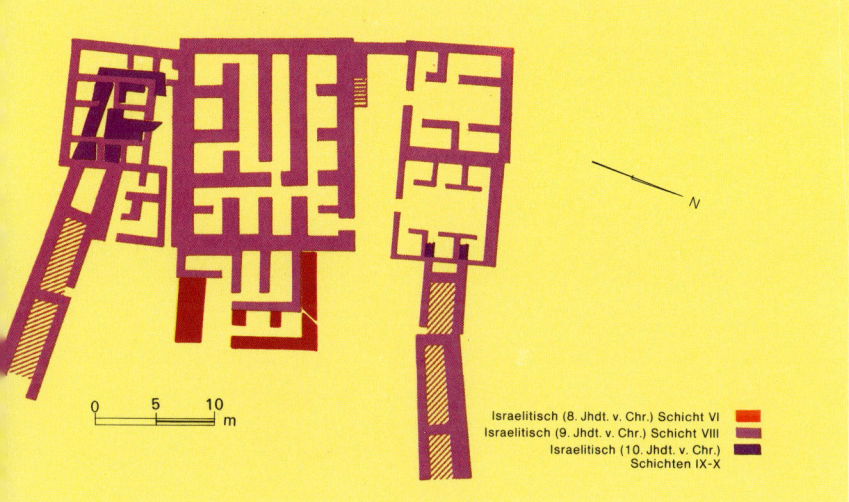

Israelitisch (8. Jhdt. v. Chr.) Schicht VI
Israelitisch (9. Jhdt. v. Chr.) Schicht VIII
Israelitisch (10. Jhdt. v. Chr.)
Schichten IX-X

0   5   10
_____ m

Grundriß der Zitadelle in Abschnitt B (Schicht VIII): in der Mitte das Hauptgebäude, flankiert von Verwaltungsbauten; die salomonischen Kasemattenmauern sind ausgefüllt

Der Eingang zwischen Zitadelle (links) und Verwaltungsbauten (rechts). Die Quadermauern sind auf typisch israelitische Art im Binder-Läufer-Verband gebaut

Die schweren Quadersteine an einer Ecke der Zitadelle

oben Die dicken Mauern der Zitadelle, in westlicher Richtung gesehen

gegenüber oben Treppenaufgang zum Hauptgeschoß der Zitadelle

Quadersteinen, einige 1,50 Meter lang, und alle in der typischen israelitischen Manier mit schräg angesetzter Haue bearbeitet. Der Grundriß des Kellergeschosses ist ebenfalls recht interessant, weil die Anordnung der Inneneingänge es in zwei unterschiedliche Komplexe aufteilt: einen geschlossenen Block in der Südwestecke mit nur einem Eingang zwischen dem Raum und der zu ihm führenden Halle; und einer Reihe unverbundener Räume nördlich und östlich des Blocks. Alle Eingänge waren aus Mauerenden gebildet und hatten nur einen Türpfosten.

Außerhalb der Nordwestecke des Gebäudes fanden wir eine zum oberen Stockwerk führende Treppe. Wenn wir davon ausgehen, daß die schon erwähnten schmalen Mauern nur Trennwände zwischen den Kellergeschoßeinheiten waren und sich im oberen Stock nicht fortsetzten, dann erhalten wir einen lediglich auf den dicken Mauern basierenden Grundriß, den Archäologen unter dem Begriff »Vierzimmerhaus« – drei lange, parallel laufende Hallen und eine breite Halle – kennen. Wahrscheinlich war in diesen – für israelitische Häuser (wie wir noch sehen werden) sehr typischen – Gebäuden die lange Mittelhalle offen und diente als eine Art Patio. Mit anderen Worten: der obere Teil der Zitadelle bestand aus einem eingeschlossenen Hof, der auf drei Seiten von Räumen umgeben war. Der Haupteingang zur Zitadelle führte durch einen langen

Korridor im Norden direkt zur Treppe. Im Süden wurde der Korridor durch die Nordmauer der Zitadelle begrenzt, während nördlich von ihm zwei einander ähnliche Verwaltungsgebäude (3100 C und 3235 auf dem Plan Seite 170) lagen, die sich bis zum Rand des Hügels erstreckten. Diese sowie ein ähnliches Gebäude (3208) südlich der Zitadelle beherbergten vermutlich die Familie des Gouverneurs und seinen Stab. Die Anordnung ist einfach, läßt aber die praktische Einteilung des israelitischen Hauses erkennen: ein quadratisches Gebäude (etwa 13 mal 13 Meter) mit zwei Zimmerreihen, die einen Hof in der Mitte begrenzen. Alle Mauern sind gleich stark (ungefähr 1 Meter), alle Ecken und Türgewände bestehen aus Quadersteinen, und die Eingänge liegen wie in der Zitadelle alle am Ende der Mauern und haben nur einen Türpfosten. Die Gebäude in der Zitadelle aus Schicht VIII sowie die Verwaltungsbauten repräsentieren ein hohes architektonisches Niveau und eine Großartigkeit, mit der sich nur die zeitgenössischen Gebäude in Megiddo und Samaria, der Hauptstadt Israels, messen können.

Die wahre Größe der Architektur Ahabs jedoch zeigte sich noch nicht im Ursprungsstadium der Zitadelle in Schicht VIII, sondern richtig erst in der folgenden Schicht VII, einer (wie wir schon in Abschnitt A sahen) Zwischenzeit des Verfalls. Es konnte keinen besseren Beweis für diesen Verfall – wenn auch noch nicht für den Untergang – des israelitischen Hazor geben als unsere unerwartete Entdeckung in Schicht VII unmittelbar über dem gepflasterten Boden der offenen Fläche vor dem Haupteingang zur Zitadelle. Zu unserer größten Überraschung – und Freude – fanden wir zwei wunderschöne protoäolische oder protoionische Kapitelle auf dem Boden, eines verkehrt herum, das andere mit der

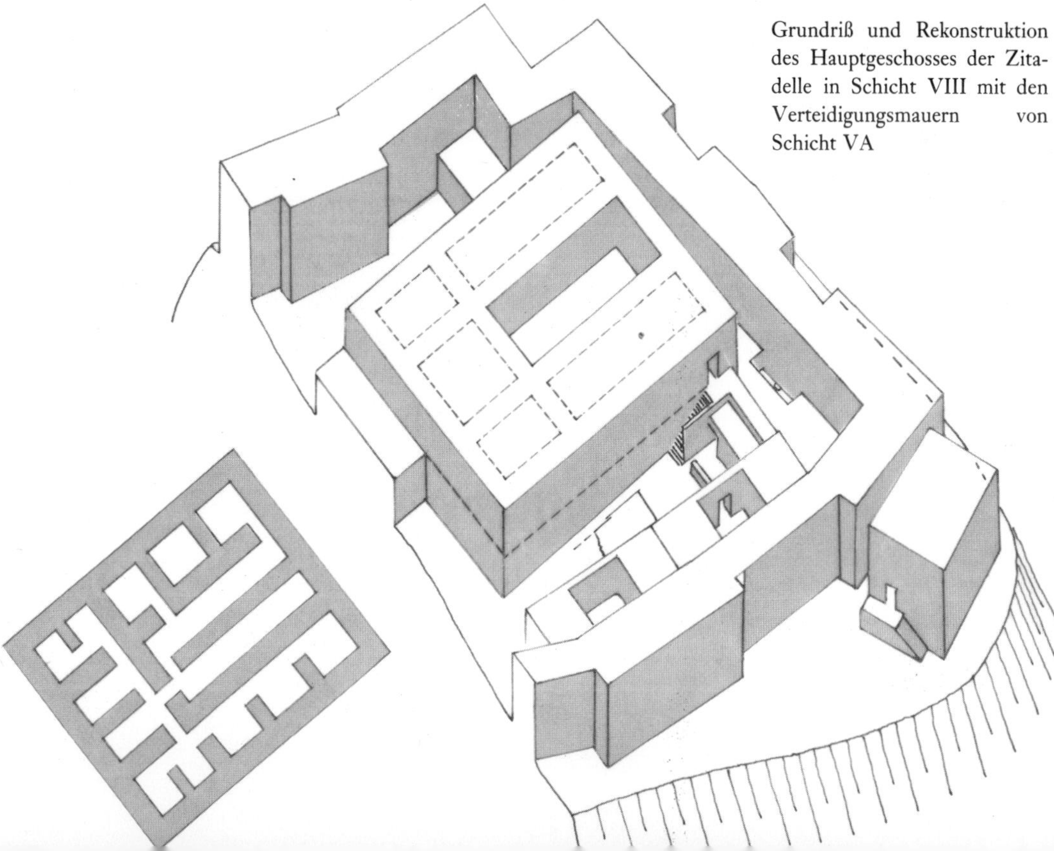

Grundriß und Rekonstruktion des Hauptgeschosses der Zitadelle in Schicht VIII mit den Verteidigungsmauern von Schicht VA

oben Die protoionischen Kapitelle am Fundort
gegenüber oben Nahaufnahme der
Kapitelle, die zum Schutz eines
tönernen Ofens dienen
gegenüber unten Nahaufnahme
eines der Kapitelle

gemeißelten Vorderseite nach oben liegend. Zuerst begriffen wir gar
nicht, wie sie dorthin gekommen waren; aber nachdem wir die Stelle
freigeräumt hatten, sahen wir, daß sie einen Ofen im rechten Winkel
umgaben. Gewiß waren diese Kapitelle nicht zu diesem Zweck gemacht,
sondern hatten in der früheren Periode (Schicht VIII) den Eingang zur
Zitadelle, genau 2 Meter westlich von ihrem Fundort, geschmückt.

Dieser Kapitelltyp ist das charakteristischste Architekturelement öf-
fentlicher Bauten zur Zeit der Könige von Israel. Einige hat man in
Megiddo, Samaria und vor kurzem erst in Jerusalem und unweit davon in
Ramat Rahel entdeckt – alle aus dem 10. und 9. Jahrhundert v. Chr. Man
nennt sie protoäolisch oder protoionisch, weil die klassischen ionischen
Kapitelle sich mit Sicherheit aus diesem früheren Typ, der eine stilisierte
Palme darstellt, entwickelten. In der Regel tragen diese Kapitelle nur auf
einer Seite ein Palmenrelief; wir stellten darum mit großer Freude fest, daß
eines unserer Kapitelle auf beiden Seiten ein Relief zeigte, was unserer
Meinung nach auf seine Verwendung als Abschluß einer richtigen Säule,
nicht nur eines Pilasters, hindeutete. Unsere Vermutungen bestätigten
sich, als wir zwei Basen am Eingang zur Zitadelle fanden: eine –
wahrscheinlich die Basis eines Pfeilers – mit der Wand verbunden; die
andere freistehend, vermutlich die Basis der freistehenden Säule mit dem
beidseitig verzierten Kapitell. Wir hatten auch das Glück, in der Nähe
einen gewaltigen monolithischen Türsturz zu finden, der ursprünglich auf
den Kapitellen geruht und die Mauer darüber gestützt hatte. Es war das
erste Mal in der palästinensischen Archäologie, daß solche Kapitelle
beinahe in situ zum Vorschein kamen. Das gab uns die Möglichkeit, ihre

166

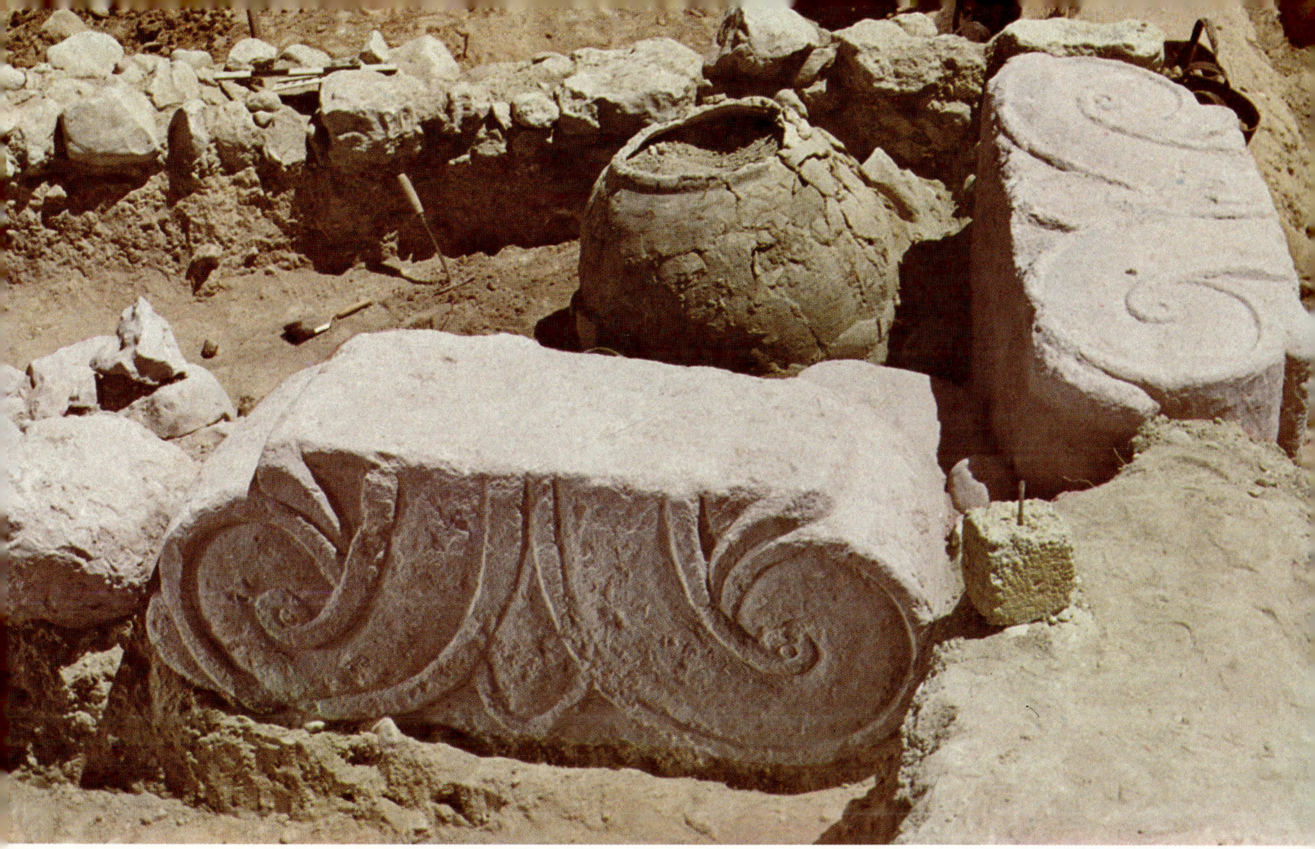

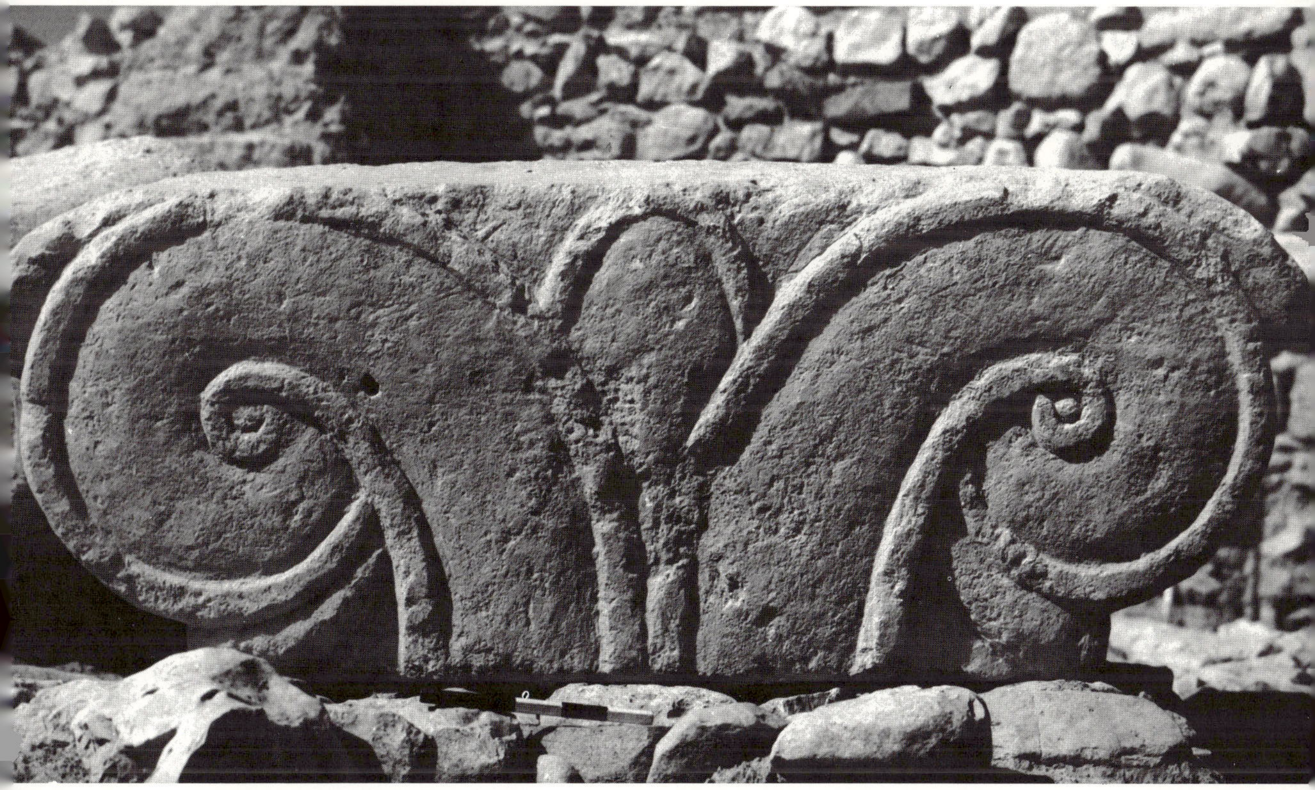

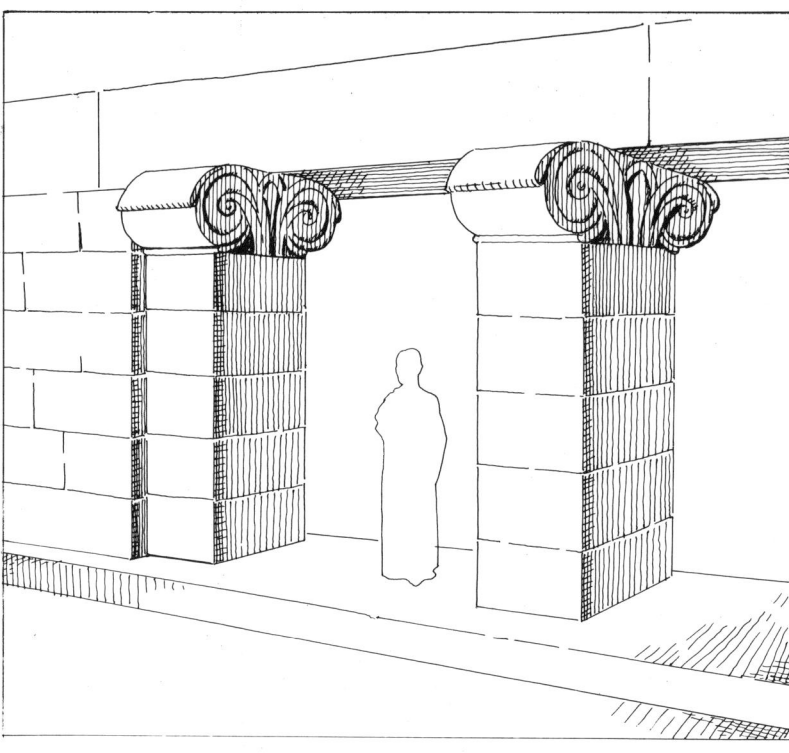

Ahabs Festung

ursprüngliche Lage innerhalb des Gebäudes zu rekonstruieren. Die Entdeckung der Kapitelle an dieser Stelle bestätigte nicht nur die Datierung der Zitadelle auf die Regierungszeit Ahabs, sie offenbarte auch den ungewöhnlichen Charakter des Gebäudes und die Bedeutung Hazors zu Ahabs Zeit. Der Anblick dieser Kapitelle vor der einstmals großartigen Zitadelle, die sich in einen Unterschlupf für Ansiedler und Arbeiter verwandelt hatte (wie der Ofen erkennen ließ), war eine eindrucksvolle Illustration des zeitweiligen Verfalls der ehemals blühenden Stadt.

Ich erwähnte bereits, daß die gesamte Westspitze des Hügels keine Stadtmauer besaß, weil der Zitadellenkomplex als ausreichende Verteidigungsanlage galt. Weiter ostwärts fanden wir jedoch Überreste einer an die Verwaltungsgebäude angefügten Stadtbefestigung. In Wirklichkeit handelte es sich um die älteren Kasematten (die doppelten Festungsmauern), die, nun mit Bruchsteinen und Erde gefüllt, das Fundament einer massiven Mauer bildeten. Spuren dieser von Ahab gebauten massiven Mauer fanden sich überall auf dem Hügel, insbesondere in Abschnitt G. Daraus ging hervor, daß während der Regierung Omris und Ahabs ein Wandel im Befestigungssystem stattgefunden hatte. An die Stelle der ehemaligen schwächeren Doppelmauern war eine massive Mauer getreten. Die Gründe für diesen Wandel wollen wir an geeigneterer Stelle im Zusammenhang mit dem Lageplan Hazors in der salomonischen Ära behandeln (12. Kapitel). In der Zwischenzeit bezeugen das riesige Lagerhaus in Abschnitt A, die prachtvolle Zitadelle mit ihren Verwaltungsgebäuden in Abschnitt B und Funde aus Schicht VIII in anderen

Ahabs Befestigung: die Kasemattenmauern Salomos sind
ausgefüllt

Schwere Quadern in Ahabs Er-
gänzungsbau zur Stadtbefestigung

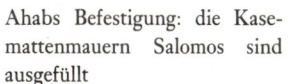

Abschnitten die Großartigkeit der Stadt um die Mitte des 9. Jahrhunderts.

Die Verfallsperiode, die in Schicht VII in Abschnitt B (und in Abschnitt A) zutage trat, dauerte nicht sehr lange. Zu Beginn des 8. Jahrhunderts ging es in diesem Gebiet wieder aufwärts. Die Zitadelle wurde nach Ausführung einiger Reparaturen und der Errichtung zusätzlicher Mauern wieder zweckentsprechend genutzt. Selbst die Verwaltungsgebäude im Norden und Süden wurden restauriert und verbessert. Der Grundriß der Gebäude blieb im wesentlichen unverändert. Auch die Gebäude selbst änderten sich nicht. Es kamen aber Einzelheiten hinzu, Fußböden wurden eingezogen, Mauern repariert und eine wichtige Neuerung eingeführt (die besonders in den beiden gleichartigen Verwaltungsgebäuden im Norden hervortrat): die Innenhöfe wurden durch eine Reihe monolithischer Pfeiler weiter unterteilt, die

links Der Doppelbau nördlich der Zitadelle in Schicht VIII
rechts Derselbe Bau in Schicht VI mit zusätzlichen Pfeilerreihen in den Innenhöfen

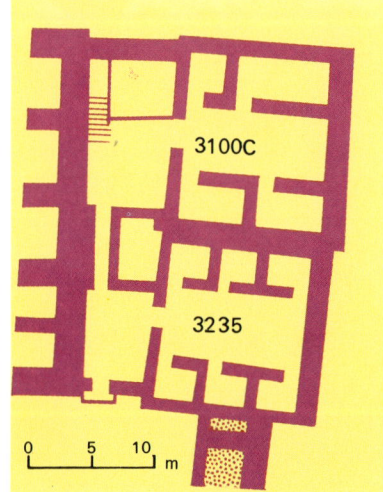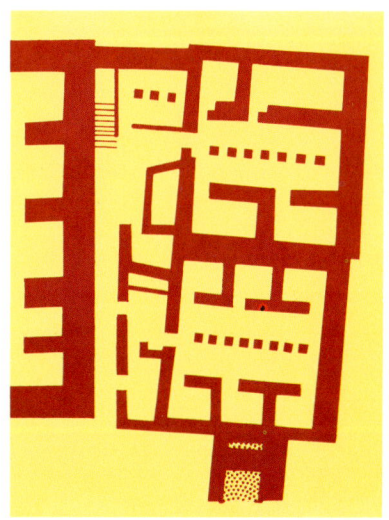

einen Teil des Hofes in einen schattigen, geschützten Bezirk verwandelten, während der andere offenblieb. Dieser Stil fiel uns schon in Ja'els Haus auf, wo eine Reihe monolithischer Pfeiler den Eckhof unterteilte.

Ein zweistöckiges Haus

Ein ähnliches Gebäude – vielleicht das Wohnhaus eines Verwaltungsbeamten oder Militärs – entdeckten wir in Abschnitt G. Es repräsentiert eindrucksvoll das hohe Architekturniveau der Periode und zeigt, daß viele dieser Häuser, von denen sich nur die Fundamente erhalten haben, Obergeschosse besaßen. Dieses Haus liegt in der Ecke einer vorgelagerten Bastion in Abschnitt G und gehört ebenfalls zum Vierzimmertyp mit Deckenstützpfeilern. Hier hatten wir jedoch das Glück, an der Nordmauer des Hauses die Steintreppe in unbeschädigtem Zustand vorzufinden – zehn der sorgfältig behauenen Stufen befanden sich *in situ*. Wahrscheinlich bestand der gesamte Treppenlauf aus sechzehn Stufen. Da jede Stufe 15 Zentimeter hoch war, kann man errechnen, daß die Gesamthöhe des Raums (d. h. die Höhe der Treppen abzüglich der Deckenstärke) etwa 1,60 Meter betrug, ein Maß, das der Höhe der Pfeiler einschließlich der Querbalken entspricht. Da diese Proportion einen ziemlich niedrigen Raum ergibt, können wir annehmen, daß das Erdgeschoß als Viehstall diente und die Wohnräume sich im zweiten Stock befanden. Wie viele Gebäude in Hazor war auch dieses über den Ruinen der Häuser aus den Schichten VIII bis VII errichtet worden; aber im architektonischen Entwurf übertraf es seine Vorgänger bei weitem. Alles zusammengenommen, erlebte Hazor wie das übrige Israel in der ersten Hälfte des 8. Jahrhunderts, vor allem in der Regierung Jerobeams II., eine Blütezeit. Das Schicksal aber ereilte diese aufstrebende Stadt in Gestalt jenes schrecklichen Erdbebens, von dem wir schon berichteten.

Die kritischste Zeit für das israelitische Hazor kam im vierten und fünften Jahrzehnt des 8. Jahrhunderts v. Chr. Unmittelbar nach dem Wiederaufbau der durch das Erdbeben teilweise zerstörten Bauten verlief das Leben vorerst normal – jedenfalls aus archäologischer Sicht. Die Zitadelle war weiter im Gebrauch, wenn auch einige Veränderungen mit den nördlichen und südlichen Verwaltungsgebäuden vor sich gingen; ein paar Türeingänge wurden verengt; ferner wurde der ursprünglich weiträumige Hof zwischen den beiden angrenzenden Zimmerfluchten durch eine in eine niedrige Mauer eingelassene Pfeilerreihe in zwei ungleiche Flächen aufgeteilt. Wo wir auch gruben, es war klar ersichtlich, daß zu Beginn dieser Periode (die wir Schicht VB nannten) geschäftiges Leben in Hazor herrschte.

Dann traten plötzlich gewaltige Veränderungen in den Bauten und Befestigungen von Hazor auf, als ob der König von Israel mit banger Sorge das Ende friedlicher Ruhe, die Gefahr aus dem Norden und die Unangemessenheit der bestehenden Festungsanlagen empfunden hätte. Wir wissen aus historischen Dokumenten, daß eine Bedrohung aus Assyrien am Horizont auftauchte; der mächtige Tiglath-Pileser III. wurde militärisch aktiv. Die auffälligsten Veränderungen zeigten sich in Abschnitt B. Man muß sich vor Augen führen, daß das Areal der Zitadelle bis dahin paradoxerweise das einzige Gebiet der ganzen Stadt war, das

Die Ruhe vor dem Sturm

Der Anfang vom Ende

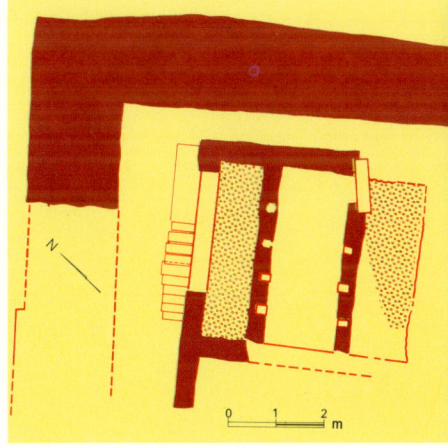

oben Grundriß des gleichen Hauses
links Zweistöckiges israelitisches Haus in Abschnitt G

keine Verteidigungsmauer besaß, weil natürliche Steilhänge es schützten und die Zitadelle selbst starke Mauern hatte. Man muß sich auch vergegenwärtigen, daß die Mauern der Verwaltungsgebäude viel schwächer als die Hauptmauern der Zitadelle waren. Mit dem Anwachsen der feindlichen Bedrohung entstand die Notwendigkeit, die Befestigungen in diesem Gebiet durch eine Stadtmauer und einen Turm zu verstärken; der Gebäudekomplex im Norden und Süden reichte als Verteidigungsgürtel nicht aus. Hier war aber kein Platz für eine Stadtmauer! Die ganze Westspitze des Hügels war bis zum Rand mit Gebäuden besetzt. Es gab keine andere Lösung, als einen Teil der Verwaltungsgebäude zu opfern.

Die neue Stadtmauer entstand als massive Mauer mit Vorsprüngen und Einbuchtungen sowie einem Abflußsystem. Einige Eckvorsprünge wirkten wie richtige Bastionen, die eine gute Basis für Flankenbeschuß abgaben. Ein Teil der Verwaltungsgebäude mußte dieser Mauer weichen; schließlich opferte man mehr als 40 Prozent ihrer Fläche, indem das Gebäude im Süden gänzlich beseitigt und das im Norden um ein Drittel reduziert wurde. Diese Methode, Bauten zu zerstören, um Platz für bessere Befestigungsanlagen zu schaffen, war natürlich eine schmerzliche, wenngleich in jenen Tagen nicht ungebräuchliche Prozedur. Die Situation in Hazor ist eine lebendige Illustration des Jesaja-Berichts über spätere Vorkehrungsmaßnahmen, die (diesmal in Jerusalem) angesichts der Bedrohung durch den Assyrerkönig Sanherib (mehrere Jahrzehnte nach Tiglath-Pileser) getroffen wurden: »Ihr werdet auch die Häuser in Jerusalem zählen; ja, ihr werdet die Häuser abbrechen, die Mauern zu befestigen« (22,10).

Das interessanteste Element der neuen Befestigungsanlage ist ein isolierter Turm an der Nordwestspitze, dem strategisch günstigsten Punkt

links Grundriß der Zitadelle in Schicht VA mit massiver Mauer und Turm
rechts Abwasserabfluß in einer Mauereinbuchtung

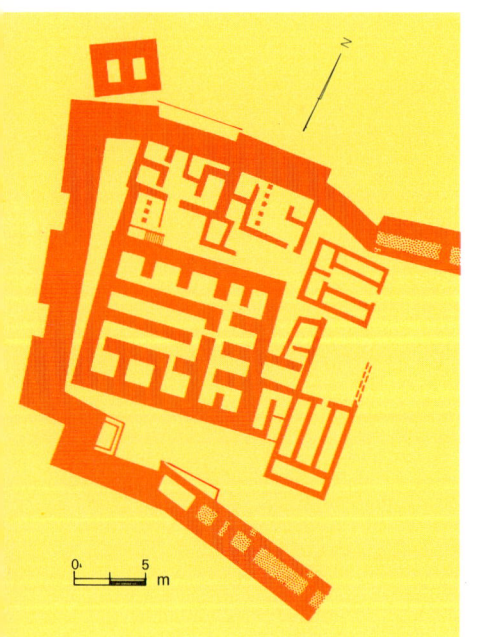

des Geländes. Es ist ein rechteckiger Bau (10 mal 7 Meter), der aus zwei Kammern besteht. Der Zweck des Turms und seine abgesonderte Lage finden in der Topographie dieser Hügelecke eine Erklärung. Hier war das Gipfelblatt für den Bau einer Stadtmauer am Rande des Abhangs zu schmal; wegen der taktischen Bedeutung dieser Stelle – die den Zugang von Norden und Westen beherrschte – mußte hier jedoch ein Turm stehen. Außerdem erforderte die Reduzierung der von den Verwaltungsbauten eingenommenen Fläche nördlich und südlich der Zitadelle den Bau neuer Verwaltungs- und Lagergebäude: östlich der Zitadelle entdeckten wir zwei neue, zu diesem Zweck errichtete Bauten. Diese beiden Gebäude repräsentierten den »Vierzimmer«-Typ. Eines lag nur ein paar Meter vom Haupteingang der Zitadelle entfernt mit einem eigenen Eingang nach Osten; das andere, ähnlich im Grundriß, lag vor der Südostecke der Zitadelle mit einem Eingang nach Norden. Man konnte die bange Sorge des Kommandanten von Hazor förmlich fühlen: beide Häuser standen direkt vor der Zitadelle auf einer ehemals freien Fläche, auf der möglicherweise Paraden und andere Feierlichkeiten stattgefunden hatten. Es gab keinen anderen Platz für diese Gebäude, und sie waren unentbehrlich!

Ähnliche und – im Licht der Geschichte besehen – erschütternde

Luftaufnahme von Zitadelle, Befestigung und Turm in süd-östlicher Blickrichtung

173

Die vorgelagerte Bastion in Abschnitt G, südwestwärts gesehen

Ecke eines tiefen Silos in Abschnitt G

Veränderungen gingen in dem anderen Stadtteil auf der Ostseite des *Tell*, in Abschnitt G, vor sich. Dort entdeckten wir eine Art vorgelagerte Bastion, die das Tor und die Stadtzugänge bewachte. Im Norden war eine sehr starke Mauer, die eine Ausfallpforte mit Quadersteinpfosten hatte. Die Lage und Größe der Pforte lassen vermuten, daß sie – wenn das Haupttor bei Gefahr geschlossen war – in Funktion treten sollte, um die Versorgung der Stadt sowie die Aufrechterhaltung von Handelsbeziehungen und diplomatischem Verkehr zu ermöglichen. Tatsächlich fanden wir innerhalb dieser vorgelagerten Bastion tief im Boden ein riesiges rechteckiges Silo mit Steinwänden. Hier handelte es sich wohl um den Hauptgetreidespeicher der Garnison. Dann sahen wir, daß in der Spätphase von VA die Ausfallpforte plötzlich aus Tarnungsgründen blockiert worden war – auf der Innenseite vorwiegend mit Ziegeln, auf der Außenseite mit Steinen, die die Blockierung als Teil der Stadtmauer erscheinen lassen sollten. Diese Taktik hatte möglicherweise Erfolg: bei der Zerstörung der Stadt blieb die Barrikade unberührt; es kann aber auch sein, daß der Angriff nur aus einer anderen Richtung erfolgte. Wie auch immer, nach Beendigung der Befestigungsarbeiten war die Stadt hermetisch verriegelt. Als die Assyrer sie zu umzingeln begannen und ihren Sturmbock aufstellten, war die Stadt »von innen und von außen verschlossen«, um die Bibel zu zitieren; »keiner ging heraus und keiner kam hinein.«

Im Jahre 732 v. Chr. wurde Hazor von Tiglath-Pileser III. erobert und zerstört. Die Bibel (2. Kön. 15,29) beschreibt diese Tragödie mit lakonischen Worten: »Zu den Zeiten Pekahs, des Königs Israels, kam Tiglath-Pileser, der König zu Assyrien, und nahm Ijon, Abel-Beth-Maacha, Janoah, Kedes, Hazor, Gilead und Galiläa, das ganze Land Naphthali, und führte sie weg nach Assyrien.« Erst durch unsere archäologischen Grabungen haben wir die Bedeutung »kam . . . und nahm« erfahren. Tiglath-Pileser machte die Stadt Hazor, einst mächtiges Bollwerk des nördlichen Königreichs Israel, dem Erdboden gleich. Das Bild, das sich uns in Abschnitt B darbot, ist schlimmer als alles, was ich bei

links Die äußere Blockierung der verdeckten Ausfallpforte
rechts Die Innenvermauerung mit Ziegeln

links Gefäßscherben und Asche
berichten von der Zerstörung
durch die Assyrer
rechts Sturmbock Tiglath-Pilesers III. auf einer Reliefplatte im
Britischen Museum

archäologischen Ausgrabungen gesehen habe. Das ganze Gebiet war mit einer 1 Meter dicken, immer noch schwarzen Aschenschicht bedeckt! Auf den Fußböden der Häuser nur Trümmer und Ruinen. Wir konnten uns die assyrischen Soldaten vorstellen, wie sie plündernd durch die Häuser gezogen waren und zerstört hatten, was übrigblieb. Die Gewalt des Feuers hatte selbst die Steine geschwärzt; überall lagen verkohlte Balken und verbrannter Deckenmörtel. Die Ostseite der Zitadelle, von der aus der Angriff auf das Fort erfolgt war, war so gründlich zerstört worden, daß an einigen Stellen nur noch die Fundamente unter dem Boden sichtbar waren. Hier hatten wir wieder ein anschauliches Beispiel für das von der Bibel geschilderte Vernichtungswerk vor uns: »Rein ab, rein ab bis auf ihren Boden!« (Psalm 137,7).

Es mag gefühllos klingen, aber uns kam die plötzliche Zerstörung

Die Mauern der Zitadelle in
Abschnitt B: »dem Erdboden
gleichgemacht«

Hazors durch die Assyrer wieder einmal sehr zustatten. Schließlich sind die Ruinen alter Städte unser täglich Brot. Und wenn Einwohner eine Stadt verlassen, ohne unter Druck zu stehen, und Zeit haben, ihren Besitz mitzunehmen, bleibt nicht viel übrig. Eine plötzliche oder relativ unerwartete Zerstörung hingegen ist für Archäologen eine Idealsituation. Möglich, daß die assyrischen Soldaten die wertvollsten Gegenstände wegschleppten; aber was sie zurückließen, ist für uns immer noch ein Schatz. Zwischen den Ascheresten und auf den Böden der Zitadelle und der Verwaltungsgebäude wie auch an anderen Stellen des Hügels fanden sich Objekte, die nicht nur über den Wohlstand des israelitischen Hazor vor der Zerstörung Auskunft gaben. Sie vermittelten auch ein interessantes Bild der materiellen Kultur der Zeit und des starken heidnischen Einflusses auf das Alltagsleben der Nordisraeliten (ein Erbe der voraufgegangenen Periode in Schicht VI).

Die *pièce de résistance* unter den Funden in der Zitadelle bildet fraglos eine geschnitzte Elfenbeinbüchse, die vielleicht der Frau des Kommandanten gehörte. Vier ihrer Fragmente fanden sich im Durchgang, der von den Verwaltungsgebäuden im Norden zur Zitadelle führte. Vielleicht zerbrach sie, als sie aus dem Zimmer weggenommen wurde, und blieb deshalb liegen. Die Büchse (griechisch *pyxis*) hat Ähnlichkeit mit den in den assyrischen Palästen in Nimrud entdeckten vollständigen Exemplaren, die aus zwei Teilen bestehen: einem zylindrischen Behälter und einem flachen Deckel, beide durch eine Schnur, die durch ein Loch im Deckel und ein anderes im oberen Teil des Gehäuses führte, miteinander verbunden. Unser Stück hat die Form eines Zylinders, ist etwa 70 Millimeter hoch und mißt 56 Millimeter im Durchmesser. Der obere Teil hat ein kleines diagonales Loch für die Befestigung des Deckels. Die Außenseite zeigt ein geschnitztes Bild, das unten von einem einfachen und oben von einem etwas komplizierteren Rahmen begrenzt wird. Aufgrund der Fragmente und des Vergleichsmaterials läßt sich die Szene rekonstruieren. Sie verbindet zwei heraldische Themen, die jeweils den »Lebensbaum« mit einer knienden menschlichen Gestalt auf einer Seite und einem Cherub auf der anderen darstellen. (Dasselbe Thema kommt in einem Siegelabdruck auf dem Rand eines Kraters vor.) Die Schnitzereien bedecken die gesamte Oberfläche der Büchse. In Stil und Inhalt gehört die *pyxis* der sogenannten phönizischen Elfenbeinschule an, die sich nicht nur in Nimrud, sondern auch in den schönen Elfenbeinstücken aus Samaria, der Hauptstadt Nordisraels, manifestiert. Unser Exemplar kann keinesfalls nach 732 v. Chr., dem Zeitpunkt der Zerstörung Hazors, entstanden sein, aber möglicherweise viele Jahre früher. Es repräsentiert die phönizische Elfenbeinkunst des 8. Jahrhunderts, die die Häuser der königlichen und reichen Familien im gesamten Bereich des Nahen Ostens schmückte. Diese Büchse und der elfenbeinerne Kosmetiklöffel, den wir in der früheren Schicht von Abschnitt A freilegten, sind die einzigen Elfenbeinstücke, die in Hazor zum Vorschein kamen. Da Elfenbein im alten Israel zu den Seltenheiten zählte, heben diese Funde den hohen Lebensstandard der Bevölkerung von Hazor nur um so deutlicher hervor.

Ferner bargen wir aus der Zitadelle einen exquisiten kultischen

unten Die Elfenbeinbüchse: man erkennt den hinteren Teil des Cherubs und die kniende Figur
darunter Siegelabdruck einer knienden Figur in der Pose der Unterwerfung
umseitig Vergrößerte Abbildung der Elfenbeinbüchse (Höhe 7 Zentimeter)

links Der schön geschnitzte Räucherlöffel: eine Hand umfaßt die »Schale«
unten Zeichnung des Löffels

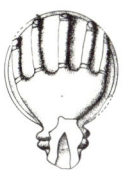  

Räucherlöffel, dessen Höhlung auf der Rückseite von einer geschnitzten Hand umschlossen wird. (Hier ist zu bedenken, daß das hebräische Wort für Handfläche, *kaph*, Löffel oder Schöpfkelle bedeutet.) Dieser Löffeltyp tauchte schon in vielen syrischen Städten auf, aber unser Exemplar gehört zu den schönsten, die in diesem Land bisher zutage traten.

Ob die Frauen in Hazor hübsch waren, wissen wir nicht; wir wissen aber, daß sie viel Wert auf ihr Äußeres legten und sich große Mühe gaben, schön auszusehen, denn wir fanden zahlreiche sogenannte Schminkpaletten. Sie sind aus Stein, haben eine Vertiefung in der Mitte, in der die Augenschminke zerrieben wurde, und sind meist mit einfachen Mustern, Kreisen oder Vierecken, verziert. Das Wesen der Frau scheint im Lauf der Geschichte konstant geblieben zu sein – nicht eine dieser Damen aus Hazor wollte, daß ihre Kosmetikpalette derjenigen ihrer Freundin glich,

links Vier steinerne Schminkpaletten mit unterschiedlichen Mustern
rechts Draufsicht und Schnitt einer Schminkpalette

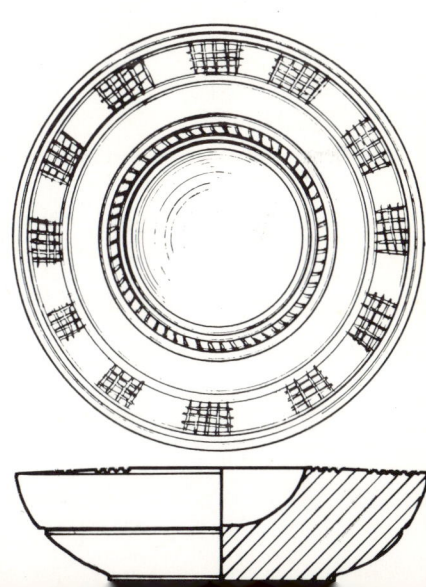

und darum hat jede ein etwas anderes Dekor. Andererseits wünschten sie wie heute, daß die Einzelteile ihrer Kosmetikausrüstung im Ornament übereinstimmten, und so fanden wir eine Kosmetikpalette und einen Schminktopf mit demselben Muster.

Obwohl die offizielle Religion in Nordisrael auf dem Glauben an Jahwe – den Gott Israels – beruhte, wissen wir aus der Bibel und aus archäologischen Funden, daß die einheimische Bevölkerung dem Baalsdienst und dem Astartekult im Sinne eines Volksglaubens – sozusagen als Rückversicherung – anhing. Tatsächlich entdeckten wir eine nicht geringe Anzahl von Tonfiguren, die die Fruchtbarkeitsgöttin Astarte und gleichsam heilige Prostituierte, die mit dem Baals- und Astartekult zusammenhingen, darstellen. Ein höchst interessanter, wenngleich unerwarteter Fund präsentierte sich uns unmittelbar südlich der Zitadelle in Gestalt eines auf dem Boden liegenden Skeletts. Da ich kein Zoologe bin, glaubte ich zuerst, es sei ein Lamm, und als solches bezeichnete ich es in unserem Vorbericht. Als jedoch unser Expeditions-Paläontologe, der verstorbene S. Angress, das Gerippe untersuchte, erwies es sich als ein Schwein – ein wahrhaft überraschender Fund in einer israelitischen Zitadelle! Die strengen Worte des Propheten Jesaja (65, 1–4) kamen uns in den Sinn:

>»Zu einem Volk,
>   das meinen Namen nicht anrief,
>   sprach ich:
>   Hie bin ich, hie bin ich!
>Ich recke meine Hände aus
>   den ganzen Tag
>   zu meinem ungehorsamen Volk,
>   das seinen Gedanken nachwandelt
>   auf einem Wege,
>   der nicht gut ist.
>Ein Volk,
>   das mich entrüstet,
>   ist immer vor meinem Angesicht,
>   opfert in den Gärten,
>   und räuchert auf den Ziegelsteinen;
>   sitzt unter den Gräbern,
>   und bleibt über Nacht
>   in den Höhlen;
>   sie fressen Schweinefleisch,
>   und haben Greuelsuppen in ihren Töpfen.«

Und weiter (66, 17):

>»Die sich heiligen und reinigen in den Gärten, einer hie, der andere da, und essen Schweinefleisch, Greuel und Mäuse, sollen weggeraffet werden miteinander, spricht der Herr.«

Man kann natürlich zugunsten der Israeliten in Hazor Zweifel anmelden und behaupten, die siegreichen Assyrer, die ihren Triumph feierten, hätten das Schweinegerippe hinterlassen. Wie auch immer, das Schwein wurde von den letzten Besitzern der Zitadelle nicht ganz

rechts Das Skelett eines Schweins

Das Wort *qodesh* (heilig), an der Seite einer Schale eingeritzt (oben) und auf dem Rand wiederholt (unten)

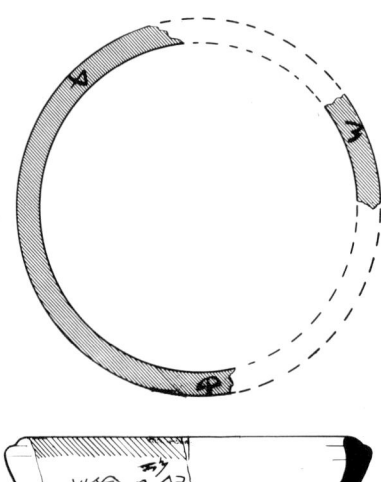

verzehrt. Die Untersuchung von Angress zeigt, daß die teils noch miteinander verbundenen Wirbel des Rückgrats sich in ihrer natürlichen Lage befanden, was darauf hinweist, daß das Fleisch des Rumpfes beim Zurücklassen noch unversehrt war. Es fehlen nicht nur die Gliederknochen, sondern auch Becken, Kreuzbein und Schwanzwirbel. Anscheinend überließen die Teilnehmer des Gelages, nachdem sie die leicht herauszulösenden und im Fleisch ergiebigsten Teile (Schinken, Schultern etc.) an sich genommen hatten, den Rest des Kadavers der Verwesung. Das kann im Augenblick der Zerstörung geschehen sein. Wir lernten an dem Gerippe auch eine ganze Menge über das nordisraelitische Schwein im 8. Jahrhundert. Es gehörte einer Hausschweinart an (Jesaja hatte demnach Gründe für seinen Zorn), deren Schädelproportionen eine eigentümliche Kombination von typischen Merkmalen intensiver Domestikation aufweisen, wohingegen der Charakter dem wilden Typus entsprach. Die erstgenannten Eigenschaften ergaben sich aus den harten Lebensbedingungen; die letzteren resultierten aus der genetischen Verwandschaft des Hazor-Schweins mit dem Wildtier. Diese Urform, von dem die Hazor-Rasse abstammte oder mit der sie gekreuzt wurde, war allem Anschein nach das einheimische Wildschwein.

Unserer Ansicht nach bestand kein Zweifel, daß die letzten Besitzer der Zitadelle Israeliten waren. Dennoch empfanden wir Befriedigung, als wir hebräische Inschriften fanden, die unsere Auffassung bestätigten. Die interessanteste – die das Wort *qodesh* (heilig) zweimal enthält – stand auf dem Rand einer Schale, die in der Zitadelle zum Vorschein kam. Dasselbe Wort, diesmal mit einem unleserlichen davor, kehrt auf der Außenseite wieder. Das bedeutet selbstverständlich nicht, daß wir es mit einem Tempelbezirk zu tun hatten; aber es zeigt, daß das Gefäß für den priesterlichen Gebrauch bestimmt war oder heilige Nahrung enthielt (hoffentlich nicht das Schweinefleisch!). Es war erfreulich zu sehen, daß einige Einwohner der Zitadelle doch im Glauben an Jahwe gelebt hatten. Auf der Schulter eines der zylindrischen Vorratskrüge entdeckten wir eine tiefe Inschrift (in althebräischer Schrift), die לדליו (*ldlyw* = gehört Delayo) lautet. Dieser Name kommt in der Bibel mehrmals vor; sein letztes Element *yo* ist eine Kurzform des Namens Jahwe.

Die vielleicht wichtigste Inschrift, nach dem Brennen eingeritzt, fand sich auf der Schulter eines eiförmigen Vorratskrugs, der zerbrochen auf dem Boden lag. Die ersten vier Buchstaben heißen לפקח (*lpqh* = »gehört Pekah«). Daß dies der Name des Königs von Israel – Pekah, Sohn Remaljas – war, zu dessen Zeit Hazor erobert wurde, kann Zufall sein, denn dieser Name kam damals in Israel und Juda recht häufig vor. Er ist eine Abkürzung des vollen jahwistischen Namens Pekahyahu. Das zweite Wort lautet סמדר (*smdr*, ausgesprochen: *semadar*). Es kommt nur dreimal in der Bibel vor, und zwar immer im Hohenlied Salomos (2, 13; 2,15; 7,12); obwohl die Bedeutung etwas unklar ist, hängt sie mit dem Blühen der Reben zusammen. Gemeint sind wohl die Trauben, und wahrscheinlich enthielt der Krug den aus ihnen gekelterten Wein. Diese Bedeutung

»gehört Delayo«: Inschrift auf einem Krug

Inschrift auf einem Weinkrug: »gehört Pekah, *semadar*«

von *semadar* findet sich übrigens auch in der Mischna (Orlah 1,17).

Nicht Hazors Ende

Diese Fragmente stellen nur einen Bruchteil der grausigen Spuren dar, die die totale Vernichtung der Königsstadt Hazor bezeugen – zwölf Jahre bevor auch Samaria, die Hauptstadt Nordisraels, von den Assyrern erobert, das gesamte Nordisrael gefangengenommen und die zehn Stämme verschleppt wurden. Doch bedeutete das nicht das Erlöschen allen Lebens an der Stätte Hazor. Vor der erneuten Inbesitznahme des zerstörten Hazor muß eine gewisse Zeit verstrichen sein; dann aber – vielleicht noch gegen Ende des 8. oder zu Beginn des 7. Jahrhunderts – kehrten die Menschen, in der Mehrzahl israelitische Ansiedler, wieder zurück. An vielen Stellen, insbesondere oberhalb der Zitadellenruine, in Abschnitt B und in den Bastionen von Abschnitt G, entdeckten wir armselige Bauten auf den Trümmern der früheren Mauern. Die Töpfer-

Eine andere Zitadelle

Ein tyrischer Silberstater aus der
Zeit der Perser

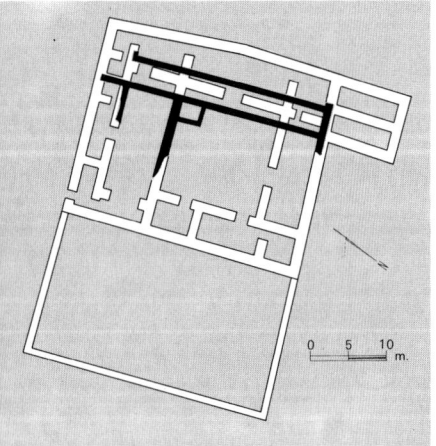

Grundriß der letzten beiden Zitadellen: der persischen (weiß)
und der hellenistischen

ware aus dieser Schicht (IV) stimmt weitgehend mit derjenigen der
voraufgegangenen Stufe überein.

Diese Siedlerkolonie blieb nicht lange bestehen. Irgendwann während
der assyrischen Besetzung oder vielleicht in der Frühphase der babylonischen Herrschaft zu Beginn des 6. Jahrhunderts erkannten die fremden
Truppen die Bedeutung Hazors, und eine neue Zitadelle entstand über
den Gebäuden der Siedler. (Wir bezeichneten diese Stufe als Schicht III.)
Es war ein großes Einzelgebäude, das die Hauptstraßen im Norden
bewachte und die gesamte Westspitze des Hügels einnahm. Die Zitadelle
war rechteckig und hatte einen quadratischen Innenhof, der auf drei
Seiten von Räumen und Hallen und auf der vierten (südlichen) Seite von
einer doppelten Zimmerreihe umgeben war. An der Nordwestecke
fanden wir die Überreste eines Turms, der aus zwei langen Räumen
bestand, die teils über dem Turm aus Schicht V lagen. Obwohl die beiden
Türme weder im Grundriß noch in der Orientierung übereinstimmen,
verdanken sie ihre Entstehung denselben taktischen Erwägungen. Östlich
der Zitadelle war ein großer Hof, der fast dieselbe Größe wie die Zitadelle
hatte.

Diese Zitadelle wurde wahrscheinlich kurz vor der Besetzung des
Landes durch die Perser im 6. Jahrhundert aufgegeben. Im 5. Jahrhundert
erwachten Hazor und Umgebung als ein Zusammenschluß planlos
verstreuter Bauernhäuser zu neuem Leben. Die Zitadelle wurde wieder
besetzt, und die Neuankömmlinge führten, indem sie das Gebäude in zwei
Wohnblöcke aufteilten, zahlreiche Veränderungen ein. Einige Eingänge
wurden verkleinert; die großen Hallen, die den Zentralhof umgaben,
wurden zum Teil durch Trennwände in kleinere Einheiten umgewandelt;
in einigen Fällen kamen kleine Kammern hinzu. Die Veränderungen
betrafen jedoch vor allem die lange Nordhalle. Hier wurde eine Mauer mit
»Einfriedungen« und Nischen hinzugefügt, die die Halle der Länge nach
in zwei lange, schmale Räume mit einem Gang in der Mitte unterteilte. Es
gab fünf dieser »Einfriedungen« mit drei Nischen dazwischen, und in
jeder Nische fanden wir Gefäße – kleine Krüge, Webegewichte und
zerbrochene Kannen. Der Bau hatte viel von seinem militärischen
Charakter verloren und sah mehr wie ein weiträumiges Bauernhaus aus.
Doch können wir die Möglichkeit nicht ausschließen, daß er nun von
Soldaten und ihren Familien bewohnt wurde. Wir datierten diese Schicht
(II) anhand einer Silbermünze (einem Silber-*Stater* aus Tyrus) in die
persische Periode zwischen 400 und 332 v. Chr. Auch fanden wir zwei
attische Lampen aus der ersten Hälfte des vierten Jahrhunderts in dem
Gebäude. Zusammenfassend läßt sich sagen, daß der Bau in der zweiten
Hälfte des 4. Jahrhunderts oder bis zur Besetzung des Landes durch
Alexander den Großen 333 v. Chr. existierte und noch bewohnt wurde.

Nach erneuter Zerstörung der Zitadelle lag die Stätte in Trümmern, bis
irgendwann im 2. Jahrhundert v. Chr. eine neue Zitadelle über den
Ruinen errichtet wurde. Dieses schlecht erhaltene Bauwerk in Schicht I
hatte Garstang ausgegraben. Die Töpferware läßt keinen Zweifel, daß es
sich um das Fort der hellenistischen Periode handelt – und vielleicht um
das Gebäude, das in der makkabäischen Periode hier stand. Der letzte

historische Hinweis auf Hazor findet sich im 1. Buch der Makkabäer, das in einem Bericht über die Schlachten zwischen Jonathan dem Makkabäer und Demetrius das »Blachfeld« von Hazor erwähnt. Schließlich wurde 2000 Jahre nach der Zerstörung des hellenistischen Forts eine Befestigung auf den Ruinen erbaut – diesmal während der britischen Besetzung.

Nach unserem Überblick über die Schichten des israelitischen Hazor von der Zeit Ahabs bis zur letzten Zitadelle der hellenistischen Periode (Schichten VIII–I) und zur Moderne wollen wir uns nun der Periode vor Ahab zuwenden und unsere faszinierende Suche nach Salomo schildern.

Luftaufnahme der Zitadelle und ihrer Nebengebäude in Schicht VA

12 Auf der Suche nach Salomo

Der Name des Königs Salomo weckt unterschiedliche Assoziationen. Für den, der Pferde liebt – wie einige von uns –, ist er einer der größten Pferdezüchter biblischer Zeiten; für den, der Frauen liebt – wie die meisten von uns –, ist er der größte Liebhaber aller Zeiten; für den, der Weisheit sucht – wie wir alle –, ist er der weiseste aller Menschen. Für den im Heiligen Land grabenden Archäologen jedoch gehört Salomo zu den größten Baumeistern unter den Königen Israels. Er war es, der das Haus Gottes in Jerusalem errichten durfte, er auch – wie wir nun wissen –, der Hazor, Megiddo, Geser und andere Städte erbaute. Und dennoch bleibt Salomo, archäologisch gesprochen, einer der ungreifbarsten Baumeister des Landes. Nichts hat sich vom Tempel, den er in Jerusalem errichtete, erhalten – zuerst zerstörten ihn 586 die Babylonier, und in den folgenden Jahrhunderten wurde er dem Erdboden fast vollständig gleichgemacht. Die Rekonstruktion des Tempelplans – den wir schon bei der Erörterung der Tempel in der unteren Stadt von Hazor erwähnten – stellt für Alttestamentler eine der schwierigsten Aufgaben dar. Man wird deshalb verstehen, warum wir bei unseren Ausgrabungen in Hazor besonderes Gewicht darauf legten, Salomos Stadt zu entdecken. Als wir tiefer und tiefer gruben und Schicht VIII erreichten – die zu Ahabs Zeit, in der ersten Hälfte des 9. Jahrhunderts v. Chr., nur einige Jahrzehnte nach Salomo entstand –, wuchs die Spannung in unserem Expeditionsteam beträchtlich. Es ergab sich, daß wir nicht nur die von Salomo erbaute Stadt und Festung fanden, sondern daß es uns mit Hilfe unserer Funde in Hazor auch gelang, die salomonischen Tore und Befestigungen in Geser und die salomonische Festung in Megiddo zu entdecken. Ich werde versuchen, unsere Entdeckungen in Hazor selbst und die daraus abgeleiteten vergleichbaren Entdeckungen an anderen Stätten Schritt für Schritt zu entwickeln. Mein Bericht mag sich zuweilen wie eine Detektivgeschichte anhören; Tatsache jedoch ist, daß die Bibel uns den Weg wies. Als Archäologe kann ich mir kein größeres Spannungserlebnis vorstellen, als mit der Bibel in der einen Hand und dem Spaten in der anderen zu arbeiten. Das war das eigentliche Geheimnis unserer Entdeckungen der salomonischen Periode.

Den Ausgangspunkt unserer Suche nach der salomonischen Stadt bildet das Pfeilergebäude aus der Zeit Ahabs in Schicht VIII. Wir sagten schon, daß sich nördlich der Pfeilerhalle zwei rechteckige Hallen befanden. Sie hatten ein Kopfsteinpflaster und an mehreren Stellen rechteckige Vertiefungen im Boden, die wir uns nicht erklären konnten. Waren diese Vertiefungen absichtlich angelegt worden? Diese Annahme

Der ungreifbare Salomo

Die Bibel als archäologischer Wegweiser

Ein stilisierter Tierkopf mit Sonnenscheibe und Kreuz auf der Stirn aus der Zeit Salomos

187

Ahabs Vorratshaus, in Südrichtung gesehen, mit Vertiefungen im Kopfsteinboden

gegenüber *oben* Salomos Kasernenbau unter dem Kopfsteinboden: seine Anlage entspricht den Vertiefungen

gegenüber *unten* Der tönerne Tierkopf mit Sonnenscheibe und Kreuzsymbol in natürlicher Größe

ergab keinen rechten Sinn. Man muß nicht unbedingt ein Genie oder gar ein Archäologe sein (wenn das eine Steigerungsform ist), um die Schlußfolgerung zu wagen, daß das Pflaster über den Ruinen früherer Schichten an jenen Stellen eingesunken war, die den Zwischenräumen zwischen den Mauern der früheren Schicht entsprachen. Wir beschlossen darum, die Böden sorgfältig abzutragen. Man betrachte die aus demselben Blickwinkel aufgenommenen Photos vor und nach Beseitigung der Kopfsteinböden. Die Umrisse von Bauten früherer Schichten treten deutlich hervor, die Anlage der Räume stimmt mit den eingesunkenen Rechtecken genau überein. Hier hatten wir den Idealfall einer Schichtung vor uns, weil die Kopfsteinböden aus der Zeit Ahabs die Gebäude, die wir entdeckten, fest versiegelt hatten. Nun hatten wir alle Chancen, Salomos Stadt zu erreichen – vorausgesetzt, er hatte Hazor wirklich erbaut, wie die Bibel sagt. Tatsächlich fanden wir heraus, daß dieses kasernenartige Gebäude während zweier Schichten bestand, die wir von oben nach unten als IX und X bezeichneten. Die untere, die Objekte aus der zweiten Hälfte des 10. Jahrhunderts enthielt (dem Ende der Regierung Salomos), muß zum Teil die von Salomo wieder aufgebaute Stadt gewesen sein, wohingegen Schicht IX vermutlich zu einem der Könige von Israel gehörte, die zwischen Salomo und Ahab regierten.

In einem der Räume dieses Bauwerks entdeckten wir ein sehr interessantes Objekt: den kleinen Terrakottakopf eines stilisierten Tieres mit der Sonnenscheibe und einem Kreuz auf der Stirn. Zwischen diesem Emblem und dem Symbol auf dem Räucheraltar des Orthostatentempels in der unteren Stadt besteht eine auffallende Ähnlichkeit, die die Vermutung nahelegt, daß der Kopf (in stilisierter Form) einen Stier darstellt. Das dreieckige Zeichen auf der Stirn tritt in der Kunst des orientalischen Altertums bei Stierbildern häufig auf. Es deutet den dreieckigen weißen Haarfleck an, den einige dieser Tiere aufweisen. Andererseits kann es sich auch – wie ich anfangs dachte – um einen Pferdekopf handeln. In diesem Fall würde die Figur dem Kult des Sonnengottes zugehören, der oft in Verbindung mit Wagen und Pferden erscheint.

Zurück zum Gebäude. Hätten wir eine Stätte ausgegraben, über deren Geschichte keine andere Quelle Auskunft gibt, so wären wir natürlich nicht in der Lage gewesen, Schicht X so präzis der Zeit Salomos zuzuordnen. Die auf der Stratigraphie beruhende relative Datierung und die auf der Tonware basierende absolute Datierung waren einwandfrei; beide Faktoren aber schlossen die Möglichkeit nicht gänzlich aus, das Gebäude auf das Ende des 10. Jahrhunderts oder vielleicht sogar auf den

Beginn des 9. Jahrhunderts zu datieren. So wichtig die Entdeckung dieses Bauwerks auch war, es konnte den Zusammenhang von Schicht X und Salomo nicht unumstößlich beweisen.

Die Kasemattenmauer

Unmittelbar östlich des Pfeilergebäudes hatte schon Garstang einen Graben gezogen, den wir weiter vertieften. Auf dem Grund tauchten zwei parallel laufende Mauern auf, die wir jedoch ohne weitere Grabungen nicht relativ oder absolut datieren konnten. Wir erweiterten deshalb einen Grabungsabschnitt östlich des Pfeilergebäudes und des gerade erst entdeckten garnisonartigen Baus aus Schicht X, wo der *Tell* eine Terrasse bildet. Beim Ausgraben des Terrassenrands fanden wir eine gut gebaute Kasemattenmauer. Wir erwähnten, daß eine Kasemattenmauer eine durch senkrechte Trennwände in Räume unterteilte Doppelmauer ist. Dieser Bautyp hat seine Nachteile, er ist schwächer als eine massive Mauer; sein Vorteil liegt darin, daß die Räume als Vorratslager und Truppenunterkünfte dienen können. Die Entdeckung der Mauer war an sich noch kein einwandfreier Beleg für die Zugehörigkeit der Schicht zu Salomo, obwohl sie eine wichtige Bestätigung darstellte. Vor unserer Grabung hatte man zum Beispiel schon an zwei anderen Stätten im Süden, in Tell Beit-Mirsim und Beth-shemesh, Kasemattenmauern gefunden; die betreffenden Aus-

Eine Grabung östlich des Pfeilerbaus stößt auf die innere Wand der salomonischen Kasemattenmauer (unten)

gräber hatten sie König David zugeordnet. Aber bevor ich die Entdeckung schildere, die den neuen Sachverhalt definitiv klärte, möchte ich die Kasemattenmauer beschreiben.

Wir gruben vier Kasematten vollständig und zwei teilweise aus. Der Mauerzug verläuft (wie der Plan auf Seite 195 zeigt) im großen Ganzen von Norden nach Süden, abgesehen von zwei den topographischen Gegebenheiten angepaßten stumpfen Winkeln (einer abgebildet). Die Kasematten sind im allgemeinen 8 bis 10 Meter lange Räume. Die Außenmauer hat eine Stärke von etwa 1,50 Meter, die Innenmauer ist etwas über 1 Meter dick; die Trennwände zwischen den Kasematten sind 1 Meter dick; und der Zwischenraum zwischen den Mauern (d. h. die Innenbreite der Kasematten) beträgt 2,50 Meter. Jede Kasematte hatte einen Eingang, der in der Ecke bei einer Trennwand lag, und einen Erdfußboden. In den Trümmern gefundene Ziegelreste deuten darauf hin, daß der obere Teil der Mauern aus Ziegelsteinen bestand, eine Tatsache, die durch den Estrich auf der Oberkante der Steinfundamente bestätigt wurde. Ähnliche Kasematten kamen auch in Abschnitt B und zwei anderen Abschnitten zum Vorschein, alle westlich der in Abschnitt A entdeckten Mauer. Zwischen der Innenmauer der Kasemattenmauer und dem weiter

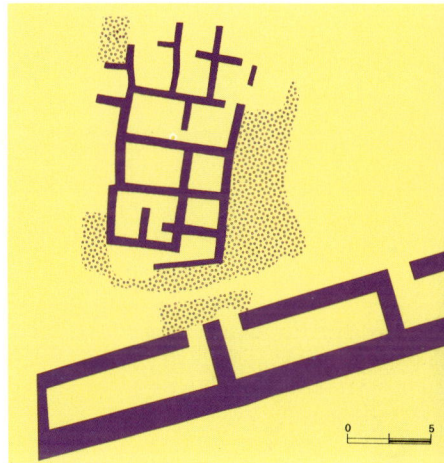

Grundriß der Kasematten, der Pflasterung und des Garnisonsgebäudes

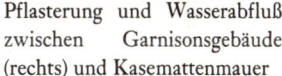

Pflasterung und Wasserabfluß zwischen Garnisonsgebäude (rechts) und Kasemattenmauer

westlich liegenden Gebäude fanden wir eine gepflasterte Straße mit einem Abflußkanal, der neben der Mauer entlanglief. Das Pflaster war hier mehrmals erhöht worden, eine Reparatur, die mit den Hauptphasen in anderen Bauten in der Nähe fast genau übereinstimmte. Alle gepflasterten Flächen reichten bis zur Kasemattenmauer.

Um die Situation vor der Mauer und nach Osten besser übersehen zu

191

Der lange Graben östlich der
salomonischen Befestigung

Eine verschüttete Schildkröte

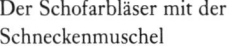

Der Schofarbläser mit der
Schneckenmuschel

können, zogen wir im rechten Winkel zum Mauerverlauf einen tiefen
Graben in östlicher Richtung. Dieser Graben sollte uns auch Kenntnisse
über die der israelitischen Periode voraufgehenden Schichten vermitteln.
Er zeigte uns aber auch, daß eine frühere bronzezeitliche Mauer der
salomonischen Kasematte als Basis diente, und daß vor der Befestigungsanlage ein riesiger Graben verlief, der das Bollwerk noch mächtiger
machte. So wurde das gesamte Hügelgelände westlich der Kasemattenmauer isoliert und von der östlichen Terrasse abgetrennt.

Bevor wir die Mauer eine Zeitlang sich selbst überlassen, möchte ich
noch zwei kleine Funde erwähnen, die wir in ihren Räumen freilegten –
weniger wegen ihrer wissenschaftlichen Bedeutung als wegen ihres
reizvollen Aspekts.

In einem der Räume fanden wir einen unversehrten Schildkrötenpan-
zer. Das Tier wurde vielleicht bei der Zerstörung der Mauer verschüttet
oder von einem der in der Kasematte lebenden Soldaten dorthin gebracht.
Das andere Objekt tauchte gleichfalls in dem wiederbenutzten Kasemat-
tenraum auf und gehörte ursprünglich wohl der salomonischen Periode
an. Es war eine große Schneckenmuschel aus dem Roten Meer, die
augenscheinlich als Trompete diente. Sie hatte ein durch die Waagerechte
gebohrtes Loch zum Blasen und eins am Ende zur Befestigung einer
Schnur. Nach fast 3000 Jahren – der Zeit, die seit ihrem letzten Gebrauch
vergangen war – funktionierte sie immer noch. Einer unserer Arbeiter,

Schofarbläser in einer Synagoge, hielt sie an die Lippen und produzierte eine Fülle von Tönen! Amateurbläser erzielten allerdings weniger erfreuliche Resultate. Ähnliche Schneckenmuscheln kommen hin und wieder bei Ausgrabungen zum Vorschein; es ist anzunehmen, daß sie von den Soldaten bei der Mauer für Alarmsignale benutzt wurden. Auch heute noch verwenden primitive Gemeinschaften in Afrika und Südamerika Schneckenmuscheln in dieser Form.

Nördlich der Kasemattenmauer stießen wir auf ein großes Bauwerk, das mit der Mauer zusammenhing, aber vorwiegend innerhalb der Stadt lag. Wir erkannten sogleich, daß wir das mit der Kasemattenbefestigung verbundene Tor gefunden hatten. Ferner stellte sich bald heraus, daß die Struktur des Tors – sechs Kammern und zwei Türme – wie auch seine

Der ausschlaggebende Beweis

Ausmaße mit denen des schon früher entdeckten Tors in Megiddo übereinstimmten; und das hatten die Archäologen der Stadt Salomos zugeordnet. Die Erregung in unserem Camp steigerte sich. Das war der eigentliche Beweis! Nicht nur, daß wir diese Schicht mit Recht Salomo zugewiesen hatten, bestätigte das Tor auch die Authentizität der Bibelverse, die Salomos Wirken in diesen Städten beschreiben. Unsere Stimmung erreichte ihren Höhepunkt. Ich erinnere mich noch lebhaft, wie wir einen Trick anwandten, um unsere Arbeiter zu beeindrucken, noch bevor Konturen und Anlage des Tors sichtbar hervortraten. Wir steckten den Grundriß des Megiddo-Tors auf dem Boden ab, kennzeichneten die Ecken und Mauern mit Pflöcken und wiesen die Arbeiter an, der

Salomos Tor und die Kasemattenmauer in südlicher Blickrichtung

Markierung entsprechend zu graben; dann verkündeten wir: »Hier werden Sie eine Mauer finden« oder: »Da sehen Sie bald eine Kammer.« Als unsere »Prophezeiungen« eintrafen, gewannen wir ungeheuer an Prestige und wurden fast für Zauberer gehalten. Aber unsere gelernten Arbeiter, meist ältere Juden, die erst vor kurzem aus Nordafrika eingewandert waren, kannten sich im Alten Testament gut aus; als wir ihnen die Bibelverse über Salomos Wirken in Hazor, Megiddo und Geser vorlasen, nahm unser Ansehen schlagartig ab, wohingegen das der Bibel stieg. (Übrigens versuchten wir das Interesse unserer Arbeiter an der Grabung zu intensivieren, indem wir sie gelegentlich zusammenriefen und ihnen unsere Funde und die Überlegungen, die zu unseren Schlußfolgerungen geführt hatten, erklärten. Das gab ihnen ein Gefühl des Beteiligtseins und der Zugehörigkeit zum Team, was sich als sehr hilfreich erwies.)

Der Torbau bestand aus sechs Kammern, drei auf jeder Seite des Durchgangs, und je einem quadratischen Turm zu beiden Seiten des Eingangs. Die gesamte Außenlänge des Torbaus betrug 20,30 Meter, die Breite 18,20 Meter. Der Durchgang zwischen den Kammern maß 4,20 Meter. Das Torhaus lag überwiegend zur Stadt hin, nur die beiden Türme ragten außerhalb der Kasematte hervor. Die Kammern hatten eine zweifache Funktion: sie dienten als Wachstuben und stützten zugleich die Decke – vielleicht sogar das zweite Geschoß mit Mauern und Zinnen. Diese Struktur, bei der das Torhaus im Grunde den Charakter eines

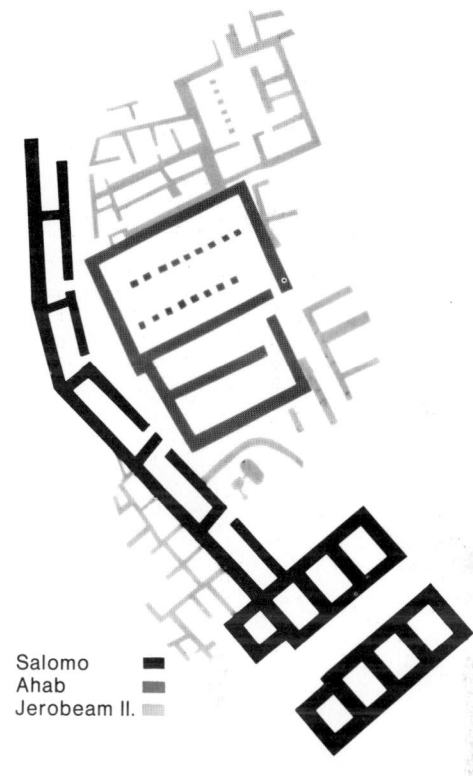

Salomo ▬
Ahab ▬
Jerobeam II. ▦

Plan der Bauwerke Salomos, Ahabs und Jerobeams II. im Abschnitt A

Rekonstruktion eines Tors und einer Befestigung in Lachish nach einem assyrischen Relief und Grabungsfunden

gegenüber Die Luftaufnahme zeigt Salomos Tor und Kasemattenmauer, dazu Gebäude aus anderen Schichten

195

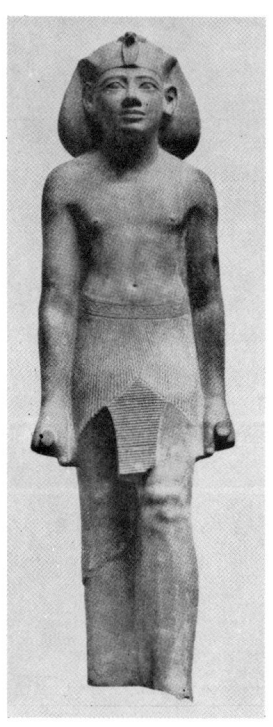

selbständigen Forts hat, ist aus altorientalischen Städtedarstellungen bekannt. Vom eigentlichen Tor fanden wir nur die Fundamente bis zur Höhe des Kalkbodenbelags im Durchgang. Man darf vermuten, daß das Torhaus selbst ein Ziegelbau war. Wir entdeckten auch die Innenschwelle, die aus zerbrochenen, wiederverwendeten Orthostaten der Bronzezeit bestand, während der schräge Zugang nach Osten ein Kopfsteinpflaster hatte. Aufgrund der Lage des Tors zwischen der oberen und unteren Terrasse neigte sich der Durchgang außerhalb der Stadt. Später stellten wir fest, daß die Erbauer gewaltige Anstrengungen unternommen hatten, um das steile Gefälle des Zugangs zu planieren. Unglücklicherweise hatten sie dabei fast alle Schichten der späten Bronzezeit und in einigen Fällen sogar die Schichten der mittleren Bronzezeit direkt unterhalb und westlich des Tors beseitigt. Aus diesem Grund fanden wir in der Schüttung unter dem Tor riesige Mengen von Artefakten, die zu früheren Perioden gehörten, darunter zwei wunderschöne Skulpturfragmente ägyptischen Ursprungs. Bei dem einen handelte es sich um das Mittelteil eines Torsos, wahrscheinlich eines Pharaos, der einem der früheren Könige von Hazor – vielleicht in der Periode kurz vor Josua oder in der El-Amarna-Periode des 14. Jahrhunderts – als Gabe zugesandt worden war. Das andere – Reste von Zehen, allerdings exquisit gestaltet – konnte ebenfalls von einer ägyptischen Königsplastik stammen. Es ist sehr schade, daß nur diese Stücke erhalten blieben. Wir versprachen unseren

oben Eine Statue Amenophis' II. (1436–1410 v. Chr.), ähnlich dem in Hazor gefundenen Fragment
unten Fragmente ägyptischer Statuen, die im Schutt unter dem Tor Salomos gefunden wurden

Arbeitern Fässer voll Wein, wenn sie die anderen Teile dieser Statuen fänden; leider wurde unser Versprechen nicht auf die Probe gestellt.

Ein Blick auf die Karte zeigt, daß die Kasemattenmauer und das Tor direkt in der Mitte des *Tell* in südnördlicher Richtung liegen. Das bedeutet, daß die salomonische Stadt nur die Westhälfte des *Tell* einnahm; die östliche Hälfte war nicht besiedelt – jedenfalls nicht innerhalb der Stadtbefestigung. Diese Situation stand im Gegensatz zur Periode Ahabs in Schicht VIII, wo wir Überreste einer massiven Mauer auch im östlichen Teil der Stadt auffanden (vor allem in Abschnitt G). Wir folgerten daraus, daß sich die Stadt seit dem 9. Jahrhundert im Umfang nahezu verdoppelt hatte. Aber unsere Entdeckung ließ noch andere Interpretationen zu. Aufgrund der Tatsache, daß die salomonische Mauer sich im Zentrum des Hügels befand, meinten einige Wissenschaftler, insbesondere Dr. Kathleen M. Kenyon, daß sie keine richtige Stadtmauer, sondern nur die Mauer einer Akropolis oder eines königlichen Bezirks gewesen sei. Die Vermutung war plausibel, und die Frage durfte nicht unbeantwortet bleiben. Als wir 1968 nach zehnjähriger Pause die Ausgrabungen wiederaufnahmen, beschloß ich, das Problem zu untersuchen und möglichst eine Lösung zu finden.

Wir erschlossen einen neuen Abschnitt (M genannt) auf der Nordseite des *Tell* (nördlich des salomonischen Tors) am Rand des Hügels. Der Ort lag am theoretischen Treffpunkt der Stadtmauer am Nordrand des *Tell*

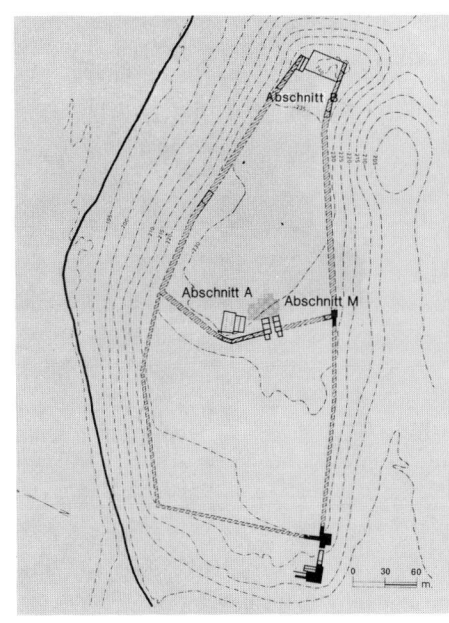

Die Skizze der Befestigung Salomos zeigt den Anschluß an die Mauer Ahabs

Vor der Grabung wird die mutmaßliche Lage des Maueranschlusses festgelegt

rechts Salomos Befestigung in Abschnitt A (oben) und ihr Anschluß an die Mauer Ahabs in Abschnitt M

gegenüber Grundrisse der beiden Phasen von Schicht IX (die beiden oberen Skizzen) und Schicht X

Vorsprung der massiven Mauer Ahabs an der Verbindungsstelle

und der gedachten Verlängerung der Kasemattenmauer, etwa 55 Meter nördlich des Tors. Als wir anfingen zu graben – und eigentlich immer noch überlegten, wo wir den Spaten ansetzen sollten –, war an der Oberfläche nichts zu sehen. Wir hofften, abschließende Ergebnisse darüber zu gewinnen, ob sich die Kasemattenmauer aus Abschnitt A nach Erreichen der Nordseite des *Tell* nach Westen wandte – entsprechend unserer früheren Vorstellung von der Umgrenzungslinie der salomonischen Stadt – oder ob sie T-förmig nach Westen *und* Osten abbog, bis zum Stadttor im Osten weiterführte und in der westlichen Verlängerung eine Akropolis einschloß. Zu Anfang zogen wir einen Graben von Westen nach Osten, um die Fortsetzung der Nordsüdmauer aufzufinden. Sie trat tatsächlich entlang der gedachten geraden Linie hervor (in Übereinstimmung mit der Richtung der Kasemattenmauer in Abschnitt A). Da die Kasemattenmauer hier genau dieselben Ausmaße hatte wie die in Abschnitt A, gab es keinen Zweifel, daß es sich um ein und dieselbe Mauer handelte. Teile der Mauer waren im Altertum eingerissen worden, wahrscheinlich weil sich die Stadt in Schicht VIII nach Osten ausgedehnt und sie dadurch überflüssig gemacht hatte. Nachdem wir die Richtung der Mauer eindeutig festgestellt hatten, zogen wir bis zur nördlichen Stadtmauer einen breiten Nordsüd-Graben im rechten Winkel zum ersteren. Hier traten entscheidende Ergebnisse zutage, die unsere Hauptfrage unwiderruflich beantworteten: die Kasemattenmauer wandte sich *nur* nach Westen. Überdies entdeckten wir östlich der Ecke der

Kasemattenmauer eine massive, mit Vorsprüngen und Einbuchtungen versehene Mauer aus Schicht VIII, die auf der Ecke der Kasemattenmauer errichtet war. Diese kleine Grabung lieferte einen sicheren Anhaltspunkt dafür, daß die salomonische Stadt tatsächlich auf den Westteil des *Tell* beschränkt blieb und eine Gesamtfläche von 26 000 Quadratmetern (das sind 6,5 Morgen) bedeckte. Obwohl wir Dr. Kenyons These widerlegten, bin ich ihr doch dankbar, daß sie sie vertrat: denn sie zwang uns, unsere Vermutung mit stichhaltigem Beweismaterial zu begründen.

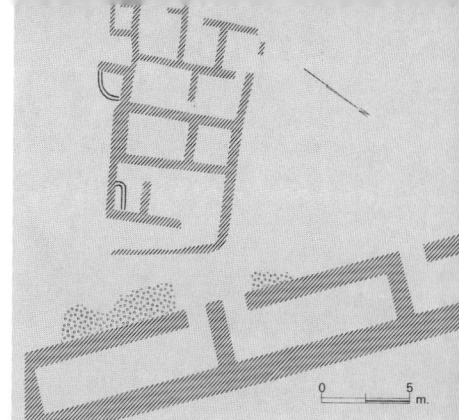

Im Verlauf dieser Darstellung haben wir uns mit den Hauptschichten, die wir entdeckten, befaßt: Salomos Schicht X, in der die Kasemattenmauer und andere Festungselemente entstanden; und Schicht IX, eine Zwischenstufe zwischen Salomo und Ahab. In Wirklichkeit hatte jede dieser Schichten zwei Phasen, IXA (auf die wir bei der Arbeit von oben nach unten zuletzt stießen) und IXB, XA und XB genannt. Wir konnten diese Phasen in der Geschichte der rechteckigen Räume unter den Kopfsteinböden des Pfeilergebäudes aus Ahabs Zeit wie auch im Kopfsteinpflaster zwischen diesem Gebäude und den Stadtmauern ganz klar erkennen. Nach Zerstörungen fanden in den Räumen oder in den Häusern hin und wieder Veränderungen statt; man mauerte Türen zu, baute Räume an und hob gelegentlich das Kopfsteinpflaster. Ein Blick auf die Pläne dieser vier Phasen wird auch dem Laien die Unterschiede verdeutlichen. Für Archäologen sind vier Phasen innerhalb so kurzer Zeit, vielleicht sechs oder acht Jahrzehnten, von allergrößter Bedeutung. Sie verschaffen uns die Möglichkeit, die Geschichte der Stadt genau zu verfolgen und die Töpferware in jeder Phase präziser zu datieren.

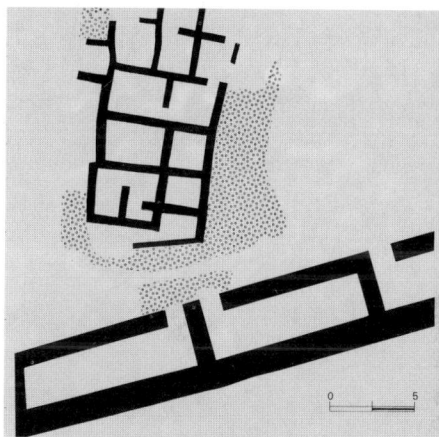

Schwieriger als die Bestimmung der Phasen ist jedoch die Ermittlung der Gründe für diese häufigen Zerstörungen. Die Spätphase von Schicht IX war mit einer dicken Aschenschicht bedeckt, ein Zeichen für die Plünderung und Zerstörung der Stadt. Wir können diese Zerstörung auf den Feldzug des Aramäerkönigs Benhadad im Jahre 885 v. Chr. zurückführen. Der Feldzug fand zur Zeit des Königs Baesa von Israel statt. Obwohl die Verwüstung Hazors nicht ausdrücklich erwähnt wird, läßt sie sich aus dem Bericht über den Feldzug im 1. Buch der Könige (15,20) erschließen: »Benhadad . . . schlug Ijon und Dan und Abel-Beth-Maacha, das ganze Kinneroth, samt dem ganzen Lande Naphthali.« Die Parallelstelle im 2. Buch der Chroniken (16,4) lautet: »Benhadad . . . sandte seine Heerfürsten wider die Städte Israels; die schlugen Ijon . . . und alle Kornstädte Naphthalis.« Anscheinend wurden nur die nördlichen Grenzstädte ausdrücklich genannt. Da aber der Großteil des Landes Naphthali mit allen Kornstädten erobert wurde und Benhadads Heer das Gebiet Kinneroth erreicht hatte, ist kaum anzunehmen, daß Hazor verschont blieb. Und chronologisch stimmt die Zerstörung von Schicht IX mit Benhadads Feldzug exakt überein. Im Grunde jedoch waren unsere Gedanken über die verschiedenen Lagen, die den gut aufgebauten »Sandwich« der salomonischen Schicht X unten und Ahabs Schicht VIII oben füllten, reine Spekulation. Hier hatten wir den klassischen Fall einer durch Stratigraphie, Tonware, historische Dokumente und vor allem die Bibel ermöglichten absoluten Chronologie der verschiedenen Städte.

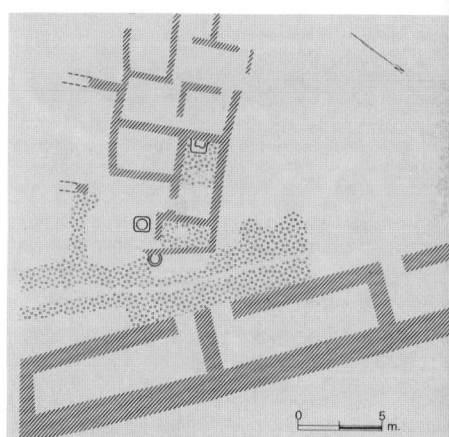

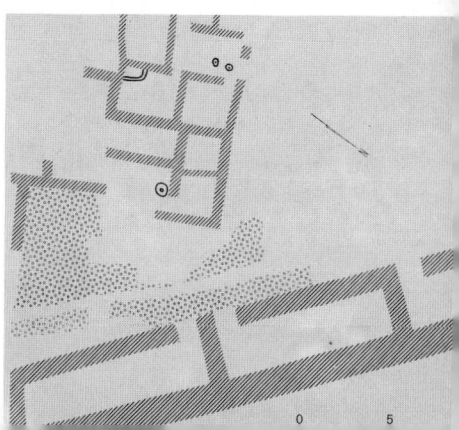

13   Geser – Ausgrabungen in einem Buch

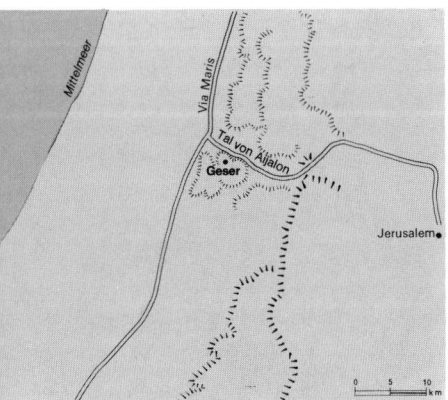

oben Die Lage von Geser im Tal von Aijalon: die Stadt kontrolliert eine ostwärts führende Abzweigung der Via Maris

unten »Die Grenze von Geser«, von Macalister veröffentlicht

Die Entdeckung gleichartiger Tore in Hazor und Megiddo sowie die Tatsache, daß Salomo in der Bibel auch als der Erbauer von Geser erwähnt wird, veranlaßten mich, das Problem der salomonischen Stadt und Festung an dieser Stätte zu untersuchen. Die folgende Beschreibung wird zeigen, daß man manchmal nicht nur *Tells*, sondern auch Berichte über frühere Grabungen erforschen und »ausgraben« muß, Grabungen, die zu einer Zeit erfolgten, als die Archäologie noch in den Kinderschuhen steckte und Vergleichsmaterial, das dem Ausgräber hilft, nur recht spärlich zur Verfügung stand.

Tell Geser, Ort der biblischen Stadt, ist ein großer, eindrucksvoller Hügel an einer strategisch äußerst wichtigen Stelle zwischen Jerusalem und der Mittelmeerküste. Er beherrschte eine wichtige Abzweigung der Straße zwischen Ägypten und dem Norden (der Via Maris) und überblickt das weite Tal von Aijalon, den Schauplatz der berühmten Schlacht zwischen Josua und den kanaanitischen Königen – wo »die Sonne stille stund«. Er gehört zu den wenigen Altertumsstätten in Israel, deren Identität mit dem biblischen Namen eindeutig feststeht, da mehrere Inschriften im Felsgestein, das den *Tell* umgibt, die hebräischen Wörter תחום גזר (»die Grenze von Geser«) zusammen mit der Genitivform eines griechischen Namens, *alkiou* (»gehört Alkios«), enthalten. Der Name der alten Stadt hat sich im Namen des heutigen arabischen Dorfs, das in der Nähe liegt, nicht erhalten, er war aber offensichtlich noch bis ins 16. Jahrhundert n. Chr. hinein bekannt. 1870 vollbrachte der bekannte französische Archäologe Charles Clermont-Ganneau, damals französischer Konsul in Jerusalem, eine detektivische Glanzleistung, indem er den *Tell* als das alte Geser identifizierte. Bei der Lektüre der Schriften eines arabischen Chronisten des 16. Jahrhunderts, der über ein Gefecht zwischen Truppen des Gouverneurs von Jerusalem und einer Schar Beduinen berichtete, das 1525 im Gebiet von Ramle stattfand, bemerkte Clermont-Ganneau, daß die Schreie der Protagonisten in dem Dorf

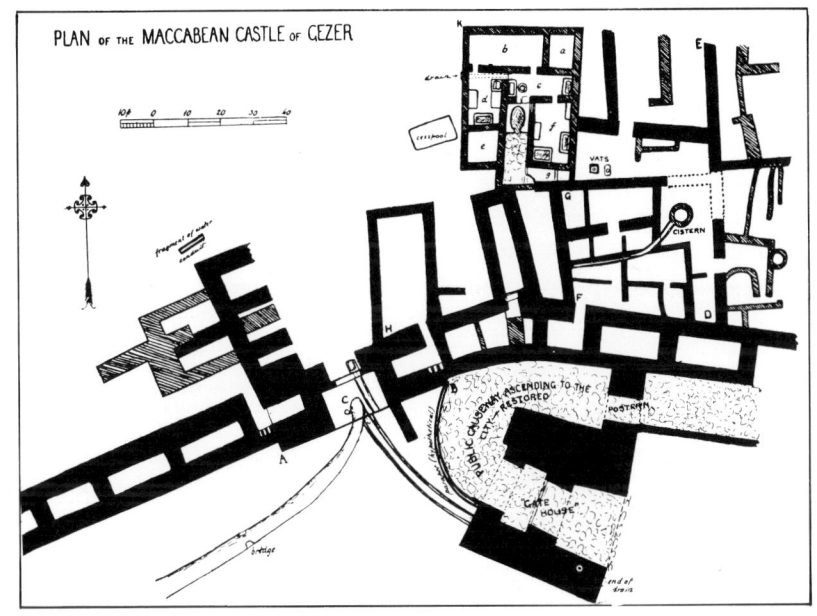

PLAN of the MACCABEAN CASTLE of GEZER

links Innerhalb dessen, was Mac-alister die »Makkabäerburg von Geser« nannte, treten Salomos Tor und die Kasemattenmauer deutlich hervor (reproduziert aus Macalisters Veröffentlichung über Geser)
unten Salomos Befestigungen in Hazor (oben), Megiddo (Mitte) und Geser (unten) nach der Veröffentlichung des Autors vor den letzten Grabungen in Geser

Khuldeh und bei Tell el-Jazar gehört worden waren. Die Ähnlichkeit zwischen Jazar und dem hebräischen Wort Geser fiel ihm auf, und so stellte er Nachforschungen an, die schließlich zur Identifizierung der Stätte führten.

Im Verlauf langer Kampagnen zwischen 1902 und 1905 und wieder 1907 und 1909 nahm der junge irische Archäologe R. A. S. Macalister an dieser Stätte eine der ersten großangelegten Ausgrabungen in Palästina vor. Nicht nur, daß die Archäologie damals in ihren Anfängen steckte – Macalisters Eifer und Ehrgeiz verursachten leider auch zum großen Teil die anschließende Konfusion über die stratigraphische und chronologische Einordnung seiner vielen Entdeckungen. Er arbeitete im Alleingang als Direktor, Architekt und Oberaufseher. Dennoch muß man es ihm hoch anrechnen, daß er im Unterschied zu kompetenteren Archäologen späterer Zeiten seine Funde bald nach Abschluß der Ausgrabungen (1912) veröffentlichte. Er schilderte sie – in drei kostbaren Bänden mit Photos und Zeichnungen – in dem enthusiastischen und für meinen Geschmack schönen Stil des Viktorianischen Zeitalters.

Obwohl weder Macalister noch die Gelehrten, die seinen dreibändigen Bericht durchlasen, irgendwelche Zusammenhänge zwischen Salomo und Geser nachwiesen, fühlte ich mich durch die Entdeckungen in Hazor und die berühmte Stelle im 1. Buch der Könige veranlaßt, Macalisters Darstellung erneut zu überprüfen – in der Hoffnung, ein Tor ausfindig zu machen. Man wird sich meine Überraschung und grenzenlose Erregung vorstellen können, als ich im ersten Band auf Seite 217 auf die Skizze (hier abgebildet) eines Ausgrabungsabschnitts von Macalister mit der Bezeichnung »Plan der Makkabäerburg von Geser« stieß. Ein Blick auf die Grundrißzeichnung läßt deutlich eine Kasemattenmauer, ein äußeres Torhaus und (auf der linken Seite) eine noch bedeutendere Struktur

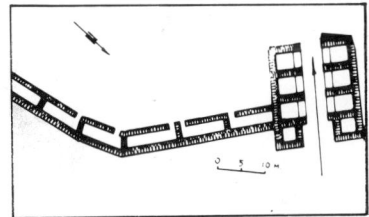

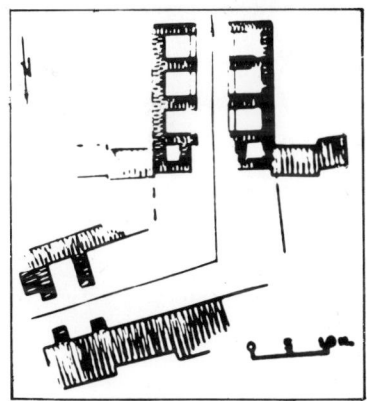

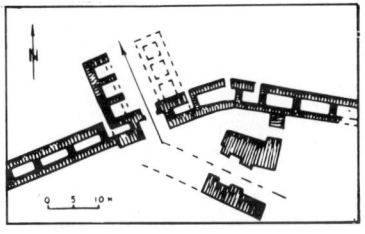

erkennen, die wie ein halbes Stadttor aussieht, genau wie in Megiddo und Hazor. Macalister hatte dieses Gebilde hauptsächlich wegen der in dem Abschnitt entdeckten hellenistischen Keramik und einer griechischen Inschrift als »Makkabäerburg« bezeichnet. Da er nur den Westteil des Tors gefunden hatte und – das muß der Gerechtigkeit halber gesagt werden – die Tore von Megiddo und Hazor damals nicht bekannt waren, erkannte er den Charakter und die volle Bedeutung des Festungskomplexes nicht. Die Überreste seines halben Tors bezeichnete er merkwürdig genug als »stallartige Räume«.

Detail	Megiddo	Hazor	Geser
Länge des Tors	20,30 m	20,30 m	19 m
Breite des Tors	17,50 m	18 m	16,20 m
Zwischenraum zwischen den Türmen	6,50 m	6,10 m	5,50 m
Breite des Torwegs	4,20 m	4,20 m	3,10 m
Stärke der Mauern	1,60 m	1,60 m	1,60 m
Gesamtbreite der Kasemattenmauer	–	5,40 m	5,40 m

1958 wagte ich die Veröffentlichung eines Artikels (im *Israel Exploration Journal*) unter dem Titel »Salomos Stadtmauer und Tor in Geser«, in dem ich die Vermutung äußerte, daß es sich bei der Makkabäerburg in Geser um die Überreste des salomonischen Bollwerks und Torbaus handele – genau wie in Hazor. Bei der Rekonstruktion des Grundrisses (in schraffierten Linien) fielen mir Ähnlichkeiten mit Hazor und Megiddo nicht nur in der Anlage der Befestigungen, sondern auch in ihren Maßen auf, als ob alle »vom Architekten Salomos nach denselben Entwürfen, mit im Einzelfall geringfügigen, durch das Gelände bedingten Abweichungen gebaut worden seien«. Ich fertigte dazu eine Tabelle mit Vergleichsmaßen an. Es gab noch anderes Beweismaterial für diese Übereinstimmung, so vor allem die gleiche Konstruktion der Torhauspfosten hier und in Megiddo: jede Schicht bestand aus »Bindern und Läufern«, wie wir es nennen. Überdies waren auch die Quadersteine ebenso bearbeitet wie in anderen israelitischen Bauten des 10. und 9. Jahrhunderts. Obwohl meine Vermutung bei Bibelarchäologen allgemeine Zustimmung fand, schien es mir verlockend, Macalisters Ausgrabungsgebiet wieder zu öffnen, um die östliche Hälfte des Torbaus freizulegen und mit Hilfe der Tonware die genaue Entstehungszeit zu ermitteln. Ich sage verlockend, obwohl ich persönlich an den Ergebnissen nicht zweifelte. Die Bibel einerseits und die Übereinstimmung des Grundrisses mit dem in Hazor und Megiddo andererseits waren schon eindrucksvoll genug. Ich schob die Ausgrabungen immer wieder auf, vielleicht weil ich unbewußt fürchtete, mit meinen eigenen Händen eine meiner Meinung nach glänzende Theorie zu »zerstören«.

Glücklicherweise waren wir nicht mehr auf die Ähnlichkeit rein äußerer Merkmale oder auf die Detektivarbeit angewiesen, die zur Identifizierung der salomonischen Befestigungsanlage in Geser geführt hatte. Die Stätte Geser wird nun von der Jerusalemer Abteilung des *Hebrew Union College* ausgegraben. Viele der von Macalister ausgegrabenen Abschnitte wurden im Verlauf mehrerer Saisons von 1965 bis 1973 mit modernsten wissenschaftlichen Methoden erneut geöffnet und ausgegraben. Diese Grabungen, die Dr. William G. Dever unter Mitwirkung eines sehr fähigen Mitarbeiterstabs leitete, hatten unter anderem die Überprüfung und Verifizierung meiner Theorie zum Ziel. Anfangs war man vorsichtig und zurückhaltend und sprach nicht vom salomonischen Tor oder der Makkabäerburg, sondern vom »Yadin-Tor«. Devers Team fand aber nicht nur die andere Hälfte des Tors – die stratigraphischen Befunde und die Töpferware bewiesen überdies, daß der Komplex aus der Zeit Salomos stammte. In einem seiner Berichte geriet Dever in eine solche Erregung über seine Funde, daß er folgenden Passus schrieb: »Die versiegelte Keramik aus den Böden und die Bestände darunter waren charakteristische rötlich gebrannte Ware des 10. Jahrhunderts. Salomo hat Geser tatsächlich wieder aufgebaut!«

Diese Ausgrabungen legten das Tor als Ganzes frei und machten es möglich, seine spätere Entwicklung (denn es wurde mehrmals wieder aufgebaut) durch die Periode des geteilten Königreichs bis zur Zeit der Makkabäer zu verfolgen. Die Ergebnisse bewiesen sogar, daß das Tor von Geser in seinen Abmessungen denen in Megiddo und Hazor ähnlicher war, als wir gedacht hatten. Die hier abgedruckte Tabelle zeigt, daß die Breite des Torwegs in Megiddo und Hazor 4,20 Meter beträgt, in Geser dagegen 3,10 Meter. Diese Berechnung basiert natürlich auf Macalisters Plan. Als jedoch das Team vom *Hebrew Union College* die Türpfosten untersuchte, fiel ihm folgendes auf (Zitat aus einem Zwischenbericht):

> »Die zweite Überraschung war, daß der schöne Quadersteinpfosten im Westen anders als der östliche nur sehr oberflächlich in einem Graben eingelassen war, der eine Trümmerstufe der Eisenzeit II durchschnitt. So stellte er eine äußerlich geschickte Rekonstruktion der makkabäischen Periode dar, wobei wahrscheinlich Originalsteine verwendet wurden, um eine Angleichung an die salomonischen Restpfosten zu erzielen. Die Entdeckung dieser List klärte das Geheimnis, das uns schon lange aufgefallen war, nämlich daß der Torweg

» Salomo hat Geser tatsächlich wieder aufgebaut!«

Salomos Tor in Geser (Blick nach Süden) nach der letzten Grabung. Man beachte den Abwasserkanal unter dem Tordurchgang

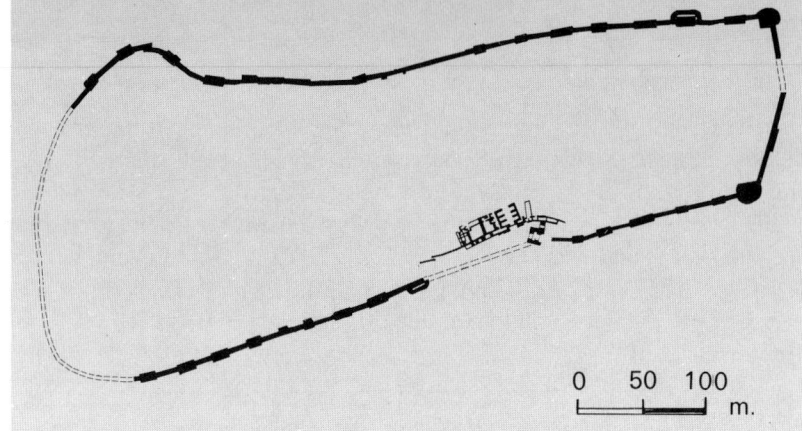

Die Befestigung von Geser: Salomos Tor und Stadtmauer schließen die Lücke in einer älteren, zerstörten Maueranlage

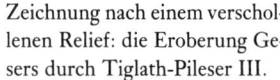

asymmetrisch und nur 3,10 Meter breit war im Vergleich zu den 4,20 Meter breiten Toren von Hazor und Megiddo. Glücklicherweise trat der mutmaßliche Verlauf der ursprünglichen Schwelle zutage; sie maß genau 4,20 Meter, stimmte also in den Abmessungen mit den anderen Toren überein. Also hatte Salomon Geser tatsächlich wieder aufgebaut!«

Doch selbst damit ist die Geschichte der Suche nach Salomo noch nicht zu Ende. Wir können jetzt erkennen, was Salomo in Geser tat. Nachdem er Hazor, Megiddo und Geser erbaut hatte, heißt es anschließend daran im 1. Buch der Könige (9): »Denn Pharao, der König in Ägypten, war heraufgekommen, und hatte Geser gewonnen, und mit Feuer verbrannt, und die Kananiter erwürget, die in der Stadt wohneten, und hatte sie seiner Tochter, Salomos Weib, zum Geschenk gegeben.« Ein Blick auf

Zeichnung nach einem verschollenen Relief: die Eroberung Gesers durch Tiglath-Pileser III.

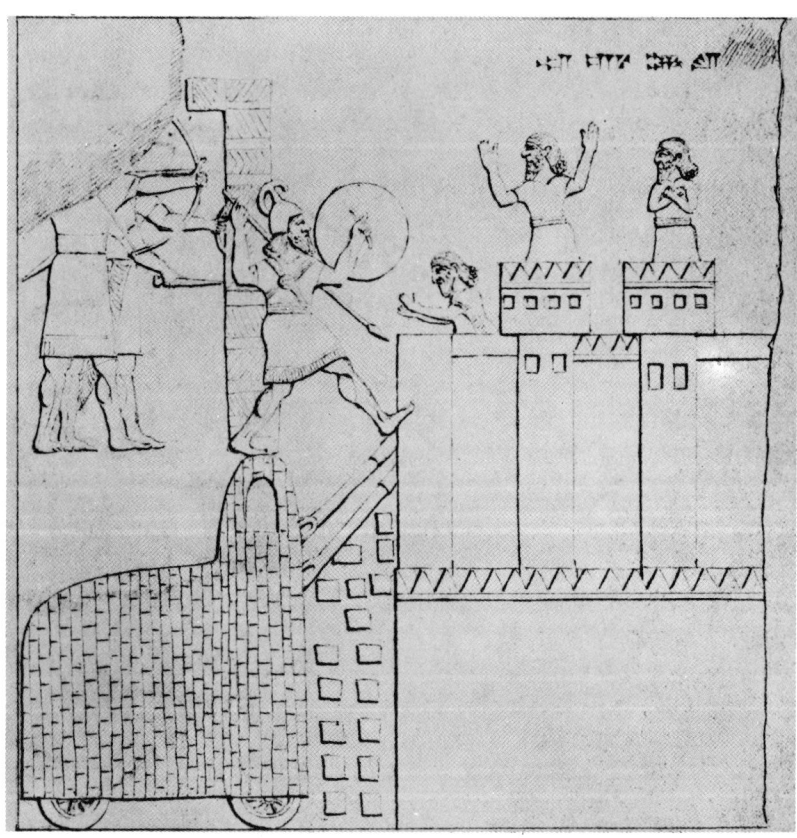

204

den Plan zeigt, was Salomo wirklich tat: er füllte die Lücke in der alten Befestigung durch eine neue Kasemattenmauer und ein Torhaus. Die jüngsten Ausgrabungen brachten auch die von Salomos »Schwiegervater« niedergebrannte Geser-Schicht zum Vorschein und erhellen auf diese Weise die historische Entwicklung in Geser. Durch diese Ausgrabungen gelang es, die Überreste des israelitischen Geser nach Salomo aufzufinden und die Existenz der Stadt bis ins 8. Jahrhundert v. Chr. nachzuweisen. Ein berühmtes Relief, das im Palast Tiglath-Pilesers III. (des Zerstörers von Hazor) auftauchte und seinen Angriff auf die Stadt Gazru darstellt, kann nun mit Sicherheit auf Geser bezogen werden.

Nach der Klärung des Problems des salomonischen Tors und Festungswerks in Geser schrieb ich (unter Hinweis auf 1. Kön. 9,15): »Kaum je in der Geschichte der Archäologie hat ein so kurzer Bibelvers soviel zur Identifizierung und Datierung von Ruinen beigetragen, die der Spaten ans Licht brachte.« Aber es gab ein Haar in der Suppe – ein dickes, graues, häßliches Haar. Die mit dem salomonischen Tor in Megiddo (von den Ausgräbern des dortigen *Tell*) in Verbindung gebrachte Stadtmauer war keine Kasemattenmauer! Diese Abweichung von der Norm mußte untersucht werden. Sie ließ sich nicht, wie es ein Wissenschaftler versuchte, durch die Verschiedenartigkeit der drei Städte erklären. Es steht fest, daß Stärke und Beschaffenheit einer Mauer von der Taktik, den Waffen und der Belagerungskunst des Feindes, den sie abwehren soll, abhängen. Theoretisch hätten die Befestigungen von Geser im Süden und Hazor im Norden Schutz gegen verschiedene potentielle Feinde bieten können, und doch handelte es sich bei beiden um denselben Festungstyp. Es gab keinen ersichtlichen Grund, Megiddo im Zentrum des Landes durch einen anderen, noch dazu stärkeren Mauertyp zu sichern. Die einzige Möglichkeit, dem Geheimnis auf die Spur zu kommen, war, sich nach Megiddo aufzumachen und dort Kontrollgrabungen vorzunehmen.

Ich warne den Leser, der mehr über Hazor erfahren möchte, bei dieser archäologischen »Rundreise zu den *Tells* von Israel« vor ärgerlichen Mißfallensäußerungen. Wir haben im Verlauf dieses Buches oft genug erfahren, daß keine Stätte je in einem Vakuum existierte und daß der Archäologe seine Funde zuweilen nur durch einen Vergleich mit anderweitigen – manchmal sehr weit entfernt liegenden – Zeugnissen verstehen kann. Überdies muß der Archäologe, wie wir im Fall Macalister gesehen haben, aufgrund späterer Funde nicht selten die Fehlschlüsse seiner Vorgänger korrigieren. Vor der Wiederausgrabung Gesers befanden wir uns in einer unbehaglichen Situation, weil unsere Entdeckungen in Hazor im Widerspruch zu veröffentlichten Funden standen, die die beiden Schwesterstädte in der salomonischen Periode betrafen. Ich vertrat eine Theorie über Geser, die die früheren Funde als falsch erweisen würde, und der Verdacht traf zu. Bei der folgenden Schilderung der Kontrollgrabungen in Megiddo wird der Leser sehen, daß sich Ausdauer bezahlt macht: Wir fanden nicht nur Belege, die die Ergebnisse unserer bisher beschriebenen Grabung in Hazor bestätigten, wir erwarben auch das Rüstzeug, das uns das Verständnis der Bedeutung zukünftiger Entdeckungen erleichtern sollte.

Ein Haar in der Suppe

Auf der archäologischen Fährte

Luftaufnahme (in Nordwestrichtung) des Ausgrabungsge-
biets von Megiddo

14 Megiddo – Ausgrabungen post mortem

Megiddo (das Armageddon des Neuen Testaments) liegt wie Geser und Hazor an einer strategisch wichtigen Stelle. Im Herzen des Landes gebaut, schützte es den berühmten »Megiddo-Paß«, der der Via Maris die Abzweigung durch den südlichen Karmel in die Ebene von Jesreel und nach Nordosten die Verlängerung bis Beth-shan, Hazor, Damaskus und Mesopotamien ermöglichte. Megiddo, eine der am stärksten befestigten Städte Palästinas, spielte in entscheidenden Schlachten immer eine bedeutende Rolle. Eine der frühesten geschichtlich bezeugten Schlachten, die Eroberung durch Thutmosis III. in der ersten Hälfte des 15. Jahrhunderts v. Chr., fand in Megiddo statt. Noch im Ersten Weltkrieg machte die Stätte von sich reden: General Allenby gelang es, die Türken durch den Megiddo-Paß zu verfolgen und sie schließlich zu schlagen. Er war so stolz auf seinen Sieg, daß er später, als er geadelt wurde, den Titel Viscount Allenby of Megiddo wählte. Auch zur Zeit Salomos war Megiddo offensichtlich eine höchst bedeutende Stadt; die Suche nach der von ihm dort wiederaufgebauten Stadt beschäftigte die Megiddo-Ausgräber ebenso wie uns im Fall Hazor.

Jahrelang hatten mehrere Archäologen in Megiddo gegraben, angefangen mit der verheerenden Grabung durch den Amateurarchäologen G. Schumacher 1903–05 und endend mit den systematischen Ausgrabungen durch ein Team des *Chicago Oriental Institute* 1925–29. Die letztere Grabung, von der *Rockefeller Foundation* finanziert, stellte damals das ehrgeizigste Unternehmen dieser Art in Palästina dar. Man kaufte den gesamten Hügel auf und errichtete herrliche Anlagen (darunter Tennisplätze) in der Nähe der Stätte, um den Expeditionsstab auf Jahre hinaus mit dem gewohnten Komfort zu umgeben, denn zu Anfang bestand der Plan, den ganzen *Tell* Schicht um Schicht abzutragen – ein sorgfältig ausgearbeitetes Projekt, das bald aufgegeben wurde. Trotz des methodischen Vorgehens des *Oriental Institute* wurde eine ganze Reihe stratigraphischer Probleme nicht befriedigend geklärt, hauptsächlich weil der ständige Wechsel der Expeditionsleiter die Kontinuität der Arbeit beeinträchtigte und die Bemühungen um einen Ausgleich der Diskrepanzen zwischen den verschiedenen Expeditionen nicht immer Erfolg hatten.

Die Hauptgebäude, die die Ausgräber der salomonischen Periode zuschrieben, lagen in ihrer Schicht IV von oben, wo sie die inzwischen berühmten beiden Stallkomplexe entdeckten: einen an der Südseite des *Tell* (die Südställe genannt), den anderen an der Nordseite der östlichen Hälfte des *Tell* (die Nordställe). Stratigraphisch bestand kein Zweifel, daß die Ställe zeitlich mit einem massiven (den ganzen Hügel umgebenden) Basteimauerwerk übereinstimmten, das von den Ausgräbern Salomo

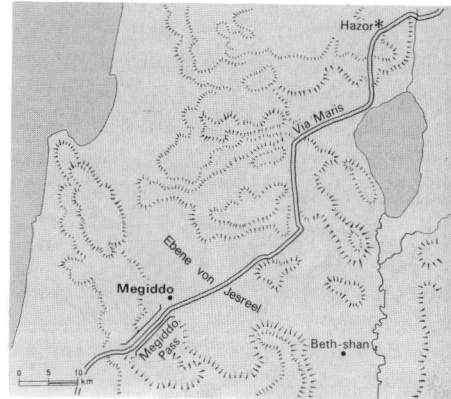

oben Megiddo kontrolliert in beherrschender Lage den »Megiddo-Paß«, der die Ebene von Jesreel mit der Küste verbindet

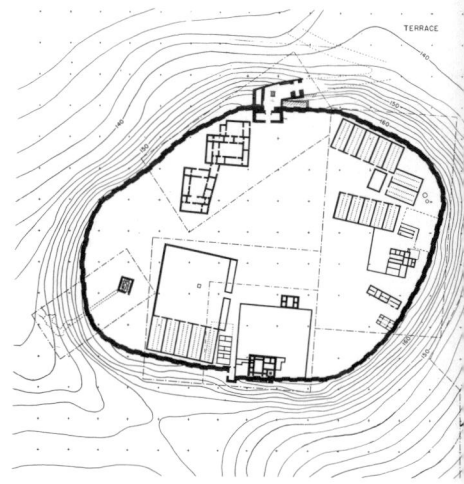

unten Die Skizze von Schicht IV in Megiddo zeigt die beiden Stallkomplexe

207

zugeordnet wurde. Demnach mußten auch die Ställe Salomo zugeschrieben werden. Der »salomonischen« Mauer ordneten die Ausgräber ebenfalls das sechs Kammern enthaltende Stadttor zu, das, wie wir jetzt genau wissen, von Salomo gebaut wurde. Unter dem Komplex aus Schicht IV entdeckten die Ausgräber von Megiddo frühere Schichten, die noch zur Eisenzeit, d. h. zum 12. bis 10. Jahrhundert v. Chr., gehörten. Jede dieser Schichten bestand aus mindestens zwei Phasen, die von oben nach unten als VA und VB, VIA und VIB, VIIA und VIIB bezeichnet wurden (die letzte erwies sich als die Schlußphase der Bronzezeit im 13. Jahrhundert, zeitlich mit Schicht XIII in Hazor zusammenfallend. Wir können also sagen, daß Schicht VIIA die erste Eisenzeit-Stadt in Megiddo repräsentiert).

So weit, so gut; stratigraphisch und chronologisch ergab sich ein plausibles Bild. Dann kam das erste Hindernis.

Stratigraphie nach den Ausgräbern des Oriental Institute	
IV	Ställe, Basteimauer (325) – Salomo
IVB	Palast 1723, Gebäude 1482 – Salomo? David?
VA	
VB	*Eisenzeit-Schichten*
VIA	
VIB	
VIIA	Erste Stadt der Eisenzeit (12. Jahrhundert)
VIIB	13. Jahrhundert

Der Baumeister Salomo als Zerstörer?

Das erste Problem ergab sich aus einer überraschenden Entdeckung an der Südseite des *Tell*, östlich der Südställe. Hier tauchte ein Gebäude mit den Maßen 22 × 22 Meter auf (vom Ausgräber als 1723 bezeichnet), ein Palast vielleicht oder ein Fort, denn seine schön behauenen Quadersteine ähnelten – vielmehr glichen – im Stil denen des salomonischen Tors. Die verblüfften Ausgräber erkannten, daß die dicke sogenannte »salomonische« Stadtmauer (325) *auf den Ruinen* dieses Palastes errichtet worden war. Überdies entdeckten sie westlich des Palastes, aber stratigraphisch in zeitlicher Übereinstimmung mit ihm, unter den Fundamenten der Südställe eine gewaltige, gut durchdachte Struktur (1482). Auch sie also lag zeitlich vor den Ställen und der angrenzenden Stadtmauer! Nachdem sich herausgestellt hatte, daß man diese beiden Gebäude nicht Schicht IV zuordnen konnte, und da die Nummer V schon für andere Ruinen vergeben war, schrieben die Ausgräber von Megiddo den Palast und die Struktur 1482 Schicht IVB zu. Doch dabei stießen sie auf ein Problem, das sich nicht erklären ließ.

Da die Ausgräber überzeugt waren, daß Salomo die Ställe und die Basteimauer (325) gebaut hatte und daß der Palast und die Struktur 1482 gleichfalls von den Israeliten stammten (denn der Stil der Steinbearbeitung entsprach dem des salomonischen Tors), blieben ihnen nur zwei Deutungen, die beide weder logisch noch historisch haltbar waren.

Die »salomonische« Stadtmauer (325) wurde über dem in salomonischem Stil gebauten Haus 1723 gefunden

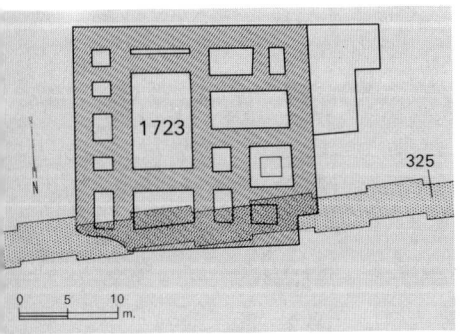

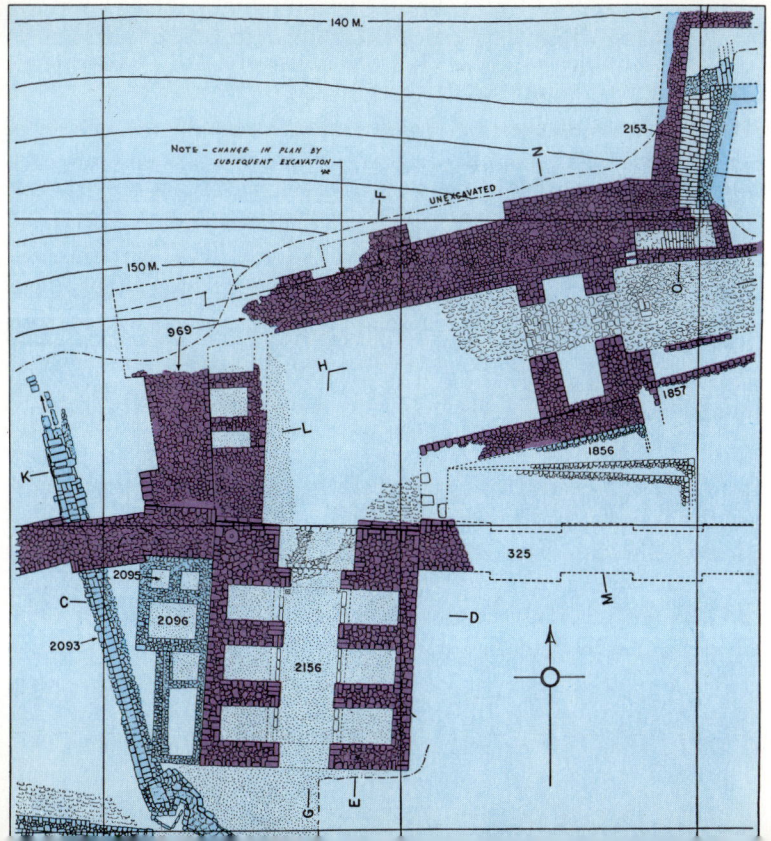

oben Südhälfte des salomonischen Stadttors (in südwestlicher Blickrichtung)

links Planskizze des salomonischen Tors und der massiven Mauer (325) nach dem Bericht der Ausgräber von Megiddo (Farben vom Autor)

Einerseits bestand die Möglichkeit, daß der Palast zu Beginn der Regierung Salomos vor der Befestigung der Stadt als isolierte Struktur gebaut worden war; das angrenzende Gebäude 1482 hatte dann vielleicht wegen seiner hervorragenden, das ganze Gebiet überblickenden Lage als Residenz des Gouverneurs gedient. Als dann später – so argumentierten sie – Salomos Ingenieure mit dem Bau der Befestigung der Stadt begannen, stand ihnen dieser Palast im Wege; deshalb rissen sie ihn nieder und errichteten die Basteimauer auf seinen Trümmern. Diese Erklärung ging mit der Vermutung einher, daß der Palast möglicherweise schon vor seiner Fertigstellung wieder abgerissen wurde. Andererseits behaupteten die Ausgräber, daß der Palast von David errichtet und von Salomo beim Wiederaufbau Megiddos zerstört worden sei. Beide Deutungen gehen davon aus, daß Salomo selbst die beiden großartigsten israelitischen Bauwerke Megiddos abreißen ließ, um die massive Mauer und die Ställe zu bauen.

Die erste Annahme ist unlogisch, weil Salomos Architekten und Ingenieure ganz gewiß einen so groben Mißgriff hätten vermeiden können. Die zweite Alternative ist aus historischen Gründen unmöglich: die Bibel sagt ausdrücklich, daß Salomo Megiddo, Hazor und Geser wieder aufbaute. David, von anderen Angelegenheiten in Anspruch genommen, gab sich nicht mit Bauprojekten ab und konnte nicht einmal den Tempel in Jerusalem errichten. Sicherlich baute er keine Stadt in Geser; und in Hazor gab es vor Salomo keine israelitischen Befestigungsanlagen, wie wir noch sehen werden. Wenn David in Megiddo eine Stadt erbaut hätte, hätte die Bibel das Ereignis seines Ausnahmecharakters wegen gewiß erwähnt. Und nehmen wir einmal an, David hätte Schicht IVB gebaut, dann müßten wir daraus folgern, daß der Palast nicht von Salomo, sondern während der Regierung Davids oder zu Beginn der Herrschaft Salomos von Feinden zerstört wurde – eine Schlußfolgerung, die durch keine schriftliche Quelle dieser Region gestützt wird.

Diese Probleme stifteten schon vor unseren Ausgrabungen in Hazor und der nachfolgenden Identifizierung der salomonischen Befestigungen in Geser Verwirrung. Die beiden hervorragenden amerikanischen Archäologen W. F. Albright und G. Ernest Wright unternahmen scharfsinnige und heldenhafte Versuche einer stratigraphischen Klärung. Sie bewiesen schlüssig, daß nicht nur der Palast und die Struktur 1482 zu Schicht IVB gehörten, sondern auch eine ganze Reihe anderer Bauten, die die Ausgräber fälschlich einer scheinbar anderen Schicht, VA, zugeordnet hatten. Dementsprechend führten Albright und Wright noch eine »neue Schicht« ein (die sie IVB-VA nannten). Aber auch ihnen gelang es nicht, die Hauptschwierigkeiten zu überwinden, denn sie gingen – wie die Ausgräber – davon aus, daß es sich bei der salomonischen Schicht um die eigentliche Schicht IV, nämlich um die mit den Ställen und der massiven Mauer, handelte. Auch sie mußten annehmen, daß der Palast und andere Gebäude aus der Zeit Davids stammten, was, wie wir gesehen haben, historisch unmöglich ist. Diese Erfahrungen lehrten uns, daß das Hindernis bei der Verknüpfung der massiven Mauer mit Salomo nicht nur im architektonischen Unterschied zur salomonischen Kasemattenmauer

gegenüber Unsere letzte Grabungssaison, Dezember 1971 bis Januar 1972, fand unter einem Plastikzelt statt, das vor Regen schützte

in Hazor und Geser, sondern auch und gerade in ihrer stratigraphischen Einordnung bestand.

Um das Problem der Mauern Megiddos zu Salomos Zeit zu klären, unternahm ich 1960 dort eine kurzfristige Grabung. Sie dauerte nur ein paar Tage, förderte jedoch alarmierende Ergebnisse zutage. Durch meine archäologische Arbeit in den Bar Kochba-Höhlen 1960-61 und die gewaltigen Ausgrabungen in Masada 1963–65 verzögerte sich der Bericht über unsere kurze Grabung in Megiddo. Als wir 1965 schließlich an eine Veröffentlichung des Problems herangehen konnten, hielt ich es für notwendig, die mit unseren Entdeckungen von 1960 zusammenhängenden stratigraphischen Fragen zu überprüfen, insbesondere die Daten eines anderen wichtigen Fundes, den wir in Megiddo gemacht hatten: des bekannten Wassersystems. Aus diesem Grund nahm ich weitere Kurzgrabungen in Megiddo vor, die erste in zwölf Tagen 1967, die zweite in zehn Tagen Ende 1971 und Anfang 1972. Wir betrachteten alle diese Erkundungen in gewisser Weise als *post mortem*-Untersuchungen, als Operationen am »hingestreckten Leichnam« des schon teilweise ausgegrabenen *Tell*. Und nun zu den Ergebnissen dieser Grabungen.

Ich vermutete, daß Megiddo wie Hazor während der Regierung Salomos eine Kasemattenmauer-Befestigung hatte, die später (zu Ahabs

Eine Reihe
von Kurzgrabungen

Am ersten Grabungstag einer früheren Saison trugen Studenten Steine der Stadtmauer 325 ab. Im Hintergrund die Ebene von Jesreel

Das Gebiet der »post mortem«-Grabungen liegt links der Mitte dieser Luftaufnahme. Unten rechts der Wasserschacht

Die erste Überraschung – ein weiterer Palast

Zeit) von einer massiven Mauer überdeckt wurde, und daß die früheren Ausgräber diese Möglichkeit übersehen hatten. Für unsere Probegrabung 1960 wählten wir einen auf der Nordseite der südlichen Hälfte des *Tell*, östlich des Schumacher-Grabens gelegenen Abschnitt. In diesem Bereich war die Basteimauer von den früheren Ausgräbern nicht entfernt worden und deshalb in gutem Zustand. Außerdem zeigte ein von ihnen veröffentlichtes Luftbild ein paar Häuser unter der Mauer und in ihrer Nähe, die weder im Plan noch im Abschlußbericht vorkamen. Besonders wichtig erschien uns die Tatsache, daß der nördliche Stallkomplex, der nur teilweise ausgegraben worden war, ebenfalls hier lag und seine Überreste noch überall verstreut waren.

Der erste Ausgrabungstag brachte bereits die erste Überraschung. Als wir den Ort für unseren Graben kennzeichneten und außerhalb der Basteimauer am Abhang nördlich von ihr standen, sahen wir, daß der untere Teil der Mauerfundamente, oder was danach aussah, in gerader

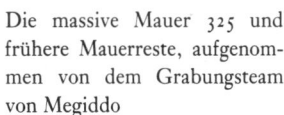
Die massive Mauer 325 und frühere Mauerreste, aufgenommen von dem Grabungsteam von Megiddo

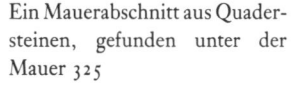
Ein Mauerabschnitt aus Quadersteinen, gefunden unter der Mauer 325

Linie verlief, also keine Vorsprünge und Einbuchtungen hatte, und 28 Meter lang war. Während die Mauer selbst aus Feldsteinen (oder kleinen behauenen Steinen) bestand, die die Ecken der Vorsprünge und Einbuchtungen verstärken sollten, schien dieser Mauerzug aus Quadersteinen gebaut zu sein, deren Kanten zum Teil ebenso bearbeitet waren wie Salomos Tor und der von den früheren Ausgräbern entdeckte Südpalast. Dieser Mauerabschnitt schloß an seinem westlichen Ende senkrecht mit besonders großen, im Binder-Läufer-Verband gelegten Quadersteinen ab, wie sie ähnlich im Tor mit den sechs Kammern vorkamen.

Angesichts dieser Tatsache kam ich auf den Gedanken, daß die Basteimauer hier auf den Fundamenten der Außenmauer eines Palastes oder Forts am Rande des *Tell* errichtet worden sein muß – wie im Fall des Südpalastes 1723. Um Klarheit zu gewinnen, entschlossen wir uns, die Fundamente der Basteimauer über den schönen Quadersteinen an der mutmaßlichen Nordwestecke des Gebäudes sorgfältig abzutragen. Wenn

Ein Ausschnitt der Quadermauer zeigt den typisch israelitischen Baustil

Mauern des neuentdeckten Palasts 6000, der unter den Ställen gefunden wurde (siehe Grundriß gegenüber)

Ein Lebewohl den Ställen Salomos

unsere Annahme zutraf, dann mußte die Westmauer des Gebäudes unter den Fundamenten der Basteimauer liegen, die sich nach Süden zur Stadt erstreckte. Und tatsächlich: kaum hatten wir die Fundamente beseitigt, kam die Mauer zum Vorschein. Sie war etwa anderthalb Meter dick und – ähnlich wie der Südpalast – aus Quadersteinen im Binder-Läufer-Verband gebaut.

Wir folgten der Mauer bis in die Stadt und entdeckten, daß sie sich nicht nur unter der Basteimauer, sondern bis unter die Fundamente des nördlichen Stallkomplexes ausdehnte. Das bedeutete: wenn die salomonische Schicht nicht die der Basteimauer zugeordnete Schicht war, dann gehörten auch die Ställe nicht zu Salomo, sondern zu einem späteren Herrscher, vielleicht Ahab. Ich erinnere mich, daß unsere Schlußfolgerung dem Israelitischen Fremdenverkehrsministerium und der *National Parks Authority* einen Schock einjagte, weil Salomos Ställe zu den touristischen Hauptattraktionen in Megiddo zählten. Ich schlug vor, sie Ahabs Ställe zu nennen – oder Isebels Ställe nach Ahabs bekannterer Ehehälfte –, doch ohne Erfolg. Bis zum heutigen Tag werden Besucher durch Salomos Ställe geführt (obgleich Salomo heute in Anführungszeichen steht).

Im Verlauf der Ausgrabung dieses großen Bauwerks gelang es uns, seinen Grundriß zu ermitteln. Besonders eindrucksvoll erschien uns die Südfront, wo die schöne Mauer eine Stärke von über zwei Metern erreichte. Das Gebäude hat eine rechteckige Form; die Länge von Osten nach Westen beträgt etwa 28 Meter, von Norden nach Süden ungefähr 21 Meter, so daß sich eine bebaute Fläche von 600 Quadratmetern ergibt, etwas mehr als beim Südpalast. Die Vorderseite des Gebäudes wies nach Süden; im Norden, direkt am Rand des *Tell*, lagen fünf Räume, im Osten und Westen dagegen längliche Hallen. Eine der Ecken des Baus hatte vermutlich einen Turm, die andere Ecke ein quadratisches Zimmer. Obgleich die Ausgrabungsarbeiten an diesem Palast (6000) noch nicht abgeschlossen sind, kann man den Grundriß rekonstruieren. Ein Blick auf den Plan zeigt, daß er große Ähnlichkeit mit dem aus Nordsyrien und anderen Stätten an der phönizischen Küste bekannten Palasttyp hat, der in den frühen Jahrhunderten des ersten Jahrtausends, einschließlich der salomonischen Ära, aufkam. Dieser Gebäudetyp diente als Zeremonienpalast. Wer ihn von der breiten Front her betrat, gelangte in einen Innenhof, der auf drei Seiten von Räumen umgeben war. Die Ähnlichkeit zwischen diesem Bauwerk und anderen in Phönizien ist deshalb besonders interessant, weil sie die Aussage der Bibel über den phönizischen Einfluß auf Salomos Baustil erneut bestätigt. Am meisten machte uns jedoch das stratigraphische Problem zu schaffen. Unsere Grabung ergab eindeutig, daß es hier wie am Südrand des *Tell* Monumentalbauten gegeben hatte, die im Stil dem salomonischen Tor entsprachen. Mit anderen Worten, wir hatten nicht ein vereinzeltes Bauwerk, sondern eine große Stadt mit herrlichen Gebäuden gefunden. In einigen Palasträumen entdeckten wir

links Lageskizze von Salomos Palast 6000 mit seiner Kasemattenmauer unter den Ställen und über den Schichten VB und VIA
rechts Vorratsgefäße in einer Palastkasematte bewiesen die plötzliche Zerstörung des Bauwerks

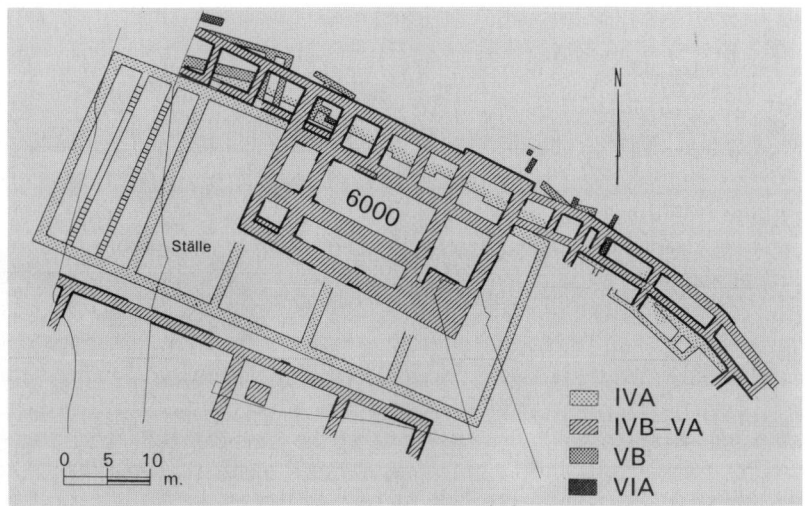

reiche Keramikbestände aus dem 10. Jahrhundert v. Chr. *in situ* – Vorratskrüge, Miniaturkrüge, Schalen und Kochtöpfe –, deren Zustand auf eine plötzliche Zerstörung hindeutete.

Wer trug die Verantwortung für die Zerstörung der salomonischen Stadt? Glücklicherweise haben wir drei unanfechtbare Zeugen: die Bibel, ägyptische Quellen und den Spaten. Nach dem Tod Salomos folgte ihm sein Sohn Rehabeam. Im 1. Buch der Könige (14, 25–26) heißt es: »Aber im fünften Jahr des Königs Rehabeam zog Sisak, der König in Ägypten, herauf wider Jerusalem, und nahm die Schätze aus dem Hause des Herrn und aus dem Hause des Königs, und alles, was zu nehmen war, und nahm alle güldene Schilde, die Salomo hatte lassen machen . . .« Diese Bibelverse legen unwiderruflich dar, daß Sisak bis zur Hauptstadt im

Ein Anhaltspunkt für eine absolute Chronologie

Herzen des Königreichs vordrang. Sie lassen jedoch nicht erkennen, was mit dem übrigen Land geschah, besonders mit dem Norden. Von der Invasion des ägyptischen Königs berichtet auch, und zwar etwas ausführlicher, das 2. Buch der Chroniken (12):

»Aber im fünften Jahr des Königs Rehabeam zog herauf Sisak, der König in Ägypten, wider Jerusalem . . . mit tausend und zweihundert Wagen und mit sechzigtausend Reitern, und das Volk war nicht zu zählen, das mit ihm kam aus Ägypten, Lybien, Suchiter und Mohren. Und er gewann die festen Städte, die in Juda waren, und kam bis gen Jerusalem.« (2–5)

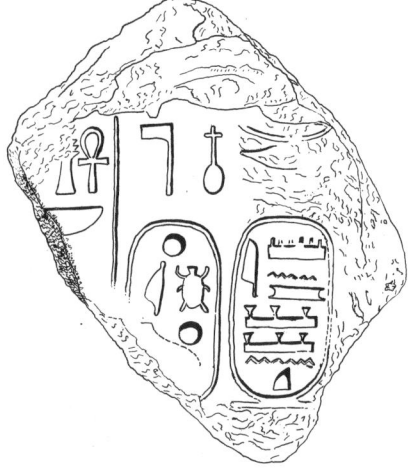

Fragment einer von Sisak in Megiddo errichteten Siegesstele

Dem Chronisten geht es hier vor allem um das Königreich Juda (nach Salomos Tod erfolgte die Teilung des Königreichs von David und Salomo). Aber aus Sisaks eigenen Berichten, in denen er die von ihm eroberten Städte Palästinas aufzählt, wissen wir, daß seine Truppen weit nach Norden vordrangen; in diesen Aufzeichnungen ist sogar die Rede davon, daß er Megiddo einnahm. Nun aber kommt das dritte und entscheidende Beweisstück. Bei früheren Ausgrabungen Megiddos wurde eine von Sisak errichtete Gedenkstele entdeckt. Der Name Sisak ist trotz der kleinen Inschrift deutlich zu erkennen. Leider fand man das Fragment inmitten von Trümmern und an einer stratigraphisch nicht einwandfreien Stelle, aber es reicht aus, um Sisaks Eroberung von Megiddo nachzuweisen. Alle diese Belege und die Tatsache, daß die zerschlagene Töpferware auf den Böden der salomonischen Bauten aus dem späten 10. Jahrhundert stammt, können als Beweis für die Zerstörung des salomonischen Megiddo durch Sisak gelten. Damit hatten wir auch ein absolutes Datum für die Verwüstung von Schicht »IVB–VA« – um 923 v. Chr.

Räubergräben

Durch sorgfältige Untersuchung der Ruinen in der Schicht unter den Ställen – der salomonischen Schicht – stießen wir auf ein wichtiges technisches Phänomen, das uns nicht nur das Aufspüren eines anderen riesigen Bauwerks derselben Periode erleichterte (südlich von Palast 6000), sondern uns auch erklärte, warum die früheren Megiddo-Ausgräber die Bauten der herrlichen Stadt Salomos nicht hatten finden können. Südlich des Palastes, auf der anderen Seite einer ziemlich breiten Straße, entdeckten wir die Überreste einer großen Struktur, die im Baustil anderen Strukturen in IVB–VA ähnelte. Aber mit Ausnahme einiger Stellen, an denen die unteren Steine erhalten geblieben waren, fielen uns schöne Kalkfußböden auf, die bis zu einem Gebilde, das wir für einen Mauerzug hielten, hinaufreichten und dann jäh abbrachen. Anscheinend waren die schönen Quadersteine des salomonischen Gebäudes zumeist herausgerissen worden. Das hatten zweifellos die Erbauer der Ställe und der massiven Mauer vollbracht, unserer Meinung nach Ahabs Baumeister – und warum hätten sie auch so hervorragendes und leicht verfügbares Baumaterial ungenutzt lassen sollen? Diese Theorie erklärt auch das Vorkommen von Steinen mit identischen Steinmetzzeichen in der salomonischen Stadt und den Ställen von IVB–VA. Nachdem wir diesen Sachverhalt erkannt hatten, gelang es uns durch genaues Verfolgen der Böden und Räubergräben, die Überreste einer gewaltigen Struktur mit einer mindestens 55 Meter langen Front und nach Süden abzweigenden Räumen und Höfen (siehe Plan auf Seite 215) freizulegen. Dieses Bauwerk lag, wie schon gesagt, vom Palast aus jenseits der Straße, und leider hatten die frühen Ausgrabungen, die an dieser Stelle in große Tiefen reichten, von seinem südlichen Abschnitt nicht viel übriggelassen.

Wir wollten 1960 vor allem feststellen, ob unter der massiven Basteimauer eine Kasemattenmauer verborgen war. Die Entdeckung des Palastes 6000 stellte ein wichtiges Bindeglied bei der Bestimmung der salomonischen Schicht und ihrer Beschaffenheit dar, aber unser eigentliches Problem war die Stadtbefestigung in jener Periode. Deshalb wählten wir einen Abschnitt der Basteimauer, der unmittelbar östlich von Palast 6000 lag, um erkennen zu müssen, daß die Mauer dicht an der Ecke des Palastes völlig zerstört war und daß sowohl die Basteimauer wie die oberen Lagen der Palastecke selbst fehlten. Dieser Schaden muß wohl das Ergebnis einer relativ späten Zerstörung gewesen sein. Deshalb legten wir unseren Versuchsgraben etwa 10 Meter östlich der Palastecke an. Nach sorgfältigem Abtragen der Fundamente stießen wir auf eine Schüttung aus Erde und Feldsteinen, und unmittelbar darunter tauchte eine Kasemattenmauer auf! Insgesamt gruben wir eine etwa 35 Meter lange Strecke der Kasemattenmauer aus und fanden Überreste von drei langen und zwei kurzen Kasematten. Die Länge der langen Kasematte beträgt etwa 7 Meter. Wo die Mauer in Richtung auf das Fort einen stumpfen Winkel bildet, sind kleinere Kasematten angefügt. Die hiesige Kasemattenmauer ist schwächer als die in Hazor, da der viel höhere und steilere Abhang hier

oben Ein erstes Auftauchen der Kasematten: nach Entfernung der Fundamente der massiven Mauer 325 (auf denen der Arbeiter steht) erschienen die Außenmauer und eine Querwand

links Der ausgegrabene Abschnitt der östlichen Kasemattenmauer (Blickrichtung nach Osten)

in Megiddo einen Angriff von dieser Seite nahezu ausschloß. Selbst die spätere massive Basteimauer erschien dem Ausgräber P. L. O. Guy nicht gerade stark. Er schreibt:

> »In Megiddo war eine stärkere [Mauer] kaum nötig, denn sie krönte einen steilen, hohen Abhang des *Tell*; die Entfernung, die die Angreifer von der Ebene bis zur Grundlinie dieses Mauerabschnitts steigend hätten zurücklegen müssen, beträgt mehr als 30 Meter, und eine Mauer dieser Dicke hätte für die geringe Anzahl derer, die einen solchen Aufstieg unter Beschuß vom Gipfel überlebt hätten, ein ungeheures Hindernis dargestellt.«

Zum Glück fanden wir zwischen dem Palast und dem Stadttor einen noch schöneren Teil der Kasemattenmauer – kräftiger im Bau und edler in der Ausführung. Seit Beginn unserer Ausgrabungen hatten wir westlich des Palastes, unterhalb des Niveaus der massiven Mauer und der Ställe, die aus Quadersteinen gebildete, vorwiegend im Binderverband gelegte Abdeckung einer Mauer gesehen. Die Ausgräber von Megiddo hatten

P.L.O. Guys Gerätekiste, von uns wiederverwendet, neben einer steinernen Krippe an der Stallwand

Von den Ausgräbern von Megiddo hinterlassene westliche Kasematten

Dieselben Kasematten während unserer Grabung (Blickrichtung nach Norden)

diese Mauer schon freigelegt, sie aber weder in ihren Plänen verzeichnet noch in ihren Berichten erwähnt. Das Photo auf Seite 218 oben zeigt den Abschnitt vor unseren Ausgrabungen. Kaum hatten wir angefangen zu graben, erwies sich, daß diese Mauer in bestimmten Abständen Öffnungen hatte. Weitere Untersuchungen ergaben, daß diese Öffnungen zu Kasematten führten, deren äußere (nördliche) Mauer aus großen, teilweise behauenen Feldsteinen bestand und sich in westlicher Richtung – als direkte Fortsetzung der Nordmauer des Palastes – bis zum Stadttor erstreckte. Ihre Konstruktion ähnelt der Bauweise der Kasematten auf der Ostseite des *Tell.* In späteren Jahren gruben wir auch diese Kasematten aus und legten zwei vollständig und eine dritte zur Hälfte frei.

Es gelang uns nicht, die westliche Verlängerung dieser Kasematten aufzudecken, weil hier der Schumacher-Graben alle ehemaligen Überreste zerstört hatte. Infolgedessen können uns weder materielle Zeugnisse über seine Entdeckungen Auskunft geben noch erfahren wir etwas aus seinen Publikationen. Es scheint jedoch festzustehen, daß diese Kasemat-

Die Kasematten zwischen dem Palast und dem Tor

Die westlichen Kasematten (unten links) und eine Ecke des Palasts 6000 gegen Ende der Grabung. Die schwachen Mauern von Schicht VB liegen unter dem Kasemattenboden

gegenüber Nahaufnahme einer westlichen Kasematte: die Mauern sind im Binder-und-Läufer-Verband gebaut

Überprüfung der salomonischen Schicht von unten

gegenüber Das Megiddo Ahabs und Salomos. Rot: die beiden Paläste Salomos (1723, 6000), seine öffentlichen Bauwerke (darunter 1482), die Wassergalerie 629, die Kasemattenmauer und das Stadttor. Blau: Ahabs Wagenstadt mit ihren Stallungen (1576, 403), dem Palast 338, der massiven Mauer 325, dem Stadttor und dem unterirdischen Wasserversorgungssystem (Schacht 925, Tunnel 1000 und Quellenhöhle 1007)

ten nach Westen – zum Tor hin – weiterführten. Theoretisch konnten die Kasematten, wie wir seinerzeit darlegten, zum Nordteil eines Hofs gehört haben, der vielleicht den Palast umgab. Im Verlauf der Ausgrabungen stellte sich jedoch heraus, daß diese Hypothese keinen Sinn ergibt, da keine Überreste eines solchen Hofs zutage traten. Waren Schumacher und die amerikanischen Ausgräber vielleicht zwischen unserem Graben und dem Tor auf die Kasematten gestoßen, ohne sie zu erkennen? Das wäre möglich, denn einige Abschnitte waren, wie wir schon sagten, in ihrem Plan verzeichnet, andere, die sie ebenfalls freigelegt hatten, hingegen nicht. Andererseits kann man vermuten, daß die Erbauer der Basteimauer in diesem bestimmten Abschnitt die Mauer niedergerissen hatten, um die Steine erneut zu verwenden. An diesem Teil des Hügels nämlich beginnt ein steiles Gefälle zum Tor, und so läßt sich denken, daß die ältere Mauer die Basteimauer nicht tragen konnte und deshalb das ganze Gelände umgestaltet werden mußte.

Obwohl das Beweismaterial eindeutig ergab, daß Schicht und Gebäude unter den Ställen und der massiven Mauer tatsächlich zu Salomo gehörten, war es nötig, durch eine Gegenkontrolle zu prüfen, ob diese bestimmte Schicht mit der Periode Salomos übereinstimmte, wenn man die Schichten nach oben verfolgte. Theoretisch konnte man davon ausgehen, daß der Palast und die Befestigung, die wir entdeckt hatten – wenn schon älter als die Ställe und die massive Mauer –, in Wirklichkeit *sehr viel* älter waren. Hier kamen uns natürlich die früheren Ausgrabungen zu Hilfe, die erwiesen hatten, daß es unter Schicht IVB mehrere zur frühen Eisenzeit gehörige Schichten gab. Zwei davon haben unmittelbare Bedeutung für uns. Schicht V hatte eine tiefere (frühere) Phase, die die Ausgräber als Schicht VB bezeichnet hatten. Darunter lagen die beiden Phasen der von ihnen als VI markierten Schicht, deren obere (VIA) nicht nur als Stadt, sondern auch als Richtschnur für uns Archäologen größere Bedeutung hatte. Bei Schicht VIA handelt es sich um eine verbrannte Schicht, die sich überall gleich zu erkennen gab. Wo immer wir ihr begegneten, stießen wir auf eine dicke Aschenablagerung, die die Überreste von wohlgefügten Ziegelsteinbauten bedeckte. Diese Gebäude enthielten eine Fülle der für das 11. Jahrhundert v. Chr. typischen Töpferware. Man nimmt allgemein an, daß David diese Stadt plünderte und eroberte und daß die armselige VB-Stadt – eher ein Dorf – zur Zeit Davids eine kleine israelitische Siedlung war, die später durch Salomos Königsstadt ersetzt wurde. Von Anfang an drangen wir gelegentlich unter den Boden unseres neuentdeckten Palastes 6000 und der Kasemattenmauer vor. Zwei dieser Grabungen verdienen besondere Aufmerksamkeit, weil sie einerseits erwiesen, daß Schicht IVB–VA stratigraphisch tatsächlich zu Salomo gehörte, und andererseits wichtige – wenn auch unerwartete – Funde aus den früheren Perioden zutage förderten.

Wir beschlossen, unter dem Boden des nordwestlichen Palastraums zu graben, in der Hoffnung, die Überreste der gewaltigen Feuersbrunst in Schicht VIA zu finden. Unsere Hoffnungen wurden nicht enttäuscht. Unter dem Palastboden stießen wir zuerst auf die relativ dürftigen Mauern von Schicht VB (ein an sich entscheidender Punkt, weil er bewies, daß der

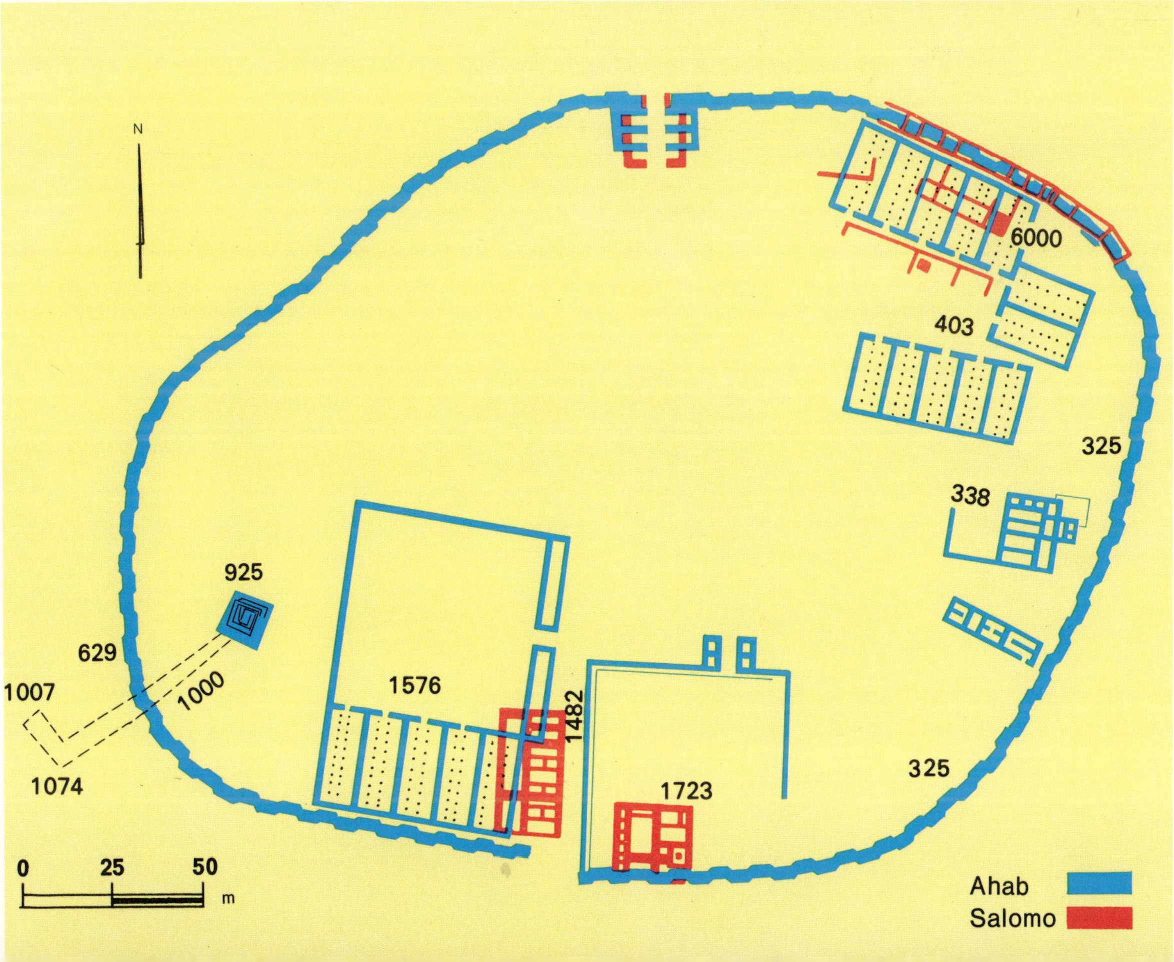

N

925

629

1007

1000

1074

1576

1482

1723

6000

403

325

338

325

0   25   50
m

Ahab
Salomo

Eine kümmerliche Mauer aus
Schicht VB unter dem Boden
von Salomos Palast 6000

Große Mengen Töpferware in
einer Aschenschicht zeugen von
der gewaltsamen Zerstörung der
Schicht VIA

Palast 6000 der Schicht IVB–VA angehört) und unmittelbar darunter auf
typische VIA-Strukturen. Sie waren von einer dicken Aschenschicht
bedeckt, in der wir zahlreiche Tongefäße fanden, die zum Teil in wirrem
Durcheinander auf dem Boden lagen, darunter die berühmten »Bierkrü-
ge« im dekadenten Philisterstil, die der zweiten Hälfte des 11. Jahrhunderts v. Chr. zugeschrieben werden, und eine beträchtliche Anzahl der
typischen Flaschen der Periode. So gelang uns der absolute Nachweis für
die Zugehörigkeit des Palastes zu Schicht IVB–VA, ob man nun von oben
nach unten oder von unten nach oben zählte.

Bei dieser Grabung ging es uns um eine Gegenkontrolle stratigraphi-
scher Fakten: Mauern, Strata und *in situ*-Ware. Aber selbst bei diesem
Unternehmen schlug die Erregung hohe Wellen, als wir auf einen wahren
Schatz stießen, der Licht auf eine der interessantesten Kulturen Megiddos

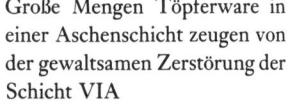

– die von Schicht VI, kurz vor König David – warf. Als wir die Aschenlage mit der Töpferware aus dem Raum unter der Schwelle wegräumten, erblickten wir ein merkwürdiges Objekt, das halb verborgen unter schützenden Scherben lag. Es waren die wie durch ein Wunder erhalten gebliebenen Überreste eines Stoffbeutels, der einer Frau gehört hatte. Wir alle sind manchmal erstaunt über die unzähligen Dinge, die Frauen in ihren Handtaschen unterzubringen vermögen. Aber wir waren förmlich erschlagen, als wir *diesen* Beutel, der absichtlich unter der Schwelle versteckt worden war, »entleerten«. Die anonyme Besitzerin hatte Berge von Gegenständen, an denen ihr Herz gehangen haben mochte, in ihn hineingestopft, darunter elfenbeinerne Spinnwirtel, zwei aus einem Dreifuß stammende Anhänger in Granatapfelform (typisch für die Zeit), Eisenarmbänder (sie gehörten zu den frühesten im Land gefundenen Eisenerzeugnissen), einen Ring und Hunderte von Perlen und Halbedelsteinen.

Die herausragenden Stücke dieser Sammlung waren zwei kleine Bronzegewichte in Tiergestalt, eines vermutlich eine ruhende Ziege, das andere ein Affe in Hockstellung. Die Photos auf Seite 225 zeigen sie nach der Reinigung. Das Tier mit Hörnern ist von erlesener Eleganz. Vor der Säuberung des Fundes dachten wir, der Affe repräsentiere den Typ der 3

Einige der auf der vorhergehenden Seite gezeigten Gefäße, typisch für das 11. Jh. v. Chr.: unten rechts ein dekadenter philistinischer »Bierkrug« und, in der mittleren Reihe, eine Schale mit aufgemaltem Spiralmotiv

links Beutel einer Frau an der Fundstelle, mit Scherben bedeckt

rechts Der gleiche Beutel nach Entfernung der Scherben: man sieht den Inhalt

Inhalt des Beutels nach dem Reinigen

gegenüber oben Die kleine, elegante ruhende Ziege: die Hand, die sie hält, deutet ihre Größe an

gegenüber unten Zwei Seitenansichten des apfelfressenden Affen

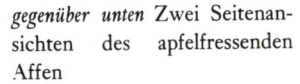

links Die elfenbeinernen Spinnwirtel

rechts Einige der Halbedelsteine

links Zwei granatapfelförmige Bronzeanhänger

rechts Ein Dreifuß aus Ungarit zeigt die Verwendung der Anhänger

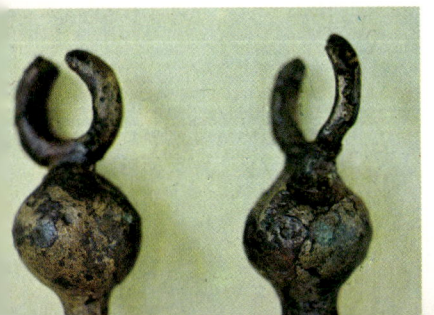

Affen von Nikko: »Nichts Böses sehen, nichts Böses hören, nichts Böses sagen.« Danach aber schien es uns, als äße er einen Apfel. Damals machten wir unsere Witze über diese Kleinplastik, die uns wie eine Darstellung Adams erschien, der mit der einen Hand den Apfel umfaßt und sich mit der anderen vor Evas lästigen Tiraden das Ohr zuhält.

Die Grabung von 1966 hatte ein Problem offengelassen, das unbedingt gründlich erforscht werden mußte. An den freigelegten Abschnitten der Kasemattenmauer erkannten wir, daß ihre Fundamente unter der Aschendecke von Schicht VIA lagen. Das bedeutete, daß die Mauer zwar (wie der Palast 6000) beim Zählen nach unten Schicht IVB–VA zugeschrieben werden konnte, aber da sie auf Schicht VIA erbaut war, vielleicht doch der Schicht VB angehörte. In diesem Fall wäre die Kasemattenmauer von Salomo errichtet und später in die salomonische Befestigung integriert worden; diese Schlußfolgerung jedoch erschien unlogisch, da Stadt VB überhaupt keine Befestigung hatte. Trotzdem mußten wir diesen Punkt klären. Zu diesem Zweck stellte ich für die Grabung 1967 ein Spezialteam unter der Leitung des inzwischen verstorbenen Chefarchitekten der Expedition, I. Dunayevsky, zusammen, dem zwei der fähigsten Mitglieder unseres Instituts zur Seite standen. Sie hatten die Aufgabe, zu einem unabhängigen Urteil über die Schichtenfolge dieses Abschnitts zu gelangen. Die Arbeit wurde mit feinen Instrumenten äußerst sorgfältig und bewußt langsam ausgeführt. Wer nie an einer archäologischen Ausgrabung teilgenommen hat, denkt womöglich, daß der Ausgräber sich am meisten freut, wenn er verborgene Schätze oder Objekte von künstlerischem Wert findet. Das Gegenteil ist der Fall. Für uns in Megiddo waren 1967 ein paar elende Mauern, die sehr unscheinbar aussahen, die aber in unserem Fall immense Bedeutung hatten, eine Trouvaille. Es handelte sich um die Mauern von Schicht VB, die zwischen die darüberliegende Kasemattenmauer und die darunterliegende verbrannte Schicht VIA darunter eingefügt waren. So schloß sich der Kreis. Hier hatten wir wie im Palast den Beweis, daß die Kasematten beim Zählen nach oben und unten zu Schicht IVB–VA gehörten. Kurz, unsere Ausgrabungen ergaben, daß die salomonische Stadt Megiddo – wie Hazor und Geser – durch eine Kasemattenmauer geschützt war, die ursprünglich mit dem salomonischen Sechs-Kammern-Tor zusammenhing. Später kam es zu einer zeitweiligen Wiederverwendung des Tors zusammen mit der massiven Mauer, bis es ganz aufgegeben wurde und in nachfolgenden Perioden eine neue Reihe von Toren entstand.

Im Verlauf der Megiddo-Grabungen, durch die wir die Schichtenfolge der Befestigungen zu verifizieren suchten, gerieten wir auch an das Problem der Datierung des großartigen unterirdischen Wasserversorgungssystems. Dieser Punkt hat nicht nur deshalb Bedeutung, weil wir hinsichtlich ihrer Entstehungszeit zu neuen Schlußfolgerungen gelangten, sondern auch, weil diese Schlußfolgerungen unsere zukünftigen Ausgrabungen und Entdeckungen in Hazor beeinflußten. Um das Problem im Zusammenhang mit unseren Ausgrabungen zu beleuchten, möchte ich das System und die von früheren Ausgräbern vorgenommenen Datierungen kurz erläutern. Mögen das Problem und seine Lösung auch

komliziert erscheinen, es ist unbedingt erforderlich, sie zu erörtern, und ich hoffe, die Pläne werden dem Leser helfen, dem »Krimi« ohne große Schwierigkeiten zu folgen.

Die Galerie 629 in Westrichtung

Eine der interessantesten und sensationellsten Konstruktionen, die die Ausgräber von Megiddo am Südostrand des *Tell* beim Südstall-Komplex fanden, war die sogenannte Galerie 629. Diese »Galerie« ist nichts anderes als ein schmaler (etwas über 1 Meter breiter) Durchgang, der außerhalb der Stadt zum Südwesthang des *Tell* und damit zu einer Quelle in einer Höhle führte. Die 2 Meter hohen Mauern des Durchgangs (Futtermauern, weil nur die Innenseiten ausgebaut waren) bestanden aus sorgfältig behauenen, im Binder-Läufer-Verband gelegten Quadersteinen. Man darf mit den Ausgräbern annehmen, daß der zur Quelle führende Durchgang abgedeckt und getarnt war. Stratigraphisch gesehen, trat der Durchgang unter der Basteimauer hervor (die die Ausgräber, wie schon gesagt, Salomo zugeordnet hatten). Aus diesem Grund vermuteten sie,

Die Quadern der Galerie, im Binder-und-Läufer-Verband gefügt und in typisch salomonischem Stil bearbeitet

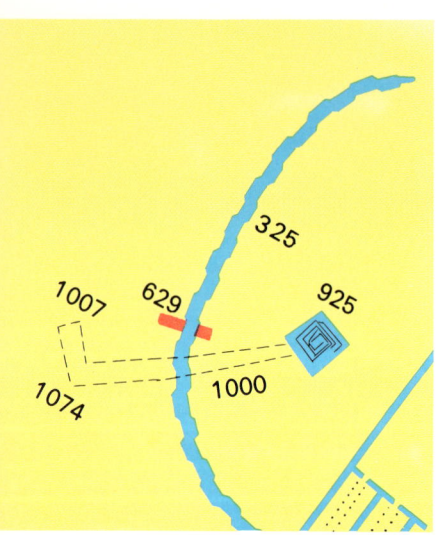

daß die »Galerie« vor der Zeit Salomos gebaut worden sei. Da es jedoch nicht anging, diese herrliche Struktur den eher dürftigen Schichten des 11. Jahrhunderts zuzuweisen, datierten die Ausgräber sie in die Regierungszeit Ramses' III. (Beginn des 12. Jahrhunderts, d. h. ihre Schicht VIIA), als Megiddo noch Spuren seines einstigen Glanzes bewahrte. Die Datierung der »Galerie« bildete für R. Lamon (einen der Archäologen des *Chicago Oriental Institute,* der den Bericht über das Wassersystem von Megiddo veröffentlichte) den Ausgangspunkt für die zeitliche Fixierung des Wassertunnels von Megiddo (der später in James Micheners Bestseller *The Source* Berühmtheit erlangte).

Das Wassersystem besteht aus zwei Teilen: einem senkrechten Schacht und einem waagerechten Tunnel, der das Wasser von der Quelle zum Schacht führte. Die ursprünglichen Erbauer trieben den oberen Teil des Schachts durch frühere Schichten und stützten die Wände mit Steinen ab. Der untere Teil wurde in den Fels gehauen. Damit das System seine Hauptaufgabe – die Wasserversorgung in Belagerungszeiten – erfüllen

oben Wasserschacht 925, Tunnel 1000, Höhle 1074 und Stadtmauer 325 – sämtlich aus der Zeit Ahabs. Man beachte die Lage der Galerie Salomos (629) unter der massiven Mauer 325 *rechts* Planskizze und Querschnitt des Wassersystems: ein Hinweisschild der *National Parks Authority* für Besucher

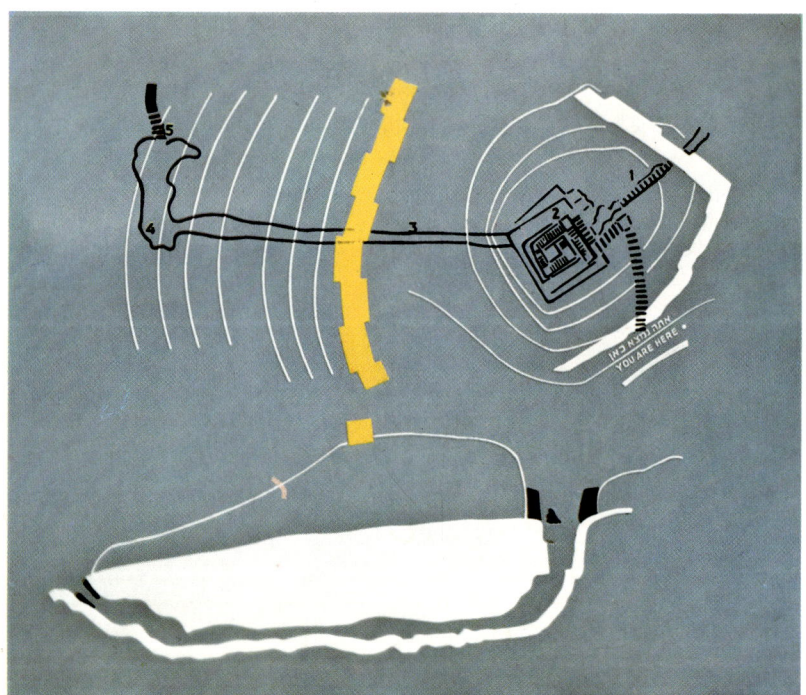

konnte, mußten die Erbauer die Öffnung der Höhle von außen verschließen, um die Feinde am Vergiften des Wassers oder am Blockieren der Quelle zu hindern. Und so kam es, daß die Ausgräber von Megiddo den Eingang zur Höhle durch eine Mauer aus riesigen Steinen versperrt fanden. Anfangs suchten sie die Entstehungszeit des Tunnels durch eine Identifizierung der höchsten Schicht, die der Schacht durchschnitt, festzustellen. Es zeigte sich, daß höhere, eindeutig durch den Schacht beschädigte Schichten Scherben der späteren Bronzezeit (14. oder 15. Jahrhundert) enthielten. Die Ausgräber konnten die Verhältnisse über der höchsten Schicht des Schachts nicht untersuchen, da die Schichten oberhalb des Schachts zusammen mit Teilen des Steinfutters an seinen Wänden eingestürzt waren. Daraus schlossen sie, daß der Schacht spätestens gegen Ende des 13. Jahrhunderts entstanden sein mußte.

Dann kam am Höhleneingang, innerhalb der Absperrmauer, das verbrannte Skelett eines Mannes zum Vorschein. Lamon nahm an, daß es sich bei dem Mann um den bei einem feindlichen Angriff getöteten Hüter der Höhle handelte; und da es keinen Sinn gehabt hätte, die schon blockierte Höhle zu bewachen, mußte der Wächter gestorben sein, als die Bürger von Megiddo noch über einen Pfad, der den Abhang hinabführte, Zugang zur Quelle hatten, d. h. bevor Schacht und Tunnel angelegt wurden. Ferner schien die Tatsache, daß die spätesten Stücke der bei dem Skelett aufgefundenen Keramik aus dem 12. Jahrhundert stammten, darauf hinzudeuten, daß das Blockieren der Höhle – und damit auch die Arbeit an Schacht und Tunnel – um die Mitte des 12. Jahrhunderts (und nicht früher) stattgefunden hatte.

Nachdem wir die von anderen Archäologen vor unserer Ankunft in Megiddo vertretenen Thesen betrachtet haben, wollen wir zum Ausgangspunkt – der »Galerie« – zurückkehren. Lamon vermutete richtig, daß die Galerie die Funktion hatte, vor dem Bau des Schacht-Tunnel-Systems einen Zugang zur Quelle zu schaffen. Seiner Meinung nach mußte sie daher aus der ersten Hälfte des 12. Jahrhunderts stammen. Wir dagegen gingen das Datierungsproblem von einer anderen Seite an. Nachdem wir uns so lange mit stratigraphischen Fragen beschäftigt hatten, wollten wir unsere Funde nun auch zum Wassersystem in Beziehung setzen. Ich sagte schon, daß die Galerie unter der Basteimauer zum Vorschein kam. Die füheren Ausgräber hatten diese Mauer Salomo zugeschrieben, aber schon 1960 konnten wir beweisen, daß sie nach Salomo entstanden war. Darum bestand kein Grund mehr, die Galerie vor der Zeit Salomos anzusetzen. Im Gegenteil, ihre stratigraphische Situation stimmte mit der des Südpalastes und aller anderen Bauwerke der salomonischen Schicht IVB–VA überein. Darüber hinaus stellte die Galerie in ihrer Konstruktionsweise und in der Art der Steinbearbeitung eine erstaunlich genaue Entsprechung zu der Baumethode in jener Schicht dar.

1960 konnte ich durch ein paar kleinere Grabungen in der Umgebung der Galerie feststellen, daß ihre Grundmauern in den heruntergestürzten, verbrannten Ziegelsteinen von Schicht VIA errichtet worden waren. Deshalb nahmen wir wiederum an, daß die Galerie vor der Zerstörung von VIA, aber nach der Basteimauer gebaut worden war, und schrieben das in unserem Vorbericht. Da aber die Datierung des Wassersystems von höchster Bedeutung ist, beschlossen wir 1966, unsere Vermutungen durch richtige Ausgrabungen zu überprüfen. Die Methode war einfach. Da die Galerie frühere Schichten durchstieß, wählten wir ein im Süden angrenzendes Quadrat und begannen mit einer gründlichen Grabung. Es ging uns darum, die höchste Schicht zu datieren, die beim Anlegen der Galerie beschädigt worden war. Und wir hatten Glück! Als wir zu Schicht VIIA herunterkamen, sahen wir das ganze wohlvertraute Schema der

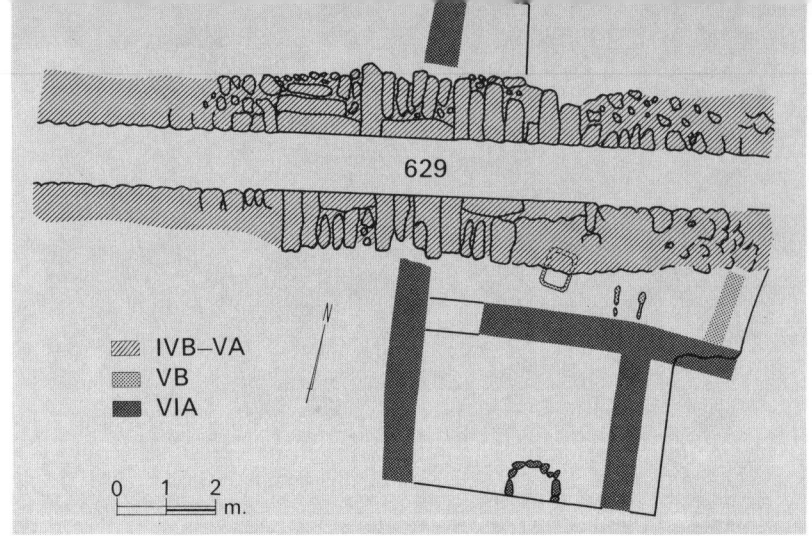

IVB–VA
VB
VIA

0 1 2 m.

629

rechts Schema des Schnitts der Galerie 629 durch die früheren Schichten VB und VIA
unten Ein Quader der Galerie mit einem Steinmetzzeichen, das sich auch an anderen Bauten Salomos findet

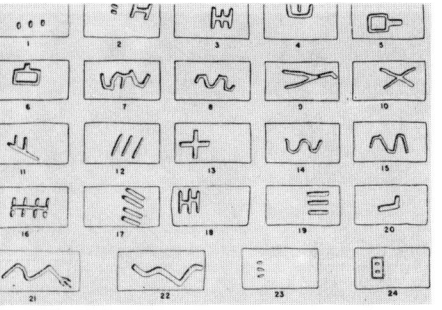

Steinmetzzeichen von den Bauwerken Salomons in Megiddo

Schichten und in einigen sogar noch reichere Keramikbestände als sonst. Aber was noch wichtiger war: es stellte sich einwandfrei heraus, daß beim Bau der Galerie die Gebäude von Schicht VB beschädigt – und zwar regelrecht wie von einer Schere durchschnitten – worden waren. So lag die Galerie, stratigraphisch gesprochen, eingeklemmt zwischen IVA und VB, ob man die Reihenfolge nun von unten nach oben oder von oben nach unten betrachtete. Sie war wie die Paläste und Salomos Tor in der Periode von Schicht IVB–VA entstanden.

Hätte es weiterer Beweise für die Zuordnung der Galerie zu IVB–VA bedurft – jetzt stießen wir zufällig auf sie. Seit der Ausgrabung der Galerie durch das ehemalige Megiddo-Team hatten sich einige Steine gelöst und waren zu Boden gefallen. Als wir einen solchen Stein umdrehten, sahen wir, daß er ein Maurerzeichen trug, das den Markierungen glich, die wir schon bei einigen Bauten von Schicht IVB–VA und im Zweitgebrauch in Schicht IV entdeckt hatten. Daraus folgt, daß die Galerie in die salomonische Periode datiert werden muß. Geht man noch einen Schritt weiter, erweist sich das großartige Schacht-Tunnel-System als nachsalomonisch, d. h., es entstand zu Beginn des 9. Jahrhunderts während der Herrschaft des Hauses Omri oder, noch genauer, in der Regierungszeit Ahabs, etwa gleichzeitig mit den Ställen.

Wir können heute sagen, daß es sich bei der Stadt aus Schicht IVB–VA zweifellos um die von Salomo erbaute Stadt handelt. Diese Schlußfolgerung ergibt sich nicht nur aus der biblischen Mitteilung, derzufolge Salomo Megiddo wiederaufbaute, sondern auch aus der gesamten Töpferware, den architektonischen (Steinbearbeitungsstil, Baupläne) und stratigraphischen Befunden. Wir haben nicht mehr nur ein einzelnes Fort, sondern eine Metropole mit imposanten, für zeremonielle Zwecke vorgesehenen Bauten vor uns. Diese Stadt ist von einer Kasemattenmauer umgeben, deren gigantisches Tor aus sechs Kammern und zwei Türmen besteht, und sie verfügt über einen Geheimgang (die »Galerie«), der zur Wasserquelle führt. Der Gang repräsentiert denselben Baustil wie die anderen Strukturen und bestätigt wiederum das Vorhandensein einer Stadtmauer. Die Entdeckung zweier Paläste läßt sogar die Vermutung zu, daß der Südpalast die Residenz von Salomos Gouverneur Baana, Sohn des

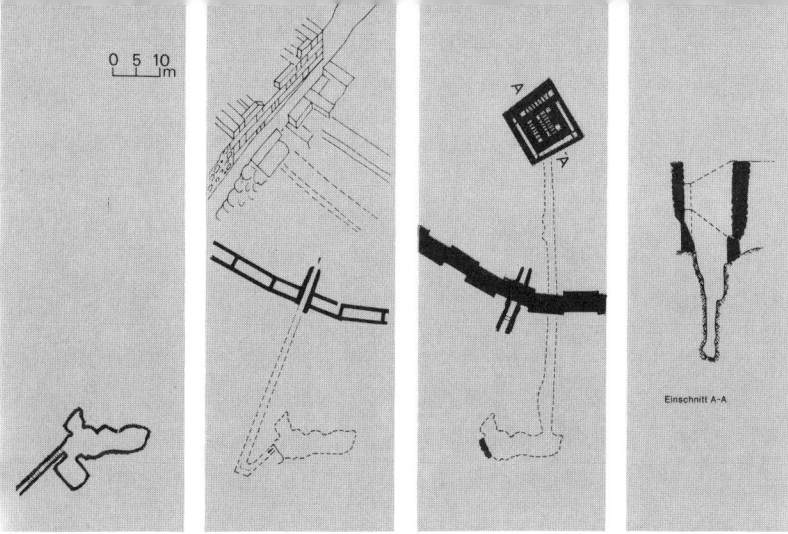

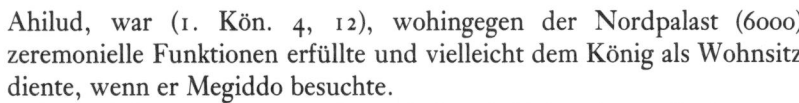

Ahilud, war (1. Kön. 4, 12), wohingegen der Nordpalast (6000) zeremonielle Funktionen erfüllte und vielleicht dem König als Wohnsitz diente, wenn er Megiddo besuchte.

Die auf der verwüsteten salomonischen Schicht erbaute Stadt unterschied sich in Art und Anlage wesentlich von ihrer Vorgängerin. Sie war nicht nur eine Verwaltungsstadt, sondern eine gut befestigte Wagenstadt (in der bis zu 450 Pferde untergebracht werden konnten) mit einem verborgenen Wassersystem für Belagerungszeiten und einer Gouverneursresidenz. Diese Schicht (IVA) weist Ausbesserungsspuren auf; alle Anzeichen deuten darauf hin, daß sie über einen langen Zeitraum bewohnt wurde und ihren Höhepunkt wahrscheinlich in den Tagen Ahabs erlebte, wie eine wichtige Inschrift des Assyrerkönigs Salmanassar III. andeutet. Aus diesem Dokument scheint hervorzugehen, daß Ahabs Wagenstreitmacht (2000 Wagen) den verbündeten Heeren, die mit ihm zusammen in der Schlacht von Qarqar (835 v. Chr.) gegen Salmanassar kämpften, zahlenmäßig überlegen war. Interessanterweise neigen die Megiddo-Ausgräber dazu, diese Stadt Salomo zuzuschreiben, weil die Bibel ihn als Erbauer von Wagenstädten erwähnt. Andererseits steht nirgendwo geschrieben, daß Megiddo, Hazor und Geser Wagenstädte waren. Interessant ist auch, daß weder in Hazor noch in Geser in der salomonischen Schicht (oder in irgendeiner anderen) Ställe zum Vorschein kamen. Wie dem auch sei, Megiddos – und so auch Hazors – Bedeutung als befestigte Stadt muß von Ahabs Zeit bis zu ihrer Zerstörung durch Tiglath-Pileser III. im Jahr 732 v. Chr. Bestand gehabt haben. Wenn wir Salomo durch unsere Ausgrabungen auch seiner berühmten Ställe beraubten, so können wir uns mit der Tatsache trösten, daß wir seiner wahren Stadt – die nicht weniger großartig war als die Städte der nördlichen Könige von Israel, die nach ihm regierten – den ihr gebührenden Rang zurückgegeben haben, und daß es uns auch gelang, die beiden in Megiddo entdeckten Wassersysteme in die israelitische Periode zu datieren. Der letzte Punkt ist entscheidend und hängt unmittelbar mit der Beschreibung unseres nächsten großen Fundes in Hazor zusammen. So können wir nun zur Ursprungsstätte unserer Erkundungen zurückkehren.

links Die Geschichte der Quelle von Megiddo (von links nach rechts): Höhle und Quelle in der Bronzezeit; zur Zeit Salomos; zur Zeit Ahabs; und ein Querschnitt durch den Schacht (925) *rechts* Der Wassertunnel von Megiddo

Steinkrippe aus den Ställen Ahabs

231

15 Die Quelle

Von Anfang an hat mich die Frage fasziniert, wie das israelitische Hazor in Belagerungszeiten mit Wasser versorgt wurde. Die Erforschung dieses Problems habe ich jahrelang aufgeschoben, weil es keine sicheren Anhaltspunkte für die Lokalisierung einer solchen Anlage gab und eine Grabung auf gut Glück, nur um eine Theorie zu prüfen, von den Kosten her nicht vertretbar gewesen wäre. Nach meinen Grabungen in Megiddo – die den Nachweis erbrachten, daß das berühmte Wassersystem für Belagerungszeiten im 9. Jahrhundert entstand (auf dem *Tell* von Hazor etwa die Periode von Schicht VIII) und daß die beiden Städte, historisch und archäologisch gesehen, einander ähnelten – ergab sich fast von selbst, daß ein ähnliches Wassersystem auch in Hazor existiert haben mußte. Ich denke noch an die langen Gespräche, die ich mit James Michener über Hazor und Megiddo führte, als er für seinen berühmten Roman *The Source* Material sammelte. Hazor diente später als eine Art Vorbild für seinen imaginären Schauplatz *Makor*. Aber für das Wassersystem – die eigentliche Quelle – mußte Michener Megiddo aufsuchen. Ferner konnte das Vorhandensein von unterirdischen Wasserversorgungssystemen für Belagerungszeiten in anderen israelitischen Städten – wie Hiskias berühmter Tunnel in Jerusalem oder eine ähnliche Anlage in Gibeon, nördlich von Jerusalem – als sicheres Zeichen dafür gelten, daß eine gut befestigte und strategisch so überaus wichtige Stadt wie Hazor zu Ahabs Zeit gleichfalls ein ausgeklügeltes Wasserversorgungsnetz für den Belagerungsfall besessen haben muß. Unsere Rückschlüsse aus vergleichbaren Beispielen ließen kaum einen Zweifel zu: es gab ein Wassersystem. Aber wo sollten wir nach ihm suchen?

Abgesehen von der logischen Voraussetzung hatten wir zwei Anhaltspunkte für die Lokalisierung einer solchen Anlage, die innerhalb der Stadt einen senkrechten Schacht und einen Tunnel gehabt haben muß, der zur außerhalb liegenden Wasserquelle führte. Südlich des Hügels, unweit der heutigen Straße nach Norden, liegt eine mit immergrünem Buschwerk bedeckte Senke. Hier gab und gibt es natürliche Quellen, an denen die Schafhirten von Rosh Pinah in den heißen Sommermonaten ihre Herden tränken. Heute leitet die *Israel Water Supply Company, Mekorot* das Wasser

Rückschluß aus Vergleichsmaterial

Zwei Anhaltspunkte

gegenüber Gerüst und Schienenstrecke dienten dazu, Schutt und Schlamm aus der »Quelle« zu entfernen (Blickrichtung Ost)

Die Quellen von Hazor (von Norden gesehen)

Die Vertiefung am Morgen des ersten Grabungstages

der meisten Quellen ab, aber an einigen Stellen sprudeln sie noch. Wenn Hazor ein Wassersystem wie das von Megiddo besessen hatte, mußte es meiner Meinung nach am Südrand des Hügels gewesen sein, möglichst in der Nähe der Quellen. Im Südteil des oberen Hügels konnten wir von Anfang an – auf Luftbildern wie mit bloßem Auge – eine sehr flache Vertiefung erkennen, die sich durch keine sichtbaren Baureste erklären ließ. Hier hatten wir 1955 unsere Behelfslatrine eingerichtet, weil wir den Platz für ein diskretes Versteck hielten.

Als ich 1968 nach zehnjähriger Abwesenheit nach Hazor zurückkehrte, war ich entschlossen, meine Theorie über den Standort eines verborgenen Wassersystems in dieser flachen Vertiefung auf die Probe zu stellen. Ich wußte, daß wir, wenn meine Annahme zutraf, mindestens 40 Meter tief unter der Oberfläche graben mußten, um den Grundwasserspiegel zu erreichen, den die Quellen am Fuß des Hügels anzeigten. Für diese Aufgabe setzte ich die Hälfte der mir zur Verfügung stehenden Arbeitskräfte in dem neuen Abschnitt L ein. Am ersten Tag der Ausgrabungen war an der Oberfläche gar nichts zu sehen. Ich darf hinzufügen, daß mehrere meiner Mitarbeiter unsere Chancen, an dieser

Arbeiter beim Ausmessen der Vertiefung, in der eine unserer Feldlatrinen angelegt gewesen war

Stelle das Wassersystem zu finden, sehr skeptisch beurteilten. Der einzige, der sich nicht beirren ließ, war Y. Shiloh, Leiter des Teams in Abschnitt L. Gerechtigkeitshalber sollte ich noch hinzusetzen, daß hier nicht nur eine Theorie auf dem Spiel stand. Eine ganze Anzahl von Whiskyflaschen winkte am Horizont unserer Sondierung, innerhalb wie *außerhalb* des Expeditionsstabs.

Die Erfahrungen der Ausgräber von Megiddo, Gibeon und anderen Stätten, wo Wassersysteme entdeckt wurden, lehrten uns, daß die Hauptschwierigkeit beim Ausgraben eines Wassersystems dieser Art darin liegt, seine Entstehungszeit zu bestimmen; es fällt natürlich nicht schwer, den Letztgebrauch zu datieren, denn er ergibt sich aus den spätesten dort aufgefundenen Objekten. Die beste und im Grunde einzige Datierungsmethode (die wir auch in Megiddo anwandten) besteht darin, die Periode der von den Erbauern des senkrechten Schachts durchschnittenen höchsten Schicht zu ermitteln. Dadurch erhält man wenigstens das *post quem*-Datum, d. h. die Zeitgrenze, vor der der Schacht nicht angelegt worden sein kann. Als erstes mußten wir durch eine Untersuchung der Lagen und Grundrisse der an die Vertiefung angrenzenden Bauwerke ein gesichertes und objektives Bild der Schichtung des Abschnitts gewinnen. War das geschehen, hofften wir, die Daten der vom Schacht durchschnittenen Schichten in Erfahrung zu bringen, indem wir durch einen Vergleich mit den angrenzenden Schichten und Bauten feststellten, ob zeitliche Übereinstimmung vorlag. Die Nähe des Schachts zum Rand des Hügels ließ vermuten, daß die salomonische Kasemattenmauer, die dort gestanden haben mußte, weil wir Teile von ihr östlich und westlich der Stelle gefunden hatten, einen guten Ausgangspunkt für die stratigraphische Untersuchung abgeben würde. Zu Beginn unserer Ausgrabungen zogen wir – entsprechend dem Ausgrabungsgitternetz – direkt vom Mittelpunkt der Vertiefung aus einen langen, 5 Meter breiten Graben von Norden nach Süden. Schon nach ein paar Tagen tauchte die erste

Graben – aber wie?

Versuchsgrabung quer durch die Vertiefung

links Die salomonische Kasemattenmauer: ein stratigraphischer Anhaltspunkt
rechts In einer Kasematte gefundene Vorratsgefäße

Ein Hindernis

Schwere Baumaschinen beseitigen den Schlamm

Kasematte mit Unmengen von Vorratskrügen aus der salomonischen Periode auf. Ein weiteres ermutigendes Zeichen gleich zu Beginn der Arbeit in der Vertiefung war das Fehlen jeglicher Bauten, die aus Perioden *vor* dem Verlassen des Hügels stammten; das ganze Gebiet war mit Sand gefüllt, der eine erhebliche Anzahl später Artefakte – darunter persische, hellenistische, byzantinische und sogar arabische Töpferware – enthielt. Nachdem wir diese Bestände klassifiziert hatten, nahmen wir schwerere Maschinen zu Hilfe, um den Schutt wegzuschaffen.

Dann sank unser Mut, denn in der Mitte der Vertiefung stießen wir auf eine mit Feldsteinen gepflasterte große Fläche. Alle Anzeichen sprachen dagegen, daß wir hier das Wassersystem finden würden: dies sah nach den Überresten eines Sammelbeckens für Regenwasser aus. Überdies waren die terrassenförmig abfallenden Seitenwände der Vertiefung mit Steinen ausgemauert. Unsere Spaßvögel nannten die Vertiefung nun schon »das Gebiet tiefer Verstimmung«. Doch dann erinnerte ich mich, daß wir ein ähnliches Phänomen in Megiddo angetroffen hatten. Dort diente der

aufgegebene und mit Schutt verstopfte Schacht später als Wasserbecken; vielleicht traf hier dasselbe zu. Schon diese Möglichkeit spornte uns an, weiterzugraben und die gepflasterte Fläche zu durchstoßen. Darunter kamen ungewöhnlich rohe Bauformen zum Vorschein. Eine Reihe terrassenähnlicher Unterbauten, fast kreisförmig und aus kleinen Feldsteinen zusammengesetzt, umgab den tiefsten Punkt der Vertiefung. Wieder sagten wir uns, daß auch dies noch nicht die Existenz eines Wasserschachts ausschloß. Vielleicht waren diese Fundamentstrukturen bald nach der letzten Benutzung des Schachts gebaut worden, um die Entnahme des gesammelten Wassers zu erleichtern. Die Terrassen, die wir auf zwei aufeinanderfolgenden Ebenen fanden, konnten zum Abstellen von Krügen gedient haben. Und da diese Terrassen in regnerischen Jahren mit Schlamm bedeckt sein mochten, brauchte man nicht einmal anzunehmen, daß die beiden Ebenen zwei verschiedene Schichten anzeigten, obgleich auch diese Schlußfolgerung natürlich möglich war. In diesem Ausgrabungsstadium gab es einen Umstand, der mich ermutigte und in dem

links Eine runde gepflasterte Fläche in der Mitte der Vertiefung
rechts Aus Feldsteinen gebaute Terrassen in der Vertiefung

Runde, terrassenähnliche Substrukturen zum Abstellen der Wasserkrüge

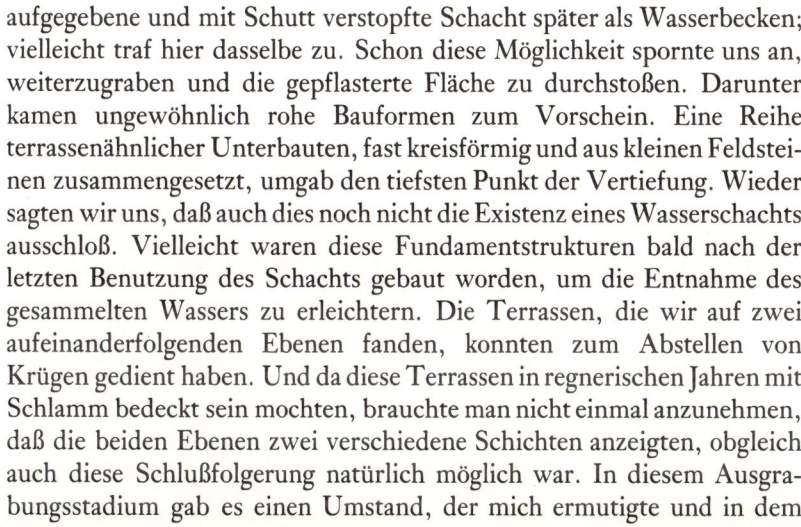

Die erste Ecke der Futtermauer
– ein ermutigendes Zeichen

Einige Arbeiter aus dem Nach-
bardorf von Hazor

Gefühl bestärkte, daß wir den vertikalen Schacht noch finden würden. In einer Ecke der Vertiefung legten wir Teile einer gewaltigen Futtermauer frei, deren Fundamente viel tiefer reichten als unsere Grabung. Wenn meine Theorie zutraf, handelte es sich hier um eine Futtermauer, die oberhalb des in den Fels getriebenen Schachts gebaut worden war, um den Teil des Schachts abzustützen und auszukleiden, der die Schuttschichten durchschnitt. Zu diesem Zeitpunkt befanden wir uns aber noch 35 Meter über dem angenommenen Grundwasserspiegel. Bevor wir weitergruben, legten wir jedoch unter der kreisförmigen Terrasse einen Schnitt an, um uns zu vergewissern, daß Bauten sowie Erd- und Steintrümmer fehlten.

Die Ausgrabungssaison war schon ziemlich weit fortgeschritten, als ich zu dem Schluß kam, daß wir beim gegenwärtigen Tempo der hauptsächlich von Hand geleisteten Arbeit Jahre brauchen würden, um unser Ziel zu erreichen – vorausgesetzt, daß es überhaupt existierte. Dieser Gedanke

Junger Arbeiter, die Energie eines anderen bewundernd

war besonders deprimierend, weil die meisten unserer Arbeiter, obgleich guten Willens, schon recht alt waren. Damit meine ich nicht, daß wir unter der Knute des Todesengels standen. Aber obgleich diese Arbeiter die knifflige Technik der Oberflächengrabung meisterhaft beherrschten, konnten sie schwerlich die Anstrengung einer Grabung bis zu 40 Meter Tiefe durchstehen; und die wenigen jüngeren Arbeiter lehnten sich lieber bequem zurück, um die Leistungen der jungen Helferinnen im Bikini zu bewundern. Aus diesem Grund entschloß ich mich, einen Kran mit zwei eisernen Greifern einzusetzen. Es war kein kleines Kunststück, ihn auf den Hügel zu befördern. Ein paar Archäologen wurden dem Kranführer zugeteilt, um den Inhalt der vom Kran gehobenen Erd- und Schuttlasten sorgfältig zu untersuchen. Die Arbeit ging schließlich gut voran, und schon bald kündigte sich das erste positive Zeichen an. In der Südostecke, nicht weit von der Futtermauer und benachbarten Bauresten stießen wir

Der Bagger bei der Arbeit

Am Wendepunkt: der gewachsene Fels kommt ans Licht

auf eine senkrechte Felswand. Das mußte der oberste Abschnitt des langgesuchten Schachts sein. Unsere Erregung wuchs. Nach vielen Grabungswochen begann der Schacht an mehreren Seiten durchzuschimmern. Wir konnten sogar breite, aus der Wandung herausgehauene Stufen erkennen. Das ganze Gebiet war mit Schutt aus den Stützmauern verstopft; wahrscheinlich hatte sich der von der Böschung heruntergeschwemmte Sand unmittelbar nach Zerstörung der letzten befestigten

Aus dem Schutt taucht der Schacht auf (nach Südosten gesehen)

israelitischen Stadt (Schicht V) 732 v. Chr. allmählich hier angehäuft.

Als wir eine Tiefe von etwa 30 Metern erreichten (von oben gerechnet), kam es uns plötzlich so vor, als stimmte irgend etwas mit diesem Wassersystem nicht. Infolge der an den Wänden entlangführenden Wendeltreppe verengte sich der Schacht um so mehr, je tiefer wir herunterkamen, und wir waren noch immer 10 bis 15 Meter über dem Grundwasserspiegel! Als wir mit der Arbeit begonnen hatten, dachten wir alle, daß der senkrechte Schacht – wie in Megiddo – bis zum Grundwasserspiegel herabreichen und dann in einen Tunnel überleiten würde, der zu den Quellen außerhalb der Stadt führte. An dieser Stelle wurde der Schacht jedoch so eng, daß er nach unseren Berechnungen unmöglich weitere 10 Meter gradlinig nach unten verlaufen konnte. Es gab einfach nicht genug Platz für einen Schacht mit Treppen. Wieder geriet die Wassersystem-Theorie ins Wanken, und einige unserer Mitarbeiter dachten schon, wir hätten ein Bassin oder ein Getreidesilo entdeckt. Ich ließ mich aber nicht beirren und wollte auf jeden Fall die Sache bis zum möglicherweise bitteren Ende durchstehen. Doch dann war es plötzlich so weit, daß das Geheimnis des Wassersystems sich lüftete, und selbst ich konnte mir, obwohl ich recht behalten hatte, angesichts dieser Schicksals-wende ein schiefes Lächeln nicht verkneifen. Meine Überzeugung, daß sich hier ein Wassersystem finden würde, hatte sich zwar bewahrheitet, aber die ihr zugrunde liegenden Gedankengänge erwiesen sich doch als

oben Futtermauer und Schacht, in Nordwestrichtung gesehen

unten Breite, in den Fels gehaue-ne Stufen ermöglichen Gegen-verkehr

Eine große Überraschung: die Entdeckung des Tunnels in der Westwand

abwegig. Wir alle bekamen an diesem Tag einen Denkzettel, der uns Bescheidenheit lehrte, denn es stellte sich heraus, daß die Erbauer des Systems viel klüger waren als die Archäologen, die ihre Spur verfolgten.

In der Südwestecke des Schachts erblickten wir die schmal zulaufende Öffnung eines Tunnels, der nicht nach Süden, zu den Quellen, sondern nach Westen zu führen schien. Zuerst konnten wir die Bedeutung dessen, was wir da sahen, nicht begreifen; aber sobald die Trümmer vor dem Tunneleingang weggeräumt waren, stiegen wir hinunter und landeten auf einer gewaltigen Anhäufung von Steinen (aus der Futtermauer) und anderem Schutt. Nach einer Strecke von 25 Metern, die uns erst in westliche, dann in südwestliche Richtung und mit dem Tunnelgefälle zugleich 10 Meter in die Tiefe führte, erreichten wir das Ende des Tunnels. Und da war es: reines, glitzerndes Wasser! Unser Gefühl in diesem Augenblick läßt sich schwer beschreiben. Wir atmeten eine Luft,

Der langerwartete Preis: Wasser

die 3000 Jahre lang in diesem Tunnel eingeschlossen war, und berührten die Lebensquelle des israelitischen Hazor. Anscheinend hatten die damaligen Ingenieure gewußt – oder doch vermutet –, daß der Grundwasserspiegel, der die Quellen außerhalb der Stadt speiste, auch innerhalb der Siedlung existierte. Das Wassersystem war also hier noch besser geschützt als in Megiddo, da die gesamte Anlage sich innerhalb der Stadtmauer befand und in den gewachsenen Fels hinabreichte.

Obwohl der obere Teil des Tunnels frei von Schutt war, war der Rest, besonders am Eingang, mit heruntergefallenen Steinen förmlich zugedeckt. Wir brauchten fast ein Jahr, um den Schutt vollständig zu beseitigen – es war eine außerordentlich schwierige Arbeit. Wir mußten von oben nach unten eine Miniaturschienenstrecke für einen generatorbe-

Der große Tunnel im Fundzustand, vom Eingang westwärts

triebenen kleinen Waggon legen, um Sand und Schutt heraufzuholen. Schließlich aber war die ganze Anlage freigeräumt und bot ein grandioses Bild, besonders wenn man von innen nach außen blickte. Die Baureste am Eingang zum ausgemauerten Schacht ermöglichten uns auch eine präzise Datierung. Die Ruinen der salomonischen Schicht (X) waren vom Schacht durchschnitten worden, während wir neben dem Schacht mit dem System verbundene Bauten fanden, die eindeutig zu Schicht VIII, der Periode Ahabs, gehörten. Infolgedessen muß das Wassersystem – wie in Megiddo – zu Ahabs Zeit gebaut worden sein.

Gegen Ende unseres Unternehmens hatten wir ein klares Bild vom

links Blick vom Tunnel in den Schacht
oben Luftaufnahme des Schachts (vgl. die Skizze) mit Ahabs Vier-zimmerhaus zur Linken; ganz links die salomonische Kasemat-tenmauer

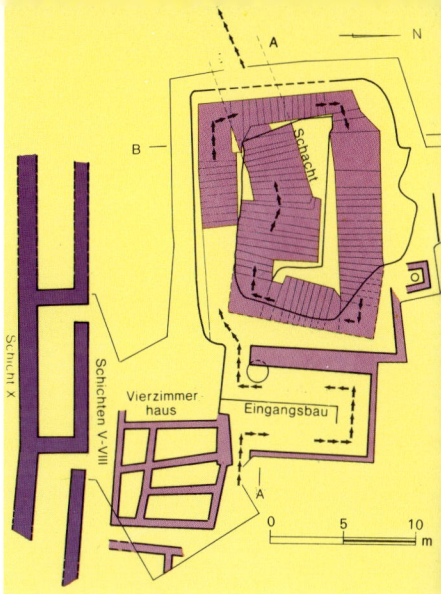

Lageskizze des Wasserschachts
und seiner Umgebung

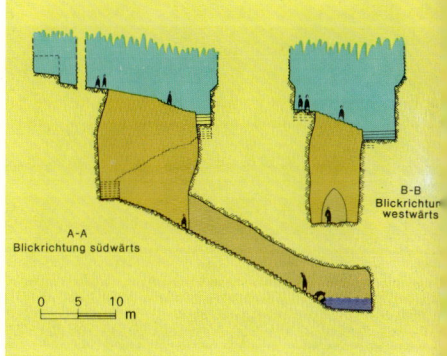

Zwei Querschnitte durch
Schacht und Tunnel

Aufbau des Wassersystems gewonnen. Es bestand aus drei Elementen: einem Eingangsbau, einem senkrechten Schacht und einem schrägen Tunnel.

An der Südostecke der Schachtöffnung nahe beim Hügelrand, entdeckten wir den Eingangsbau, der den Neigungswinkel zwischen dem Niveau der Stadt und dem oberen Schachtende verringern sollte. Er hatte zwei Rampen: Eine verlief von Süden nach Norden und endete in einem Absatz, die andere ging von Norden nach Süden und führte zum Schacht.

Der Schacht selbst bestand aus zwei Teilen: Der obere durchschnitt die frühen Schichten des *Tell*; der untere war in den Fels gehauen. Der obere

Teil mißt etwa 19 × 15 Meter und reicht von der Kuppe des Hügels ungefähr 10 Meter in die Tiefe. Dieser Abschnitt wurde durch gewaltige Futtermauern hauptsächlich an der Süd- und Westseite (wo der jungfräuliche Fels, dem natürlichen Südwestgefälle des Geländes entsprechend, niedriger war) abgestützt. Die Stützmauern hatten sich, besonders in den Ecken, bis zu einer Höhe von 4 Metern gut erhalten. Der in den Fels getriebene Teil des Schachts hat eine Tiefe von ungefähr 20 Metern, die Gesamttiefe des Schachts beträgt also etwa 30 Meter. In den Fels geschlagene Stufen, die eine Breite von 3 Metern erreichen, führen nach unten. Die Treppe hat insgesamt fünf Fluchten; jede Flucht verläuft an einer der vier Wände des Schachts; Anfang und Ende liegen an der

Schacht, Stufenwerk und Tunneleingang, gesehen in westlicher Richtung

Südwand. Die fünfte Flucht beginnt jedoch nur an der Südwand und erweitert sich dann zur vollen Breite des Schachts, um in die Tunneltreppe einzumünden (unten beschrieben). Die großzügige Anlage der Treppe läßt vermuten, daß das Wasser von Packtieren befördert wurde und daß für gleichzeitigen Auf- und Abstieg genug Raum geschaffen werden mußte. Jedenfalls steht fest, daß die Treppe ein doppelter Transportweg war, und selbst wenn sie nur für Wasserträger – höchstwahrscheinlich Frauen – vorgesehen war, hatten sie Platz genug, um sich nicht in die Quere zu kommen.

Der Tunnel läuft spitz zu und ist 4,50 Meter hoch. Der Eingang ist etwa 4 Meter breit, aber nach ungefähr 9 Metern verengt sich der Tunnel etwas, um sich dann wieder zu erweitern. Das Ende, eine Art Becken, ist 5 Meter breit. Der Tunnel hat eine Länge von 25 Metern und bis zum durchschnittlichen Wasserstand ein Gefälle von 10 Metern. Insgesamt beträgt die Tiefe vom Eingang bis zum Wasserspiegel also 40 Meter! Die in den Fels gehauenen Tunnelstufen, etwa achtzig an der Zahl, waren zum Schutz des weichen Steins mit einer dicken Verputzschicht überzogen, wohingegen die letzten acht Stufen – die überschwemmt wurden, wenn der Wasserspiegel stieg – aus Basaltplatten und zerbrochenen Orthostaten bestanden. Als wir die Strecke für Besichtigungen vorbereiteten, riet man uns, den inneren Teil des Tunnels sicherheitshalber mit Holzpfählen abzustützen, und so sieht er noch heute aus.

Die Entdeckung dieses gewaltigen Wassersystems und seine Datierung in die erste Hälfte des 9. Jahrhunderts beschworen ein ähnliches Bild, wie es sich aus der Neudatierung des Wassersystems von Megiddo ergeben hatte. Es ist anzunehmen, daß seit Beginn des 9. Jahrhunderts, als Israel und die Nachbarländer durch die Bedrohung von seiten der Aramäer und Assyrer in eine bedenkliche Lage gerieten, Verteidigungsmaßnahmen ganz allgemein verstärkt und Befestigungsanlagen im besonderen ausgebaut wurden, um einer langen Belagerung standzuhalten. Denn die Könige von Israel und Juda hatten angesichts einer langfristigen Belagerung einzig in ihrem Durchhaltevermögen eine Überlebenschance. Es gab keine andere Wahl, als mit Hilfe technischer Fähigkeiten Befestigungen und unterirdische Wassersysteme zu entwickeln, die kein anderes Land übertreffen konnte. Der Moabiterkönig Mesa, dessen Siegesstele mit Inschrift vor vielen Jahren bei Dibon in Jordanien gefunden wurde, berichtet, daß er mit Hilfe von »Gefangenen aus Israel« alle möglichen Arten unterirdischer Wassersysteme anlegte. Diese Fertigkeiten waren also offensichtlich mit einigem Neid begehrt.

Hier hatten wir nun also »die Quelle« von Hazor erreicht. Aber damit befinden wir uns auch etwas außerhalb der chronologischen Ordnung, jedenfalls was den Rahmen dieses Buches betrifft. Als wir die Stätte am Ende des 11. Kapitels verließen, um die Suche nach Salomo aufzunehmen, waren wir bis zur Periode des Vereinigten Königreichs der Israeliten im 10. Jahrhundert v. Chr. gelangt. Wenn wir von da noch tiefer herunter – und in die Geschichte zurück – gehen, kommen wir zu dem großen Problem, das uns vor allem nach Hazor zog: Wer tötete König Jabin und zerstörte die letzte kanaanitische Stadt in Hazor – Josua oder Debora?

unten Die Basaltstufen nahe der »Quelle«
darunter Das Tunnelende wurde mit Holzpfählen abgestützt

247

16 Das Rätsel um Josua und Debora

Das Problem

Im Eingangskapitel zitierte ich im Zusammenhang mit allen Textzeugnissen über die Geschichte Hazors, soweit sie vor den Ausgrabungen bekannt war, zwei Bibelverse fast vollständig: einen aus dem Buch Josua, den anderen aus dem Buch der Richter. Damals ging ich nicht auf die Erklärungen ein, die zur Überwindung der offensichtlichen Diskrepanzen zwischen diesen beiden Überlieferungen vorgeschlagen worden sind. Nach der ersteren führte Josua – an der Spitze der israelitischen Heere im Verlauf der Eroberung Kanaans – eine entscheidende Schlacht im Norden gegen Jabin, den König von Hazor. Die Israeliten siegten, und die Bibel vermerkt, daß Jabin umkam und die Stadt in Flammen aufging. Aber sie fügt hinzu, daß von allen Städten Nordkanaans nur Hazor verbrannt wurde, denn Hazor »war die Hauptstadt all dieser Königreiche«.

Hätten wir nur diese einzige Stelle, so gäbe es wahrhaftig kein Problem, denn die Geschichte ließe sich relativ leicht rekonstruieren. Nachdem Jabin, der König von Hazor, seine Herrschaft über die kleineren oder Kleinstkönigreiche von Galiläa gefestigt hatte, wurde das Gebiet von den siegreichen israelitischen Stämmen unter Josuas Führung unterworfen. (Aus der Stellung, die diese Schlacht im Siegeszyklus des Buches Josua einnimmt, sehen wir auch, daß Hazor in den Spätstadien des Eroberungszuges unterging.) Im Buch der Richter finden sich jedoch zwei Versionen einer entscheidenden Schlacht, die später (nämlich in der Ära der Richter) stattfand, als einige Stämme schon anfingen, das eroberte Land zu besiedeln, aber immer noch um ihre Existenz oder um die Macht über die verbliebenen kanaanitischen Städte kämpften. Die Schlacht – zwischen Debora und Barak auf der einen Seite und Sisera auf der anderen – hat in einem der ältesten poetischen Bibeltexte, dem berühmten Lied der Debora, Unsterblichkeit erlangt (Richt. 5). Nach diesem Siegesgedicht, wie man es auch nennen kann, fand die Schlacht in der Ebene von Jesreel, am Ufer des Kison, nicht weit von Megiddo (und dem Berg Tabor, um genau zu sein) statt. Weder Hazor noch sein König werden hier genannt. Sisera gilt als der Hauptfeind, und wir erfahren nicht einmal, wo er residierte. Es wird aber angedeutet, daß er die kanaanitischen Heere befehligte, die gegen die von Debora im ganzen Land zusammengetrommelten israelitischen Krieger kämpften.

So weit, so gut – oder jedenfalls nicht problematisch. Im voraufgehenden Kapitel des Buches der Richter steht jedoch eine Prosaversion derselben Schlacht, die mehr ins einzelne geht. Die Anfangsverse des Kapitels bauen den historischen Hintergrund auf: »Aber die Kinder Israel taten fürder übel vor dem Herrn, da Ehud gestorben war. Und der Herr verkaufte sie in die Hand Jabins, des Königs der Kananiter, der zu Hazor

gegenüber Die Fundament-Beigabe in der Gebetsstätte des 11. Jh. v. Chr. im Fundzustand (vgl. S. 256–7)

unten Das Schlachtfeld von Debora und Sisera

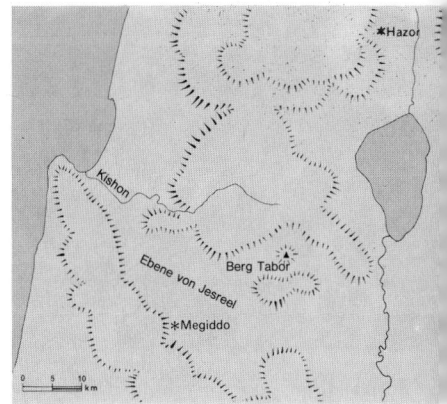

saß; und sein Feldhauptmann war Sisera, und er wohnte zu Haroseth der Heiden« (4, 1–2). Später berichtet die Prosaversion, obwohl sie im Einklang mit dem Gedicht das Schlachtfeld in die Ebene von Jesreel an den Fluß Kison legt, wieder und mehr als einmal, daß Sisera die Heere Jabins befehligte; dann, nach dem israelitischen Sieg, heißt es im Vers 24: »Und die Hand der Kinder Israel ward immer stärker wider Jabin, der Kananiter König, bis sie ihn ausrotteten.« Nun enthüllt sich der augenfällige Widerspruch zwischen den beiden Überlieferungssträngen. Wenn Josua, der vor Debora lebte, schon Hazor zerstört und Jabin getötet hatte, wie ist es dann möglich, daß Jabin mehrere Jahrzehnte (mindestens) später noch am Leben war und sein Feldhauptmann im Tal von Megiddo, weit weg von Hazor, in einer Schlacht kämpfte? Das ist eine der ärgerlichsten Fragen der biblischen Forschung.

Lösungsvorschläge vor unseren Ausgrabungen
Bibelkommentatoren haben schon viele Erklärungen angeboten, aber am Ende gibt es kein Entkommen vor der Einsicht, daß der Widerspruch nicht gelöst werden kann. Die verschiedenen Deutungsversuche lassen sich in drei Kategorien unterbringen. Die erste – und älteste – repräsentiert die Auffassung früher jüdischer Kommentatoren des Altertums und eine eher fundamentalistische Einstellung zu den Bibeltexten. Diese Tradition stützt sich auf den Umstand, daß Richter 4 von Jabin in der Vergangenheitsform spricht (»der zu Hazor saß«). Die ganze Debora-Geschichte besagt demnach nur, daß Jabin zur Zeit der Schlacht schon tot war; aber da Sisera früher sein Feldhauptmann gewesen war, liegt der Grund für die Erwähnung Jabins darin, die Identifizierung Siseras zu erleichtern. Diese Deutung setzt selbstverständlich voraus, daß Hazor zur Zeit von Deboras Schlacht keine große Rolle mehr spielte und Sisera zu Haroseth der Heiden wohnte (wo immer das gewesen sein mag).

Einige moderne Wissenschaftler, vor allem deutsche Exponenten der Bibelkritik, vertreten eine andere, viel radikalere Theorie. Sie bestreiten die Geschichtlichkeit der Schilderungen im Buch Josua und betrachten den gesamten Eroberungsprozeß als eine eher friedliche Infiltration, die in lokal begrenzten Konflikten gipfelte, von denen einige im Buch der Richter genannt werden. Dieser Schule zufolge fand der Zusammenstoß zwischen Jabin und den Israeliten in einem späteren Stadium statt, als Hazor noch eine gewisse Geltung hatte. Mit anderen Worten: sie sehen das Buch der Richter als die grundlegende Quelle an.

Eine dritte Richtung, deren bedeutendster Vertreter der verstorbene Professor W. F. Albright war, versucht die Situation auf nahezu entgegengesetzte Weise zu deuten. Für die Anhänger dieser Schule enthält das Buch Josua einen historisch wahren Kern. Sie verweisen auf die Tatsache, daß weder Hazor noch Jabin im Deboralied (das der Prosaversion in den Richtern zeitlich vorangeht) erwähnt werden und daß die Schlacht bei Megiddo in einer viel späteren Periode stattfand. Sie interpretieren die Hinweise auf Jabin und Hazor in Richter 4 als eine spätere, durch das Buch Josua beeinflußte Interpolation. Der Schreiber hatte keine Ahnung von Siseras historischem Hintergrund und brachte ihn als Befehlshaber mit den großen Schlachten im Norden, von denen das Buch Josua berichtet, in Zusammenhang. Dieser Schule mußte Hazor als eine äußerst wichtige Stadt zur Zeit der israelitischen Eroberung gelten; die Frage, welche Rolle sie zur Zeit Deboras spielte, wird dagegen offengelassen. Ob die Stadt nun existiert hatte oder nicht, mit der zur Debatte stehenden biblischen Erzählung hatte sie nichts zu tun.

Eine vierte Ansicht, die man als einen Kompromiß bezeichnen kann, hatte für uns die größte Bedeutung, schon weil einer ihrer Befürworter an unserer Grabung teilnahm. Ihr Urheber ist Professor B. Mazar von der *Hebrew University* in Jerusalem. Für ihn gibt der Kern im Buch Josua und den Richtern tatsächliche historische Ereignisse wieder, nur gewissermaßen in umgekehrter Reihenfolge. Er setzt darum die bei Josua beschriebene Zerstörung zeitlich *nach* dem in den Richtern 4 erzählten Geschehen an. Mazars Interpretation entstand aus einer sorgfältigen Lektüre des Textes. In den Richtern 4 heißt es: »Und die Hand der Kinder Israel ward immer stärker wider Jabin, der Kananiter König, bis sie ihn ausrotteten.« Das sagt nicht, daß sie ihn damals ausrotteten, und auch nicht, wann sie es taten. Aus der Bestimmtheit und Ausführlichkeit, mit der sich die Josua-Schilderung über den Tod Jabins und die Zerstörung der Stadt ausläßt, schloß er, daß die Josua-Version die Frage nach dem Wann beantworten müsse.

Y. Aharoni, ein Schüler Mazars, entwickelte diesen Gedanken in seiner Dissertation weiter. Er durchforschte Obergaliläa und fand Überreste kleiner Dörfer und Siedlungen mit typischer Töpferware der Eisenzeit (12. Jahrhundert). In Anlehnung an die Auffassung der deutschen Schule, daß der eigentlichen Eroberung eine friedliche Infiltration durch die Israeliten vorausging, deutete er diese Ansiedlungen als Beweis für die erste israelitische Durchdringung Galiläas. Mit anderen Worten: er sah Jabins Hazor als eine blühende Stadt, die in der zweiten Hälfte des 12. Jahrhunderts ihren Höhepunkt erlebte. In Fortführung der Ansicht Mazars kam er dann zu dem – auf der Entstehungszeit der Siedlungen beruhenden – Schluß, daß die endgültige und entscheidende Schlacht gegen Jabin am *Ende* des 12. Jahrhunderts stattgefunden haben mußte. Diese Theorie veranlaßte Aharoni, an der Hazor-Expedition im Jahre 1955 teilzunehmen. Er war in diesem Stadium der einzige Mitarbeiter, der sich schon eine Meinung über die Lösung des Problems gebildet hatte. Wir anderen alle hatten kein vorgefaßtes Interesse an den Ergebnissen und wollten die Stätte nur ausgraben, um herauszufinden, welche Auffassung – wenn überhaupt eine – zutraf. Obwohl Aharonis Theorie sich als unrichtig erwies, brachte er uns durch seine Beharrlichkeit und sein Gespür für die Ausgrabungen dazu, tiefer in das Problem einzudringen und die Grabungsabschnitte so weit auszudehnen, bis uns die Ergebnisse völlig zufriedenstellten.

Als wir die Ausgrabungsresultate in der unteren Stadt behandelten, sagten wir, daß die Stadt im 13. Jahrhundert v. Chr. vollständig abbrannte. Die Spuren des Feuers stimmten mit der Beschreibung im Buch Josua überein. Die Entstehungszeit der Schicht verwies gleichfalls auf Josua, eher als auf die spätere Ära der Richter. Da aber in der unteren Stadt keine späteren Überreste zum Vorschein kamen, konnte man annehmen, daß nach der Zerstörung Hazors durch Josua – wie sie die

Bibel schildert – nur die obere Stadt bewohnt wurde und die Geschichte in den Richtern eben diese Stadt meint. Daher war es unerläßlich, auf dem *Tell* unter der salomonischen Schicht zu graben. Diese Phase unserer Ausgrabungen war wohl die aufregendste von allen, und bei den Mitgliedern der Expedition steigerte sich die Spannung. Wir wußten: was das biblische Problem anging, war der Tag des Jüngsten Gerichts gekommen.

Wir gruben unter der salomonischen Schicht in die Tiefe und fanden schließlich die Stadt der späten Bronzezeit aus dem 13. Jahrhundert – vollständig vernichtet wie in der unteren Stadt. Wir nannten diese Stufe Schicht XIII (von oben gezählt) und konnten zum erstenmal die Schichten der oberen Stadt zu denen der unteren in Beziehung setzen. Schicht XIII lief mit Schicht IA der unteren Stadt, d. h. mit der letzten Stadt der Bronzezeit, parallel. Von nun an sah die Gleichung folgendermaßen aus:

	obere Stadt	untere Stadt
SCHICHTEN	XIII	I A
	XIV	I B
	XV	2
	XVI	3
	XVII	4

Die Überreste von Stadt XIII ließen sich mit Hilfe der mykenischen Tonware, wie in der unteren Stadt, leicht datieren. Aber die Artefakte und Bauten auf dem *Tell* hatten sich nicht so gut erhalten wie in der unteren Stadt, denn nach der Verwüstung der oberen Stadt – besonders seit Salomo – gruben die israelitischen Baumeister die Fundamente ihrer Mauern und Gebäude tief in die Schichten der späten Bronzezeit ein und nahmen fast alles vorgefundene Baumaterial an sich, um es für ihre Bauten wiederzubenutzen. Aus dem Umstand, daß wir der letzten Bronzezeit-Schicht der oberen Stadt die Zahl XIII zuwiesen, geht hervor, daß zwischen ihr und Schicht X (Salomos Stadt) zwei weitere Schichten auftauchten, die wir als XI und XII kennzeichneten. Wäre die Theorie von Mazar-Aharoni richtig gewesen, der zufolge die im Buch Josua dargestellte Schlacht sich *nach* der in den Richtern geschilderten ereignete und Hazor seinen Höhepunkt unter Jabin in der zweiten Hälfte des 12. Jahrhunderts erreichte, dann hätten wir das Hazor der Ära Jabin-Sisera in einer dieser beiden Schichten finden müssen. Aber gerade die Beschaffenheit der beiden Schichten widerlegte diese Theorie und ermöglichte uns darüber hinaus die Rekonstruktion des wahren Ablaufs der Ereignisse in Hazor nach der Zerstörung, von der das Buch Josua berichtet.

Die halbnomadischen Israeliten

Wir wollen mit Schicht XII, der ersten Besiedlung nach Jabins Hazor, beginnen. Statt einer voll entwickelten Stadt – oder gar befestigten Niederlassung – stellte Schicht XII eine halbnomadische Ansiedlung dar, die kaum Spuren dauerhafter Gebäude aufwies. Überall auf dem Hügel fanden wir Restbestände von Hütten- oder Einfriedungsfundamenten, die gewöhnlich aus einer in Kreis- oder anderen Rundformen gelegten

Ein Ofen aus einem umgekehrten Vorratsgefäß: Relikt einer primitiven Ansiedlung halbnomadischer Israeliten des 12. Jh. v. Chr. (Schicht XII)

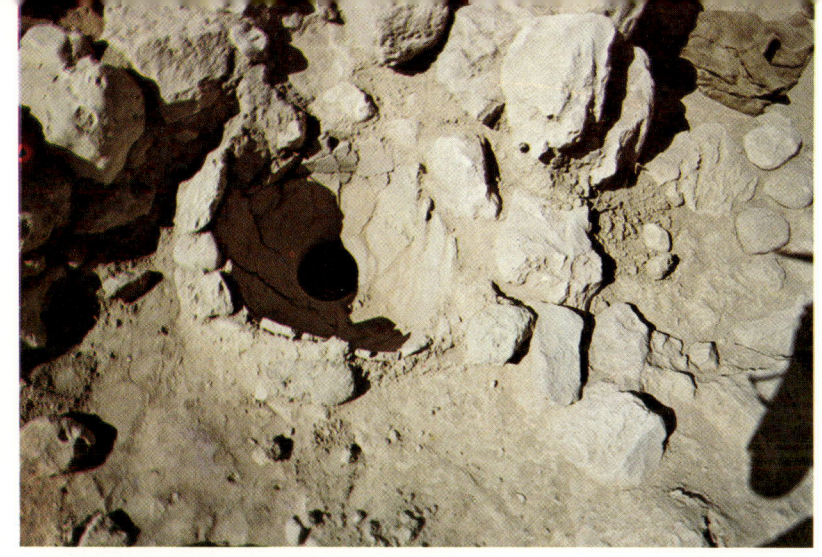

Feldsteinschicht bestanden. In mehreren Abschnitten, besonders in A und B, entdeckten wir in der Nähe dieser Strukturen aus den Oberteilen umgedrehter Vorratskrüge gemachte Öfen, die mit einem Ring aus Steinen umgeben waren. Das auffälligste Merkmal dieser Siedlung waren wohl die zahlreichen Gruben, die überall vorkamen. In Abschnitt B tauchten innerhalb einer Fläche von 25 × 15 Metern zweiundzwanzig solcher Gruben auf. Zuerst konnten wir ihre Funktion nicht recht begreifen, weil wir sie oft nur aufgrund der verschiedenen Erdarten, die sie enthielten, oder der typischen, in früheren Ebenen unbeschädigt zum Vorschein gekommenen Töpferware erkannten. Aber bald stellte sich heraus, daß die Gruben als Silos oder Lagerräume für Gefäße oder Korn gedient hatten. Als typische Eigenschaft dieser Gruben erwies sich, daß sie mit Steinen gefüllt waren. Dieses eigenartige Phänomen konnten wir erst bei den Ausgrabungen 1968 aufklären, als eine Grube mit ihrem

Mit Steinen gefüllte Gruben fanden sich unter dem Boden der Schicht XI in Abschnitt B

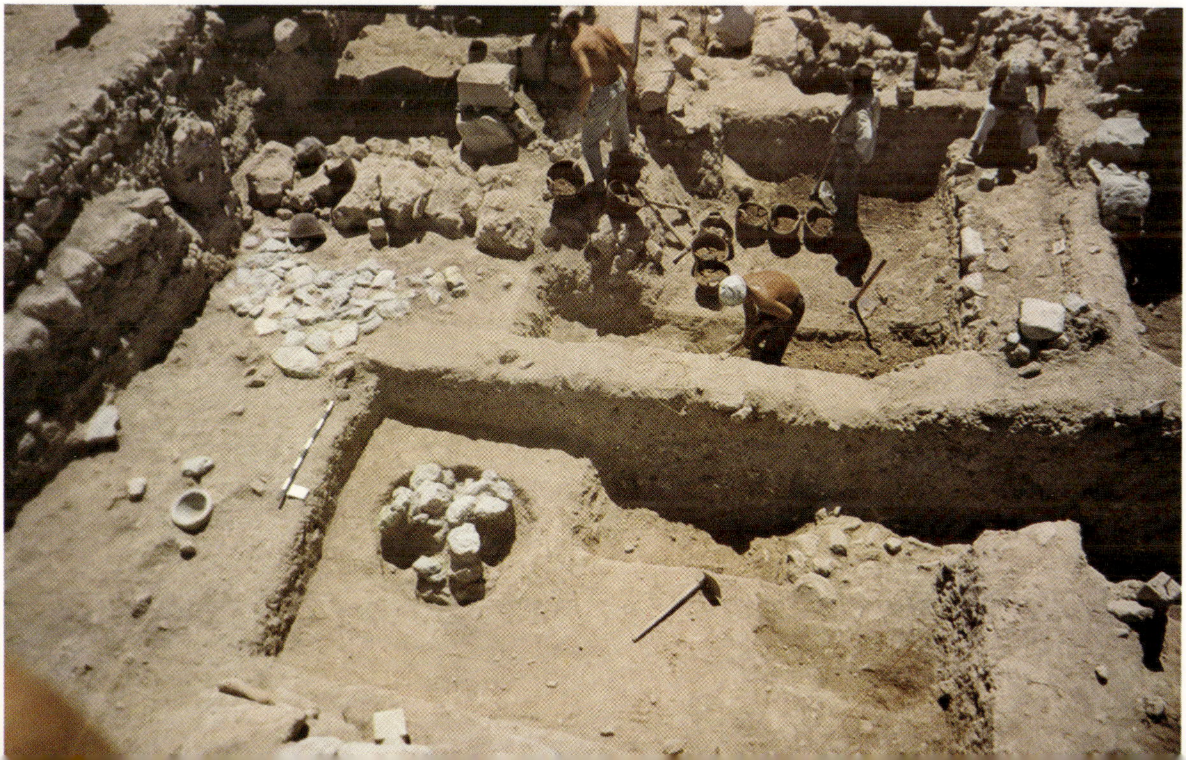

Ein israelitischer Gebetsplatz aus Schicht XI (11. Jh. v. Chr.) wurde in Abschnitt B gefunden

Die archäologische Antwort

intakten Wandfutter, das wie die Füllung aus Feldsteinen bestand, zutage trat. Man kann also annehmen, daß die »Füllungen« aus dem zusammengebrochenen Futter stammten.

Nun stand eindeutig fest, daß nach der Zerstörung der Stadt der späten Bronzezeit nicht gleich die Gründung einer anderen richtigen Stadt erfolgte, sondern daß Halbnomaden erst zaghafte Versuche, sich anzusiedeln, unternahmen. Wer waren sie? Hier lieferte die mit den Behausungen und Gruben verbundene Töpferware den entscheidenden Anhaltspunkt. Sie unterscheidet sich grundsätzlich von den Erzeugnissen der vorangehenden Spätbronze-Schicht und erinnert stark an die Frühphasen der Eisenzeit. Aus dieser Töpferware ragen die großen Vorratskrüge oder *pithoi* mit langem Hals und einem Wulst an der Basis heraus. Wichtiger noch ist die Tatsache, daß die in Schicht XII gefundene Tonware im Grunde die gleiche ist wie die in den kleinen Dörfern von Galiläa, die Aharoni erforscht hatte. Zweifellos repräsentieren diese Dörfer, wie die Siedlung auf dem Hügel von Hazor, die frühesten Seßhaftigkeitsbestrebungen israelitischer Nomadenstämme; und hier in Hazor hatten wir nun den Anhaltspunkt für die Datierung dieses Vorgangs. Er hat sich fraglos nach der Zerstörung der kanaanitischen Stadt abgespielt – d. h. nach den im Buch Josua verzeichneten Siegen – und war keine friedliche Durchdringung, die dieser verhängnisvollen Schlacht vorausging. Der stratigraphische Befund in Hazor war eindeutig: Schicht XII lag über Jabins verwüsteter Stadt.

Hier erbrachten die Ausgrabungen, wie ich glaube, endlich den Nachweis für den authentischen Ereignisablauf; und er entspricht genau den in der Bibel beschriebenen Vorgängen – wenn man kritisch liest! Zuerst kamen die Schlachten unter Josua, in deren Verlauf die großen

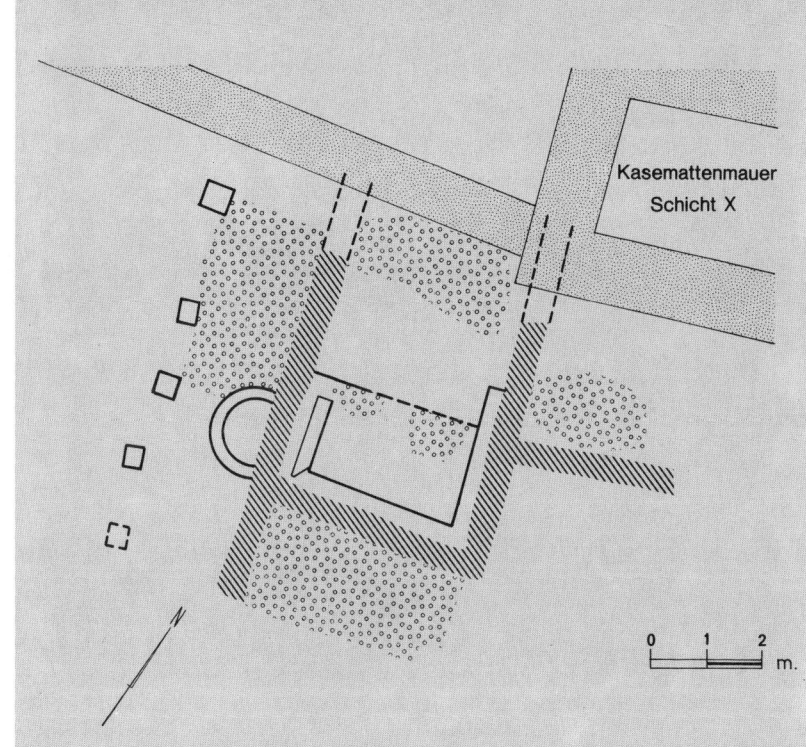

Planskizze des israelitischen Kultorts in Schicht XI: der Platz liegt unter dem Fundament der salomonischen Kasemattenmauer (Schicht X)

Kasemattenmauer
Schicht X

0 1 2 m.

Ein Weihrauchständer (restauriert) wurde bei der Kultstätte gefunden

kanaanitischen Zentren von den angreifenden israelitischen Stämmen zerstört wurden. Danach folgte in einem langen Prozeß die Neubesiedlung einiger dieser Stätten durch die noch halbnomadischen Israeliten, die langsam, aber sicher die Niederlassungen in richtige Städte verwandelten, vor allem seit der Zeit der Könige. Die Darstellung im Buch Josua bildet demnach den historisch wahren Kern, während es sich bei der Erwähnung Jabins in Richter 4 um eine nachträgliche Interpolation handeln muß.

Auch die nächste Schicht (XI), über den Resten von Schicht XII, aber noch unter der salomonischen Schicht (X), war sehr interessant. Sie stellt gleichfalls eine unbefestigte Ansiedlung dar, höchstwahrscheinlich aus dem 11. Jahrhundert. Ihre Ruinen tauchten nicht überall auf, sondern konzentrierten sich im wesentlichen in Abschnitt B. Diese kleine Siedlung entstand allem Anschein nach aus einem späteren Bestreben der Israeliten, sich über den verfallenen Gruben der ersten halbnomadischen Welle niederzulassen. Die Entstehungszeit der Töpferware läßt vermuten, daß diese Ansiedlung zur Zeit der späten Richter, König Sauls oder gar zur Frühzeit der Regierung König Davids gehörte. Das auffälligste Bauwerk in Abschnitt B hatte deutlich kultischen Charakter. Stratigraphisch lag es äußerst günstig, denn seine Mauern befanden sich über Schicht XII, doch noch unter der salomonischen Kasemattenmauer. Der Bau war rechteckig, maß etwa 5 mal 4 Meter und hatte in seiner Südhälfte ein Gebilde in Form einer Bank. Westlich des Gebäudes fand sich eine gepflasterte Fläche mit vier Steinpfeilern. Auch im Süden und Osten entdeckten wir gepflasterte Bereiche, und im südlichen tauchten zwei zerbrochene Weihrauchständer auf, ähnlich denen, die wir in Megiddo in der David unmittelbar voraufgehenden Schicht (VIA) gefunden hatten. Das war das erste Anzeichen dafür, daß es sich bei dem eigenartigen Gebilde

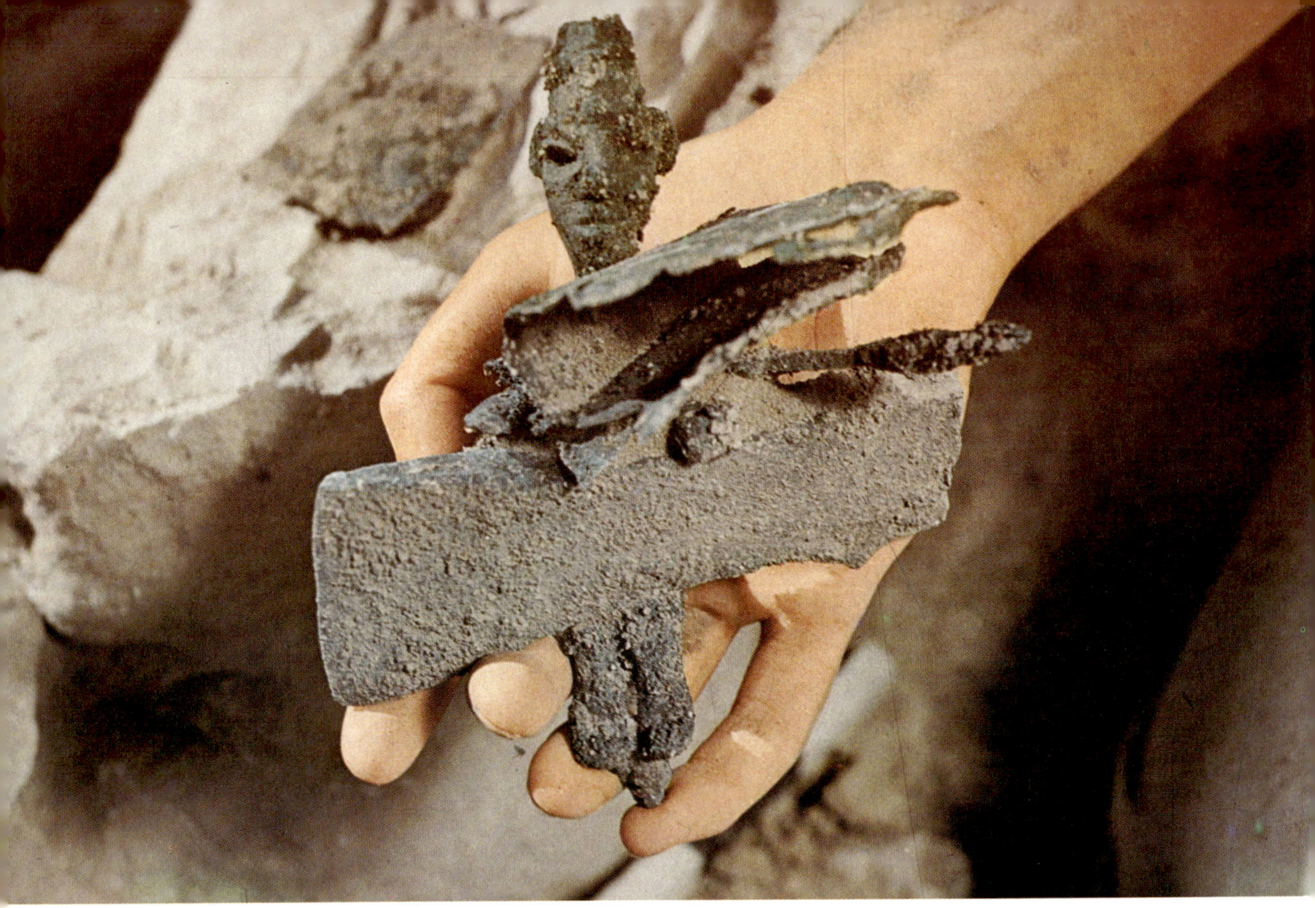

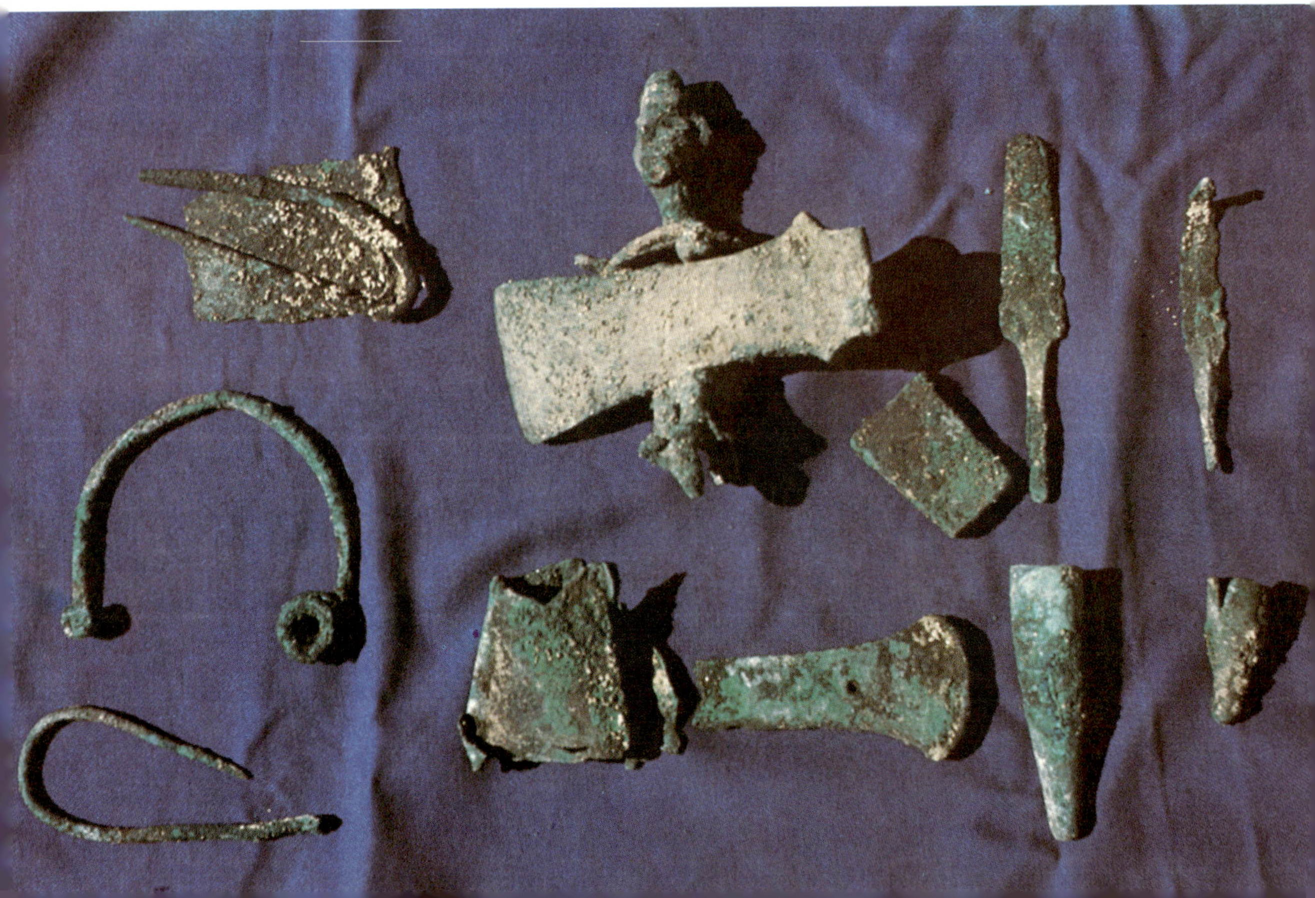

möglicherweise um eine »Gebetsstätte« oder einen Kultplatz handelte; das ausschlaggebende Zeugnis jedoch trat an völlig unerwarteter Stelle und in

Form eines höchst ungewöhnlichen Fundes zutage.

In der Südwestecke des Abschnitts entdeckten wir direkt unter dem Boden einen mit Bronzegegenständen gefüllten Krug. Es war offenkundig eine Fundament-Beigabe oder ein Votivgeschenk, aber wie seltsam wirkten die Objekte darin! Sie sahen aus wie Dankspenden an einen Kriegsgott. Das auffallendste Stück war die Bronzefigur einer sitzenden männlichen Gottheit mit einem kegelförmigen Helm. Ein Loch in der rechten Hand deutete darauf hin, daß sie einmal eine Waffe gehalten hatte. Nach den anderen Votivgaben im Krug zu urteilen – einem Schwert, zwei Wurfspießspitzen und -griffen, einer Pfeilspitze und einer geschliffenen Axtklinge –, handelte es sich hier wohl um einen Kriegsgott. Wir waren furchtbar aufgeregt, als wir den Krug leerten, und ich photographierte jede Phase des Vorgangs. Der offensichtlich heidnische Charakter der »Gebetsstätte« schließt die Möglichkeit israelitischer Herkunft nicht aus. Sie sieht wie eine der in der Bibel, besonders in der Periode der Richter (z. B. Richt. 18) mehrfach erwähnten Kultstätten oder »Hausgötzen« aus. Aber ob diese Gegenstände nun kanaanitisch oder israelitisch waren, es steht fest, daß die Überreste von Schicht XI ein kleines nicht ummauertes Dorf darstellten, das bald durch die gut befestigte salomonische Stadt von Schicht X ersetzt werden sollte. Diese Phase der Grabung löste nicht nur das Rätsel Josua und Debora, sie bestätigte auch wieder die Richtigkeit des Bibelverses, demzufolge Salomo Hazor wiederaufgebaut hatte. Sein Hazor war die erste richtige an dieser Stätte gegründete Stadt, etwa 300 Jahre nach der Zerstörung der letzten kanaanitischen Stadt.

Inmitten der Ruinen von Schicht XIII sahen wir uns in der paradoxen Situation, gleichzeitig am Ende und am Anfang zu stehen. Was die Fragen nach dem biblischen Hazor betraf, waren wir ans Ende unseres Weges gekommen, und die Antworten schienen auf der Hand zu liegen: Josua, nicht Debora, hatte die kanaanitische Stadt Jabins zerstört; Salomo hatte Hazor wirklich wieder aufgebaut; und der biblische Bericht gibt die nachfolgende Geschichte der Stadt unter der Herrschaft der Könige wahrheitsgetreu wieder. Zugleich jedoch versetzte uns Schicht XIII in die ersten Tage unserer Expedition in der unteren Stadt zurück; und nachdem wir uns gewissenhaft durch zwölf Schichten der Zerstörung hindurchgewühlt hatten, befanden wir uns ironischerweise nun wieder da, wo wir begonnen hatten! Aber unsere Ausrüstung zusammenpacken und nach Hause gehen, nur weil sich die biblischen Fragen erledigt hatten, das wollten wir denn doch nicht. Unter unseren Füßen lagen Erdschichten, die vielleicht die in der unteren Stadt freigelegten Zeugnisse bestätigen und unsere früheren Schlußfolgerungen untermauern konnten. Überdies hatten wir allerdings einen noch wichtigeren Grund, unsere Arbeit fortzusetzen.

Der Charakter des hohen *Tell* und die Scherben viel früherer Perioden, die überall verstreut lagen, deuteten darauf hin, daß Hazor ursprünglich, lange vor der Gründung der unteren Stadt, auf dem Hügel in der Nähe der Quelle errichtet worden war. Die Frühgeschichte der Siedlungen in Hazor zu entwirren, war eine nicht geringere Herausforderung an unsere Spaten. Die einzigartige Bedeutung der Archäologie zeigt sich erst, wenn die wegweisende Hilfe durch schriftliche Zeugnisse ausbleibt. Dann müssen die Altertümer allein Geschichte erzählen. Das alles hieß, daß wir das allererste Hazor wohl finden konnten, wenn wir nur tief genug danach gruben. Wir hatten vor, der Sache wortwörtlich auf den Grund zu gehen.

Wie im vorigen Kapitel schon gesagt, fanden wir die schwer zerstörten und geplünderten Überreste der letzten kanaanitischen Stadt überall auf dem Hügel unmittelbar unter der Schicht der halbnomadischen Israelitensiedlung. Anfangs war es wegen der Einebnungsprozeduren unter Salomo und anderen Wiederbenutzungsvorgängen unter späteren Königen nicht leicht, ein klares stratigraphisches Bild dieser Perioden zu entwickeln. Eine der ersten Begegnungen mit der späteren Bronzezeit ergab sich unter den Fundamenten des salomonischen Tors. Wir hoben unsere Gräben dort ein paar Meter tiefer aus und fanden als erstes wunderschön behauene Orthostaten, die denen im Orthostatentempel von Abschnitt H glichen. Sie sahen wie Teile eines Türgewändes oder Gebäudeeingangs aus. Über ihnen entdeckten wir die Reste einer kümmerlichen, gebogenen Mauer,

Die Fundamente des salomonischen Tors, unter denen der gegenüber abgebildete Eingang gefunden wurde

Relative und absolute Chronologie

Der Orthostateneingang zum Königstempel der späten Bronzezeit I (16. Jh. v. Chr.), gefunden in Abschnitt A

Eine Bogenmauer aus der Ansiedlung halbnomadischer Israeliten, errichtet über dem zerstörten Orthostateneingang zum Tempel der späten Bronzezeit I (siehe Skizze unten)

die typischen Schicht-XII-Strukturen ähnelte, so daß wir überzeugt waren, die Orthostaten gehörten zu Schicht XIII und stimmten mit der Periode der Schicht IA im Tempel der unteren Stadt überein. Erst als wir 1968, zehn Jahre später, das Ausgrabungsfeld in diesem Abschnitt erweiterten, konnten wir die volle Bedeutung unseres Fundes ermessen. Zuerst entdeckten wir damals, daß die Orthostaten den Eingang zu einem Tempel mit einem für Hazor ungewöhnlichen Grundriß bildeten. Er war lang und rechteckig und maß innen 16,20 Meter von Osten nach Westen und 11,60 Meter von Norden nach Süden. Seine dicken Ziegelmauern, die eine Durchschnittsstärke von 2,35 Metern hatten, ruhten auf Steinfundamenten. Dem Eingang gegenüber lag eine aus Ziegeln und Mörtel gebaute Plattform, die fast 5 Meter von Norden nach Süden und annähernd 1,50 Meter von Osten nach Westen maß. Auf der Plattform und in ihrem Umkreis lagen Votivgaben und Töpferware sowie Tierknochen. Dieser Tempel entstand in der mittleren Bronzezeit II (18. bis 16. Jahrhundert v. Chr.); der Orthostaten-Eingang wurde später angebaut. Das Interessanteste war jedoch der Zeitpunkt der Zerstörung des Tempels. Eine fast zwei Meter dicke Schuttschicht aus Ziegelsteinen, die sich aus den Mauern gelöst hatten, bedeckte die gesamte Fläche. Die spätesten Stücke der Tonware stammten aus der späten Bronzezeit I (16. bis 15. Jahrhundert v. Chr., d. h. Schicht XV). Überreste des 14. bis 13. Jahrhunderts (Schicht XIV–XIII) fanden sich nicht. Das war eine überraschende Entdeckung, denn sie bewies, daß die Orthostaten hier wie im Tempel der unteren Stadt älter waren, als wir anfangs gedacht hatten. Wenn wir für einen Augenblick zum 6. Kapitel zurückkehren, werden wir uns erinnern, daß

260

Der Kultbau von Schicht XIII (13. Jh. v. Chr.), nahe dem verlassenen Tempel, mit Stelen und einer Opferschale (gesehen in westlicher Richtung)

wir den schönen Löwen-Orthostaten und die einfachen Orthostaten im IB-Tempel gefunden und darum versuchsweise angenommen hatten, daß sie für jenen Tempel des 14. Jahrhunderts geschaffen worden waren. Aber selbst bei dieser Datierung empfanden wir damals wegen der eigenartigen Lage der Orthostaten in Schicht IB ein gewisses Unbehagen. Nun hatten wir den Beweis dafür, daß die Hazor-Orthostaten mindestens in der späten Bronzezeit I (100 bis 200 Jahre vor dem IB-Tempel) entstanden waren, und konnten uns (wie im 6. Kapitel ausgeführt) aufgrund dieser Entdeckung die sonderbare Position der Orthostaten in den Tempeln des 14. bis 13. Jahrhunderts in Abschnitt H erklären.

Die dicke Schuttschicht, die die Überreste des Tempels aus der späten Bronzezeit I bedeckte, ließ auch erkennen, daß er nach seiner endgültigen Zerstörung nie wieder aufgebaut wurde. Dennoch konnten wir feststellen, daß der Bezirk und seine unmittelbare Umgebung durch das 14. und 13. Jahrhundert (Schicht XIV und XIII) hindurch ihren heiligen Charakter bewahrt hatten. Im Umkreis des verwüsteten Tempels fanden sich in einer viel höheren Ebene, die sich durch die typische Töpferware des 14. bis 13. Jahrhunderts auswies, mehrere kultische Einrichtungen. Besondere Bedeutung konnte ein Kultbezirk beanspruchen, der auf einer höheren Ebene – direkt vor dem (inzwischen verschütteten) Eingang des Tempels – zutage trat und sich durch das Vorhandensein einer großen und mehrerer kleiner Stelen als solcher offenbarte. Dieses Inventar ließ zwei Phasen erkennen: Die eine, in der eine große, oben abgerundete Basaltstele auf dem Kopf stand, gehörte wahrscheinlich zu Schicht XIV; die andere, in der mehrere kleine Stelen (wie die in Abschnitt C) und eine

Ein Stigma

261

Die Hauptstele, auf dem Kopf stehend, gehörte ursprünglich einer früheren Schicht an

unbeschädigte Opferschale hinzugekommen waren, gehörte wahrscheinlich zu Schicht XIII. Überdies entdeckten wir im Umkreis des Tempels zahlreiche Haufen und Gruben mit Opferungsresten, Knochen und Votivgefäßen, die alle mit den Spätphasen der Bronzezeit zusammenhingen. Stimmt es, daß der Tempel selbst nie wieder aufgebaut wurde? Wenn ja – was wahrscheinlich ist –, werden wir je erfahren, warum ihm ein Stigma anhaftete? Dieses Phänomen hat offensichtlich eine Parallele. Ich war sehr beeindruckt von Sir Leonard Woolleys Beschreibung eines annähernd zeitgenössischen Tempels, den er in Alalakh gefunden hatte: »Es hat fast den Anschein, daß auf Yarim-Lims Heiligtum ein Stigma lag, daß seiner Wiederverwendung im Wege stand. Die geheiligte Stätte blieb verwüstet liegen, ihre Ruinen wurden von den Abfallgruben der Schichten VI und V durchlöchert.« Diese Schilderung ließe sich – wenn man vom Herrscher und den Schichten absieht – durchaus auf den von uns entdeckten Tempel übertragen.

Der Tempel, der im Herzen der oberen Stadt lag (Abschnitt A), war kein vereinzelter Fund. Er gehörte zum Königspalast, der in der Nähe zum Vorschein kam und gleichfalls Spuren schwerer Zerstörung und Plünderung aufwies. Von diesem Palast – der gleichfalls in der mittleren Bronzezeit entstanden sein mochte – fanden wir noch (zum Teil sehr große) Säulen und Basen, die überall verstreut lagen. Ferner entdeckten wir die zum Hof führende Treppe. Dann stießen wir zwischen den Ruinen der höchsten Bronzezeit-Schicht (zum 14. und 13. Jahrhundert gehörig) auf das Vorderteil des im 6. Kapitel beschriebenen Orthostaten mit der

Die dicken, schwer beschädig-
ten Mauern des Palasts aus der
Mittleren Bronzezeit (Schichten
XVII–XVI, 18.–17. Jh. v. Chr.)
in Abschnitt A. Im Hintergrund
der Pfeilerbau aus Schicht VIII,
errichtet auf dem Schutt von
sieben früheren Schichten

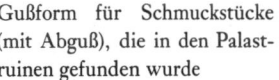

Gußform für Schmuckstücke
(mit Abguß), die in den Palastruinen gefunden wurde

Zeremonialtreppe zum Palast in
Abschnitt A

Löwin. Alle diese Entdeckungen ermöglichten uns, eine Beziehung zwischen den Schichten in der oberen und unteren Stadt herzustellen und, wichtiger noch, zu beweisen, daß die Paläste der Könige von Hazor auf dem *Tell* gestanden hatten.

Ein autarker Palast

Zu unseren eindrucksvollsten Funden gehörte ein riesiges unterirdisches Wasserreservoir, das wir zwischen den Palastruinen und den Tempelresten entdeckten. Es hatte eine Länge von 30 Metern und bestand aus zwei Teilen: einem großen, absteigenden, in den Fels gehauenen Tunnel, der in ein kleeblattförmiges Becken oder eine Höhle mündete, und einem Gewölbegang mit teils gebauten, teils in den Fels geschlagenen Stufen, der in ihn hineinführte. Alles in allem ein großartiges Werk der Ingenieurskunst! Sein Fassungsvermögen belief sich auf etwa 150 Kubikmeter, und um es zu füllen, hätte (bei einer durchschnittlichen Niederschlagsmenge von 500–600 Millimeter im Jahr) die Kopfsteinpflasterfläche des Hofes mindestens 300 Quadratmeter betragen müssen, was annähernd der Größe der von uns entdeckten Fläche entspricht. Hier handelte es sich also mit Sicherheit um ein Reservoir; deshalb mußte der Tunnel nicht wie beim späteren, israelitischen System in Abschnitt L bis zum Grundwasserspiegel hinabreichen. Seine Mauern waren fast bis zum Eingang verputzt; unter dem Kopfsteinpflaster führte ein Kanal zum Tunnel; und in seine Innenwand war eine Einlaßöffnung aus Basalt eingebaut. Möglicherweise versorgte dieses Reservoir den Palast nur in Belagerungszeiten mit Wasser. Da aber der größte Teil des Palastes noch unter dem Pfeilergebäude von Schicht VIII verborgen liegt, wird die Antwort auf diese Frage erst nach seiner vollständigen Ausgrabung zutage treten.

Hazor zur Zeit Hammurabis

Unsere Ausgrabungen hatten schon gezeigt, daß die untere Stadt in der mittleren Bronzezeit IIB, d. h. im 18. Jahrhundert v. Chr., gegründet wurde. Auch auf dem eigentlichen *Tell* muß zu dieser Zeit eine Besiedlung stattgefunden haben, denn sonst wäre die untere Stadt jedem feindlichen Übergriff auf den unbewohnten Hügel wehrlos ausgeliefert gewesen. Wenn wir jedoch annehmen, daß es eine Ansiedlung auf dem *Tell* gab, dann muß sie wegen seiner hervorragenden topographischen Lage auch der Sitz des Herrschers und der Standort der Zitadelle gewesen sein. Aus Mutmaßungen wurden Beweise, als überall auf dem *Tell* von Hazor Spuren einer großen Stadt aus der Zeit Hammurabis und der Mari-Briefe zum Vorschein kamen. Es war eine stark befestigte Stadt mit Palästen und einer Zitadelle. Im wesentlichen fanden wir zwei zu dieser Periode gehörende Schichten, die wir als XVI und XVII (entsprechend den Schichten 3 und 4 der unteren Stadt) kennzeichneten. Ich sagte schon, daß der Palast aus der späten Bronzezeit in Abschnitt A möglicherweise – wie der Tempel – bis in die mittlere Bronzezeit II zurückreicht. Obwohl wir die gewaltigen Fundamente des Palastes aus der mittleren Bronzezeit II zerstört vorfanden und die meisten Steine von den salomonischen Baumeistern beseitigt worden waren, traten zwei mit ihm verbundene Böden, die den Schichten XVI und XVII entsprachen, intakt hervor. In der untersten Schicht (XVII) tauchte ein erlesener Skarabäus aus der Hyksosperiode auf.

Ein schöner Hyksos-Skarabäus, gefunden im Palast der Mittleren Bronzezeit II

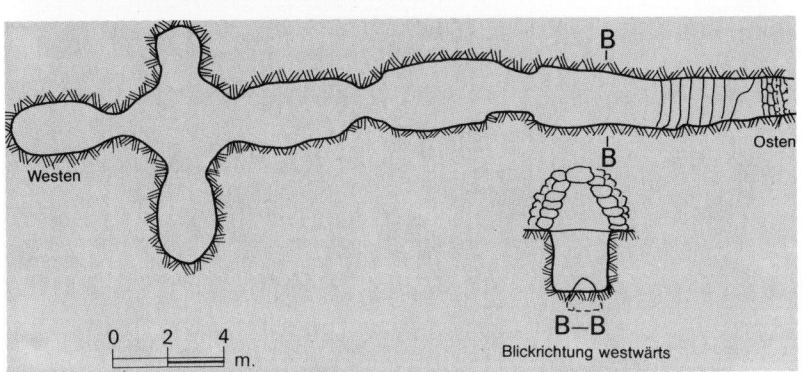

Der teils aus dem Fels gehauene,
teils gemauerte Tunnel, der zum
Wasserreservoir des Palasts
führt (vgl. die Planskizze unten)

B

B

Westen

Osten

B—B

Blickrichtung westwärts

0 2 4
m.

265

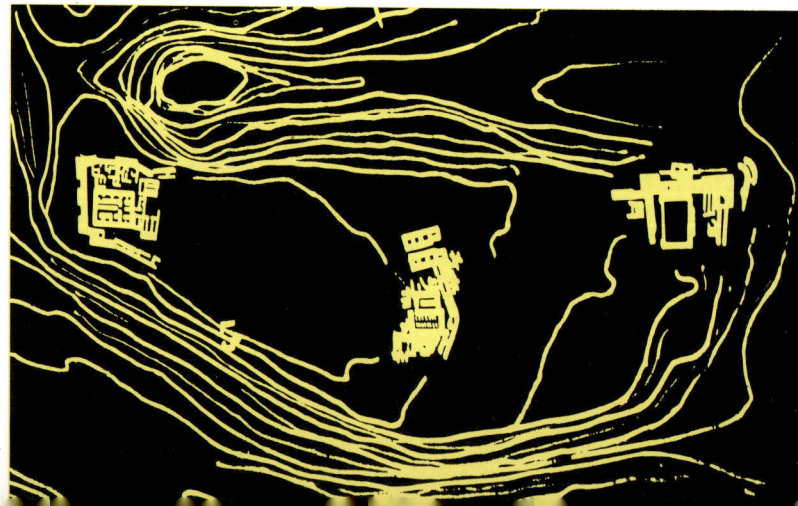

Fragment eines altbabylonischen sumerisch-akkadischen Wörterbuchs in der Hand von Prof. H. Tadmor, der es publizieren wird

Infolge der Störungen in dem Abschnitt kamen zwei der wichtigsten Inschriftenfunde dort nicht *in situ* zum Vorschein, sondern wurden später von Besuchern in den Ausgrabungsschutthaufen aufgelesen. Es handelt sich um zwei kleine zerbrochene Tontäfelchen. Eines, das wir schon im 1. Kapitel erwähnten, trägt eine Inschrift über Grundbesitz in Hazor; das andere, ein winziges Fragment einer alten babylonischen Tafel aus der Mari-Periode, enthält Auszüge aus einem sumerisch-akkadischen Wörterbuch, aus dem hervorgeht, daß die Könige von Hazor damals Schreiber für ihre Korrespondenz mit den umliegenden Reichen beschäftigten. Es bleibt zu hoffen, daß die Archive der Könige von Hazor ans Licht kommen werden, wenn der Palast vollständig ausgegraben wird.

Größe und Glanz des damaligen Hazor manifestierten sich eindrucksvoll in den Festungsanlagen, die wir in zwei Abschnitten entdeckten. Unter der israelitischen Befestigung in Abschnitt G am äußersten Ostende

Eindrucksvolle Befestigungen

Planskizze des *Tell:* oben rechts Abschnitt G, wo das eindrucksvolle Steinglacis (gegenüber oben) gefunden wurde

des *Tell* fanden wir ein Steinglacis oder eine Böschungsmauer mit einem schmalen, tiefen Graben davor. Dieses Glacis ist im Grunde eine riesige Futtermauer für die Plattform, auf der höchstwahrscheinlich die Verteidigungsmauer aus Ziegeln gestanden hatte. Besonders beeindruckend waren die abgerundeten Ecken, die die Stadt im Norden und Osten schützten. Das aus mittelgroßen Steinen bestehende Glacis erinnert in Aussehen und Aufbau an das berühmte Steinglacis von Jericho. Dieses Befestigungselement entstand möglicherweise in Schicht XVI. Die Verteidigungsmauer zum Schutz der Zitadelle trat in Abschnitt A, in dem von uns so genannten »großen Graben«, östlich der mittleren Terrasse, zutage. Sie war 7,50 Meter stark, bestand aus Ziegeln und ruhte auf einem breiteren Steinfundament. Da sie auf dem Terrassenhang stand, war ihre Außenseite (nach Osten) 2 Meter höher als ihre auf natürlichen Fels gebaute Innenseite. Die Ziegelbauweise war insofern hochinteressant, als

Das mächtige Steinglacis mit Graben aus der Mittleren Bronzezeit II, gefunden in Abschnitt G (Blickrichtung Südost)

links Der »große Graben« östlich des Pfeilerbaus; die Ziegelmauer der Stadt (rechts) wurde hier entdeckt
rechts Teilstück der dicken Ziegelmauer aus der Mittleren Bronzezeit II, gefunden im »großen Graben«

die Mauer drei Abschnitte – einen äußeren, mittleren und inneren – umfaßte. Die äußeren und inneren Abschnitte bestanden aus dunklen Ziegeln, deren Außenseite mit helleren Verblendziegeln aus kalkartigem Material verkleidet war. Der Mittelabschnitt oder Kern wies nachlässiger zusammengefügte dunkle und helle Ziegel auf. Die Außenseite der Mauer war überdies noch durch eine Verputzschicht geschützt.

Bei der Mauer und parallel zu ihr fanden wir einen Abschnitt einer Kanalisationsstrecke aus zusammenpassenden Tonrohrteilen mit Öffnungen an der Oberseite. Diese Rohre leiteten das Wasser ab, das sich auf dem Platz gegenüber dem Tor ansammelte. Sie bezeugen von neuem das handwerkliche Geschick und die stadtplanerischen Fähigkeiten der Menschen der mittleren Bronzezeit. Zwischen den Ruinen der Stadt aus der mittleren Bronzezeit (von den Pharaonen des Neuen Reichs im 16. Jahrhundert zerstört) und den Überresten der späten Bronzezeit I (Schicht XV) legten wir mehrere Grabstellen mit Töpferware der mittleren Bronzezeit II frei, die keine Beziehung zu den darüberliegenden Bauten oder Böden hatten. Man kann daher annehmen, daß sie entweder eine Inbesitznahme durch zurückgekehrte Ansiedler repräsentieren oder daß der *Tell* in der Zwischenzeit als Begräbnisstätte für Menschen aus der Nachbarschaft diente. Wir erkannten diese Phase erst 1968, nachdem die verschiedenen Schichten schon durch Zahlen gekennzeichnet waren, so daß wir diese Übergangssiedlung »Nach XVI« nannten – eine Bezeichnung, die, wie ich glaube, dem Charakter dieser für eine Stadt atypischen Ansiedlung entspricht.

Die Hauptschichten der Städte der mittleren Bronzezeit stimmten mit denen der Besiedlung in der unteren Stadt überein. Doch zu Anfang entdeckten wir an mehreren Stellen große Bestände an Scherben, die anscheinend etwas weiter zurückzudatieren sind als die eigentliche mittlere Bronzezeit IIB. Einige gehörten wohl dem Ende der voraufgehenden Phase (mittlere Bronzezeit IIA) und andere einer Übergangsperiode an. Jedenfalls zeigten sie, daß hier schon vor der Errichtung der Befestigungsanlage auf dem Hügel eine Art Niederlassung existiert hatte. 1955–58 gelang es uns jedoch nicht, einen mit diesen Scherben zusammenhängenden unversehrten *locus* aufzufinden. Da die Beschaffenheit dieser Siedlung für unsere Chronik der Geschichte Hazors wichtig war, drangen wir 1968 tiefer in diese Schichten ein. Die Ausgrabungen deckten unter

oben Abflußsystem an der Stadtmauer der Mittleren Bronzezeit II in Abschnitt A
mitte Die Tonröhren

rechts Die »post XVI«-Schicht wird repräsentiert durch ein Kindergrab auf dem verlassenen *Tell* (16. Jh. v. Chr.)

Schicht XVII keine wesentlichen Gebäude der mittleren Bronzezeit II auf. Statt dessen fanden sich hier und da ein paar kümmerliche, mit Gräbern verbundene Bauten, die Töpferware der mittleren Bronzezeit IIA (oder frühen Bronzezeit IIB) enthielten. Falls wir mit der Wahl unserer Ausgrabungsabschnitte nicht Pech hatten, sieht es jetzt so aus, als hätte vor der Gründung der großen Stadt der mittleren Bronzezeit IIB nur eine dürftige Besiedlung stattgefunden, die auf den *Tell* beschränkt blieb. Um die schon festgesetzte Schichtennummerierung nicht durcheinanderzubringen, nannten wir diese Phase »Vor XVII«, eine Bezeichnung, die ihren Übergangscharakter aufzeigt. Sie repräsentiert die allererste Besiedlung der Stätte in der mittleren Bronzezeit II; erst ganz allmählich verwandelte sie sich in eine gut befestigte Stadt.

Das beste Beispiel für diese Besiedlungsphase kam auf höchst unerwartete Weise zum Vorschein. Im Januar 1971 entdeckte ein von der *National Parks Authority* beauftragtes Team, das die südliche Felstreppe des israelitischen Wassersystems in Abschnitt L verstärken sollte, nachdem ein Riß in der Schachtwand festgestellt worden war, durch Zufall eine Grabhöhle. Die Techniker beschlossen, ein waagerechtes Loch in den Felsen zu bohren und mit Zement zu füllen, um eine Erweiterung des Risses zu verhindern. Beim Bohren kamen sie in etwa 1 Meter Entfernung vom Schachtstoß an einen Hohlraum im Fels. Der Bohrtrupp war auf die Rückseite einer Höhle gestoßen, die die Erbauer des Schachts offenbar um ein Haar verfehlt hatten. Es war eine Grabhöhle jener »Vor XVII«-Phase der mittleren Bronzezeit IIA-B. Als wir die Höhle durch das Bohrloch betraten, gelangten wir in einen Raum, der von Schlamm oder Schutt völlig frei war und etwa 150 meist unversehrte Gefäße enthielt! Wir fanden auch Überreste von sieben bis neun Skeletten – das zuletzt begrabene in Kriechstellung –, die größtenteils zur Seite geschoben worden waren. Der ursprüngliche Höhleneingang – immer noch von einer Platte verschlossen – lag am Hang, unterhalb der Stadtmauer.

Die Vielfalt der Gefäße bestätigt unsere Vermutung, daß diese Phase bis zum Ende der mittleren Bronzezeit IIA – oder zum Beginn der mittleren Bronzezeit IIB – zurückreicht und die noch nicht befestigte Hazor-Siedlung repräsentiert. Auch die Lage der Höhle stützt diese Annahme. Die Höhle hat eine rechteckige Form und mißt von Norden nach Süden 4,50 Meter und von Osten nach Westen 3,50 Meter. Der versperrte Eingang liegt in der Mitte des südlichen Endes, am Südhang des Hügels. Wenn unsere Vermutungen zutreffen, muß der ursprüngliche Höhleneingang, wie schon gesagt, unter den Fundamenten der Stadtmauer aus der mittleren Bronzezeit IIB gelegen haben. Anscheinend wurden die felsigen Abhänge des Hügels als Grabstätten benutzt. Diese Einzelhöhle entging wie ein Wunder den Israeliten, die beim Anlegen des Schachts zufällig ähnliche Höhlen angetroffen und zerstört haben mochten. Die 150 Gefäße gehören zu den schönsten Keramikfunden, die je in Hazor ans Licht kamen.

Der Riß wird repariert (oben); das Bohrloch (Mitte) und der ursprüngliche Eingang zur Höhle (unten)

Unter diesen Besiedlungsphasen entdeckten wir große Mengen Töpferware der mittleren Bronzezeit I (2100 bis 1900 v. Chr.), aber wie in anderen frühen Stätten des Landes fanden wir keine mit der Ware zusammenhängenden Bauten. Hier zeigte sich also wieder, daß die Menschen der mittleren Bronzezeit I Nomaden oder Halbnomaden waren und die Stätte nur zeitweise in Hütten oder Baracken bewohnt hatten. Wir nannten diese Wohnphase Schicht XVIII.

An verschiedenen Stellen stieß der Spaten auf gewachsenen Fels, und dabei entdeckten wir die ersten drei im dritten Jahrtausend v. Chr. (frühe Bronzezeit) auf dem *Tell* errichteten Städte. Überreste dieser Städte – tief unter dem Schutt der späteren – traten in Gräben oder schmalen Schnitten hervor, die uns über ihren Aufbau nur wenig mitteilten. Die späteste, unsere Schicht XIX, offenbart eine Periode des Verfalls und kann in die

oben Typische Khirbet Kerak-Ware der Frühen Bronzezeit III. Ähnliche Fragmente fanden sich in Schicht XX von Hazor
rechts Zusammenstellung einiger Gefäße, die in der (auf der vorhergehenden Seite beschriebenen) Grabhöhle gefunden wurden: die schönste Sammlung der in Hazor gefundenen Töpferware der Mittleren Bronzezeit II

letzten Jahrhunderte des dritten Jahrtausends datiert werden. Wie schon gesagt, gab es in der mittleren Bronzezeit I eine Zwischenperiode halbnomadischer Besiedlung, in deren Verlauf diese letzte Stadt der frühen Bronzezeit möglicherweise zerstört wurde. Die Stadt darunter, unsere Schicht XX, repräsentiert eine Wachstumsperiode. Die wenigen dort entdeckten Gebäude hingen mit der schönen schwarz-roten Khirbet Kerak-Ware zusammen, die ihren Namen nach der ersten Fundstätte dieser Töpferware trägt. Khirbet Kerak (hebräisch: Beth-yerah) liegt südlich von Hazor am Westufer des Sees Genezareth; die Töpferware wird in die frühe Bronzezeit III (zwischen 2600 und 2300 v. Chr.) datiert.

Schließlich fanden wir auf dem gewachsenen Fels die erste Stadt Hazor, errichtet (wie viele andere Stätten des Heiligen Landes) in der ersten Hälfte des dritten Jahrtausends, zu Beginn der Städtegründung. Am Ende und auf dem Felsengrund: die Arbeit war getan.

Epilog   Auf den vorhergehenden Seiten habe ich mit Hilfe von Photos versucht, die wesentlichen Entdeckungen und historischen Ergebnisse unserer fünf Ausgrabungsjahre in Hazor, der größten Stätte dieser Art im Heiligen Land und einer der größten im gesamten Fruchtbaren Halbmond, darzustellen. Schon im dritten Jahrtausend v. Chr. hatten die Quellen in der Umgebung, die fruchtbaren Felder und die strategische Lage des nahen Hügels die Menschen hierher gelockt. Damals wurde die Stadt nur auf dem Hügel gebaut; sie unterschied sich nicht von anderen zeitgenössischen Städten im Land und gehörte nicht einmal zu den größten. Doch nach der Gründung der Großstadt – auf dem oberen und unteren Gelände – im 18. Jahrhundert wurde Hazor Sitz der kanaanitischen Könige, die das Gebiet von Obergaliläa und vielleicht auch weiter nördlich, südlich und östlich davon beherrschten. Mit den Herrschern dieser Stadt Hazor standen die Könige von Babylon und Assyrien in diplomatischem Verkehr, in regen Handelsbeziehungen und politischer Verbindung. Es war annähernd auch die Zeit der Patriarchen, die aus Babylon in diese Weltgegend zogen. Trotz mehrfacher Zerstörungen und Wiederherstellungen blieb Hazor im 14. Jahrhundert die Hauptstadt des Gebiets – das geht aus den El-Amarna-Briefen hervor und wird durch unsere Ausgrabungen bestätigt. Im 13. Jahrhundert schließlich wurde Jabin, der König von Hazor, von Josua und den siegreichen Stämmen Israels unterworfen.

Nun nähern wir uns der Periode des israelitischen Königtums. Nach einer Zwischenphase des Verfalls baute Salomo Hazor (wenn auch nur auf einem Teil des Hügels) als Glied einer strategischen Stadtkette wieder auf, die er an den Verkehrswegen zwischen Ägypten und dem Norden errichtete, um seinen wirtschaftlichen Einfluß auf diese Länder auszudehnen. Als das große nördliche Reich Assyrien sich zu einer akuten Bedrohung für die Länder zwischen Mesopotamien und Ägypten entwickelte, befestigten die späteren Könige von Nordisrael, mit Ahab beginnend, die Stadt von neuem und bauten sie damit zu einer der wichtigsten Bastionen gegen die eindringenden Streitmächte aus. Es entstanden gewaltige massive Mauern und unterirdische Wassersysteme für Zeiten der Belagerung – aber vergeblich. Hazor konnte wie viele andere Städte in vielen anderen Ländern der Gewalt der assyrischen Sturmböcke nicht standhalten. Von da an geriet die Stadt beinahe in Vergessenheit – mit Ausnahme sporadischer Erwähnungen einer Zitadelle, eines Schlosses oder gelegentlich dort eingerichteter Kontrollposten –, bis wir sie vor ein paar Jahren ausgruben.

Obwohl unsere Expedition zu den umfangreichsten archäologischen Unternehmungen in diesem Teil der Welt gehörte, konnten wir nach fünf Jahren harter Arbeit doch nur ein Bruchstück des Gebiets ausgraben. Es bedürfte noch weiterer 500 Jahre – vorausgesetzt, die finanziellen Mittel stünden uns zur Verfügung –, um Hazors Geheimnisse vollständig freizulegen. Vielleicht werden künftige Archäologen einige unserer

Ein Haufen weggeworfener Scherben am Tor des Expeditionslagers

Schlußfolgerungen überprüfen und noch wichtiges Material für die Rekonstruktion der Geschichte Hazors finden. Ich wünsche diesen Ausgräbern, daß sie die Erregung und Dramatik spüren werden, die ihre Vorgänger bei der Arbeit in Hazor – diesem erstaunlichen *Tell* von zweiundzwanzig Städten – empfunden haben.

Abschied von Hazor

Tabelle: Schichten und Chronologie

Schicht	Archäologische Periode und/oder Zeitraum / *Historische Quelle oder Periode*	
I	Hellenistisch, 3. bis 2. Jahrhundert v. Chr. *1. Makkabäer 11,67*	
II	Persisch, 4. Jahrhundert v. Chr.	
III	Frühes 7. Jahrhundert v. Chr. *Assyrisch*	
IV	Eisenzeit II, Ende des 8. Jahrhunderts v. Chr.	
VA VB	Zerstört 732 v. Chr. *2. Könige 15,29* Eisenzeit II, zweite Hälfte des 8. Jahrhunderts v. Chr. *Menahem*	
VI	Eisenzeit II, erste Hälfte des 8. Jahrhunderts v. Chr. *Jerobeam II.; Sacharja 14,5, Amos 1,4*	
VII VIII	Eisenzeit II, 9. Jahrhundert v. Chr. Eisenzeit II, 9. Jahrhundert v. Chr. *Ahab*	
IXA–B XA XB	Eisenzeit II, frühes 9. Jahrhundert v. Chr. Eisenzeit I, Ende des 10. Jahrhunderts v. Chr. Eisenzeit I, um 950 v. Chr. *Salomonische Stadt, 1. Könige 9,15*	
XI	Eisenzeit I, 11. Jahrhundert v. Chr. *Vorsalomonisch*	

Schicht	Archäologische Periode und/oder Zeitraum *Historische Quelle oder Periode*	
XII	**Eisenzeit I, 12. Jahrhundert v. Chr.** *Erste israelitische Niederlassung; augenscheinlicher* *Widerspruch zu Richter 4*	
XIII	**Späte Bronzezeit III, 13. Jahrhundert v. Chr.** *Josua 11*	
XIV	**Späte Bronzezeit II, 14. Jahrhundert v. Chr.** *El-Amarna-Dokumente*	
XV	**Späte Bronzezeit I, 16. bis 15. Jahrhundert v. Chr.** *Thutmosis III.*	
»Nach XVI«	**Mittlere Bronzezeit IIC, Übergangszeit**	
XVI	**Mittlere Bronzezeit IIC, 17. bis 16. Jahrhundert v. Chr.**	
XVII	**Mittlere Bronzezeit IIB, 18. bis 17. Jahrhundert v. Chr.** *Mari-Dokumente*	
»Vor XVII«	**Mittlere Bronzezeit IIA (?)–IIB** *Verwünschungstexte?*	
XVIII	**Mittlere Bronzezeit I**	
XIX–XX XXI	**Frühe Bronzezeit III** **Frühe Bronzezeit II**	

Liste der Mitarbeiter

1955–58
Expeditionsleiter: Y. Yadin

Ständige Leiter der Grabungen: Y. Aharoni (Abschnitt A), Ruth Amiran (Abschnitt B), Trude Dothan (Abschnitt C, 1956; Abschnitt G, 1957; Abschnitt H, 1958), J. Perrot (Abschnitt C und E, 1955; Abschnitt F).

Andere Leiter der Grabungen: A. Ben-Tor (Abschnitt BA, 1958), M. Dothan (Abschnitt M, 1958), A. Kempinsky (Wall-Abschnitt 1965), Claire Epstein (Abschnitt D, 1955; Abschnitt H, 1957), E. Stern (Abschnitt 210, 1957).

Architekten: Leitender Architekt – I. Dunayevsky; Architekten im Außendienst und Bauführer – Hannah Brook, O. Ellenbogen, Y. Kolodny, E. Mentzel, Y. Mintzker, U. Pikarsky, A. Sever, E. Tronek.

Photographen: J. Schweig (1955), A. Volk (1956–58).

Keramikrestauratoren: Leitung – J. Shenhav; M. Kadishman, Tamar Licht, Naomi Nir, Lea Ofer, E. Shani, Ruth Shenhav, Zivia Sirottah.

Zeichner: D. Aleph, Y. Bechar, D. Ben-Shaul, E. Engel, M. Laufer, Y. Leibovitz, M. Nissim, P. Levinger, N. Sever, Z. Yeivin.

Verwaltung: Oberstleutnant Y. Pelz, Oberstleutnant N. Raz (1955); Major A. Efrath (1956); Oberstleutnant S. Rechavi, Hauptmann N. Offner (1957); Oberstleutnant N. Raz, Oberstleutnant S. Rechavi, Hauptmann N. Offner (1958); Sekretärin – Aviva Rosen.

Vorarbeiter: Erster Vorarbeiter – Y. Alouf; Assistent – D. Uchovsky.

Assistenten und Studenten (auch Einzelsaison-Teilnehmer): Z. Adin, M. Aharoni, D. Allon, S. Avidor, G. Backi, D. Barag, S. Barkai, P. Beck, G. Ben-Ami, T. Benyamini, A. Ben-Ezer, Y. Ben-Yosef, A. Berman, R. Bieger, D. Blumental, M. Broshi, H. Chernobroda, R. Cohen, Y. Dayan, M. Enkin, U. Eylam, A. Eytan, N. Feigin-Foerster, G. Goerster, A. Fraenkel, E. Gelber, E. Hagolani, Z. Hasharoni, S. Havlin, J. Hawkins, M. Hershkovitz, A. Horowitz, Z. Horvitz, M. Kochavi, Y. Kronenberg, T. Kruglak, Y. Levy, E. Linder, D. Littman, M. Livne, I. Machover, M. Megiddon, R. Menashe, Z. Meshel, Y. Morgenstern, R. Nadel, J. Navesh, N. Navesh, A. Negev, H. Niessen, N. Popper, S. Ragger, A. Ronen, M. Saltman, Y. Shiftman, S. Simon, E. Singerman, R. Sofer, Y. Solomon, G. Stauber, S. Tamari, Y. Tversky, D. Ussishkin, Y. Vinestein, S. Yadin, M. Yarhi, Y. Yedidyah, T. Yizraeli, Prof. und Mrs. D. Young, I. Warshall, A. Ziegelman, A. Zussman.

1968–69
Expeditionsleiter: Y. Yadin

Leiter der Grabungen: A. Ben-Tor (Abschnitt A), Malka Batyevsky (Abschnitt M), E. Eytan (Abschnitt BA), B. Hofri (Abschnitt N), A. Mazar (Abschnitt P), Y. Shiloh (Abschnitt L).

Architekten: Leitender Architekt – I. Dunayevsky; Architekten im Außendienst – G. Kertes, G. Klir.

Photograph: Z. Radovan.

Keramikrestaurierung und Zeichnungen wurden in Jerusalem erstellt

Verwaltung: Oberst A. Braker; Sekretärin – Aviva Rosen; Hauptassistent – Maat M. Cohen.

Assistenten: Dienstälteste Assistenten – N. Ne'eman, Y. Portugali; Studenten der Hebrew University, Jerusalem.

Register

Autor und Verlag danken folgenden Institutionen und Personen für die freundliche Genehmigung zum Abdruck der unten aufgeführten Photos: dem Kuratorium des British Museum, London – Seiten 13, 18, 176 (oben rechts); dem Institute of Archaeology, Hebrew University, Jerusalem – Seiten 14, 15, 56; R. L. W. Cleave – Seiten 142, 206, 212 (unten); W. G. Dever – Seite 203. Die Photos auf Seite 196 (oben) und 224 (unten rechts) stammen aus der Privatsammlung des Verfassers.